新・判例ハンドブック

【親族・相続】

二宮周平
潮見佳男 編著

日本評論社

はしがき

本書は、家族法を勉強し始めた社会人や法学部生、あるいは学部時代に家族法を丁寧に学んでいなかった法科大学院生を対象に、簡潔にわかりやすく判例を読み解いたものです。約一八〇件の判例について、事実・裁判所の見解・解説の三本柱で各一頁に収めました。事実関係も簡略化され、判決要旨も執筆者の手で書き改めています。

なぜこのようにかみ砕いた本、「気軽に」読めるような本が必要なのでしょう。それは、単に学習者を甘やかすだけではないかといった批判も予想されます。しかし、私たちはこう考えます。学習は段階を経なければ、「労多くして効少なし」と。まず家族法の大切な論点についてどんな判例があるか、どんな解決を志向しているのかを数多く知ることによって、制度や条文の意味を具体的に理解できるようになるのではないかと考えます。次の段階の本格的な判例学習に向けた基礎体力を養成することが、本書の目的なのです。

本書、とりわけ親族編では家庭裁判所の審判や高等裁判所の決定を数多くとりあげています。親族法においては、法的な権利・義務の存在を前提に、家庭裁判所が必要事項を判断したり、具体的な権利・義務の内容を形成する家事審判事項が大半を占めるため、これらを知らなくては判例を学んだことにはならないからです。

本書旧版（一九九一年一月）のはしがきで編者の島津一郎先生は、「社会が変われば、法も変わる。法が変われば、またそれが社会を変える。……社会の変動は、二一世紀に向けて、今後とも続くことであろう。本書も、社会の進展に遅れず、またいつの日にか第三版を出すことができるよう祈りたい。」と記されていました。それから二〇数年。めったに家族法の改正が行われない日本においては、社会の変化に対応しているのは判例です。また婚外子の相続分差別の廃止のように、判例が立法を促すこともあります。ですから判例を学ぶことによって、この間の家族法の変化、社会の変化の一端を知ることができるように思います。判決・決定・審判の年月日にもぜひ注目し、今日の目で見てなお意義があるかどうか、ご自分で考えてみてください。

簡潔にわかりやすく判例を読み解く作業は、専門の論文を執筆するのとは違った工夫、苦心が必要であり、若手の執筆者の方々には大変なご負担をおかけしました。本書が読者に好意的に受け止められたとすれば、それは執筆者の方々のご努力と日本評論社の上村真勝氏、室橋真利子氏の適切なサポートの賜物です。ありがとうございました。

二〇一四年三月

二宮周平

潮見佳男

目次

はしがき

第一部　親族

●第一章／婚姻●――渡邉泰彦＋梅澤　彩　20

①婚姻の意思：子を嫡出子とするための婚姻の効力――最2判昭和44年10月31日民集二三巻一〇号一八九四頁
②届出意思を欠く婚姻の追認――最3判昭和47年7月25日民集二六巻六号一二六三頁
③臨終婚：意識不明の間に受理された婚姻届の効力――最3判昭和45年4月21日判時五九六号四三頁
④再婚禁止期間の合憲性――最3判平成7年12月5日判時一五六三号八一頁
⑤婚姻が破綻した場合における同居請求――東京高決平成13年4月6日家月五四巻三号六六頁
⑥不貞行為の相手方の不法行為責任――最3判平成8年3月26日民集五〇巻四号九九三頁
⑦夫婦間の契約取消権――最1判昭和42年2月2日民集二一巻一号八八頁
⑧別居中の婚姻費用分担義務とその程度――札幌高決平成3年2月25日家月四三巻一二号六五頁
⑨日常家事の範囲外の法律行為と夫婦の連帯責任――最1判昭和44年12月18日民集二三巻一二号二四七六頁
⑩夫婦別産制と夫婦の平等――最大判昭和36年9月6日民集一五巻八号二〇四七頁
⑪婚姻中自己の名で得た財産の意味――最3判昭和34年7月14日民集一三巻七号一〇二三頁

●第二章／離婚●――水野貴浩＋神野礼斉＋松久和彦　31

⑫離婚の意思：生活保護を受けるための協議離婚届――最2判昭和57年3月26日判時一〇四一号六六頁
⑬精神病離婚と裁量棄却――最3判昭和45年11月24日民集二四巻一二号一九四三頁
⑭高齢者の離婚と婚姻を継続し難い重大な事由の判断――東京高判平成13年1月18日判タ一〇六〇号二四〇頁
⑮有責配偶者からの離婚請求と信義則――最大判昭和62年9月2日民集四一巻六号一四二三頁
⑯有責配偶者からの離婚請求における婚姻破綻の認定――東京高判平成9年2月20日判時一六〇二号九五頁
⑰有責配偶者からの離婚請求と未成熟子の認定――東京高判平成19年2月27日判タ一二五三号二三五頁
⑱有責配偶者からの離婚請求の段階的な解決――大阪高判平成19年5月15日判タ一二五一号三一二頁
⑲財産分与と離婚慰謝料の関係――最2判昭和46年7月23日民集二五巻五号八〇五頁
⑳財産分与と過去の婚姻費用の分担――最3判昭和53年11月14日民集三二巻八号一五二九頁
㉑財産分与と将来の退職金――東京高決平成10年3月13日家月五〇巻一一号八一頁
㉒財産分与と被用者年金の分割割合――名古屋高決平成20年2月1日家月六一巻三号五七頁
㉓扶養的財産分与としての賃借権の設定――名古屋高判平成21年5月28日判時二〇六九号五〇頁
㉔財産分与の清算割合――東京家審平成6年5月31日家月四七巻五号五二頁
㉕財産分与と債権者代位権――最2判昭和55年7月11日民集三四巻四号六二八頁
㉖財産分与と詐害行為取消権――最1判平成12年3月9日民集五四巻三号一〇一三頁
㉗離婚慰謝料と離婚原因慰謝料：ＤＶの場合――大阪高判平成12年3月8日判時一七四四号九一頁

●第三章／婚外関係● 大島梨沙＋金　亮完 47
㉘ 婚約解消の法的責任――東京地判平成5年3月31日判タ八五七号二四八頁
㉙ 結納の返還義務――最2判昭和39年9月4日民集一八巻七号一三九四頁
㉚ 婚姻予約有効判決と内縁の法的保護――大連判大正4年1月26日民録二一輯四九頁
㉛ 婚外関係の解消と不法行為責任――最1判平成16年11月18日判時一八八一号八三頁
㉜ 近親婚的内縁と遺族厚生年金受給権――最1判平成19年3月8日民集六一巻二号五一八頁
㉝ 重婚的内縁の法的保護の条件――最1判平成17年4月21日判時一八九五号五〇頁
㉞ 内縁の死亡解消と財産分与の類推適用――最1決平成12年3月10日民集五四巻三号一〇四〇頁
㉟ 内縁の死亡解消後の住居の使用――最1判平成10年2月26日民集五二巻一号二五五頁
㊱ 内縁の死亡解消と借家権――最3判昭和42年2月21日民集二一巻一号一五五頁
●第四章／実親子● 羽生香織＋冷水登紀代＋中村　恵＋二宮周平 56
㊲ 婚姻前懐胎・婚姻後出生子：推定を受けない嫡出子――大連判昭和15年1月23日民集一九巻五四頁
㊳ 婚姻中懐胎と嫡出推定：推定の及ばない子――最1判昭和44年5月29日民集二三巻六号一〇六四頁
㊴ 親子関係不存在確認の訴えと外観説――最3判平成12年3月14日家月五二巻九号八五頁
㊵ 推定の及ばない子に対する親子関係不存在確認の訴えと権利濫用――最2判平成10年8月31日家月五一巻四号七五頁
㊶ 母の認知――最2判昭和37年4月27日民集一六巻七号一二四七頁
㊷ 父の認知と父子関係の成立――最2判昭和29年4月30日民集八巻四号八六一頁

㊸虚偽の嫡出子出生届と認知の効力——最2判昭和53年2月24日民集三二巻一号一一〇頁
㊹不実認知者による認知無効の訴え——最3判平成26年1月14日裁時一五九五号一頁
㊺認知無効の訴えと権利濫用——最2判昭和53年4月14日家月三〇巻一〇号二六頁
㊻死後認知の訴えと出訴期間の起算点——最2判昭和57年3月19日民集三六巻三号四三二頁
㊼第三者の提供精子による懐胎(人工授精子)と嫡出推定——東京高決平成10年9月16日家月五一巻三号一六五頁
㊽性別の取扱いを変更した人の婚姻と嫡出推定——最3決平成25年12月10日裁時一五九三号四頁
㊾死後懐胎子の父子関係——最2判平成18年9月4日民集六〇巻七号二五六三頁
㊿代理懐胎子の母子関係——最2決平成19年3月23日民集六一巻二号六一九頁

●第五章／養親子●

——金　亮完＋神野礼斉　70

51縁組の意思:財産取得のみを目的とする縁組の効力——大阪高判平成21年5月15日判時二〇六七号四二頁
52仮装縁組:同居中の女性を養子とする縁組の効力——最2判昭和46年10月22日民集二五巻七号九八五頁
53適法な代諾権を欠く者のした代諾縁組の効力——最2判昭和27年10月3日民集六巻九号七五三頁
54虚偽の嫡出子出生届と養子縁組の効力——最2判昭和50年4月8日民集二九巻四号四〇一頁
55親子関係不存在確認の訴えと権利濫用——最2判平成18年7月7日民集六〇巻六号二三〇七頁
56夫婦の一方の意思に基づかない夫婦共同縁組の効力——最1判昭和48年4月12日民集二七巻三号五〇〇頁
57有責当事者からの離縁請求——最3判昭和39年8月4日民集一八巻七号一三〇九頁
58特別養子縁組と父母の同意の撤回——東京高決平成2年1月30日家月四二巻六号四七頁
59特別養子縁組が認められる「特別の事情」——東京高決平成8年11月20日家月四九巻五号七八頁

●第六章／親権●——佐々木健＋栗林佳代＋合田篤子 79

⑥⓪ 監護者の指定と子の奪取の違法性——東京高決平成11年9月20日家月五二巻二号一六三頁
⑥① 親権者変更における子の福祉・意思——大阪高決平成12年4月19日家月五三巻一号八二頁
⑥② 親権と監護権の分属——仙台高決平成15年2月27日家月五五巻一〇号七八頁
⑥③ 子の監護者指定と子の引渡請求——東京高決平成15年1月20日家月五六巻四号一二七頁
⑥④ 子の引渡請求と審判前の保全処分——東京高決平成24年10月18日判時二一六四号五五頁
⑥⑤ 人身保護法に基づく子の引渡請求——最3判平成5年10月19日民集四七巻八号五〇九九頁
⑥⑥ 子の引渡請求と直接強制・間接強制——東京高決平成24年6月6日判時二一五二号四四頁
⑥⑦ 別居中の親と子の面会交流——最1決平成12年5月1日民集五四巻五号一六〇七頁
⑥⑧ 面会交流の法的性質・権利性——大阪家審平成5年12月22日家月四七巻四号四五頁
⑥⑨ 面会交流の原則的肯定——大阪高決平成18年2月3日家月五八巻一一号四七頁
⑦⓪ 子からの面会交流の申立——さいたま家審平成19年7月19日家月六〇巻二号一四九頁
⑦① DVがある場合の面会交流——東京家審平成14年5月21日家月五四巻一一号七七頁
⑦② 面会交流の間接強制——最1決平成25年3月28日民集六七巻三号八六四頁
⑦③ 医療ネグレクトと親権職務代行者の選任——津家審平成20年1月25日家月六二巻八号八三頁
⑦④ 児童養護施設への入所の承認と父母への指導——大阪高決平成21年9月7日家月六二巻七号六一頁
⑦⑤ 親権者の一方との利益相反——最1判昭和35年2月25日民集一四巻二号二七九頁
⑦⑥ 親権者による子の連帯保証と利益相反——最3判昭和43年10月8日民集二二巻一〇号二一七二頁
⑦⑦ 親権者の行為の意図・動機と利益相反——最3判昭和37年10月2日民集一六巻一〇号二〇五九頁

⑱ 親権者の代理権濫用——最1判平成4年12月10日民集四六巻九号二七二七頁

●第七章／後見● ——合田篤子＋神野礼斉 98

⑲ 相続放棄と後見人の利益相反——最2判昭和53年2月24日民集三二巻一号九八頁
⑳ 任意後見と法定後見の重複——大阪高決平成14年6月5日家月五四巻一一号五四頁
㉑ 本人が代理権付与に同意しない場合の保佐開始——大阪高決平成18年7月28日家月五九巻四号一一一頁

●第八章／扶養● ——冷水登紀代 101

㉒ 別居中の監護費用の請求——最2判平成19年3月30日家月五九巻七号一二〇頁
㉓ 自然血縁関係にない子の監護費用の分担請求と権利濫用——最2判平成23年3月18日家月六三巻九号五八頁
㉔ 成年子の高等教育費と親の扶養義務——東京高決平成12年12月5日家月五三巻五号一八七頁
㉕ 老親の老人ホームでの生活費用と子の扶養能力——新潟家審平成18年11月15日家月五九巻九号二八頁
㉖ 兄弟姉妹間での過去の扶養料の求償——東京高決昭和61年9月10日判時一二一〇号五六頁
㉗ 扶養義務者間での過去の扶養料の求償と管轄——最2判昭和42年2月17日民集二一巻一号一三三頁

●第九章／氏と戸籍● ——中村 恵＋渡邉泰彦 107

㉘ 氏名の法的性質——最3判昭和63年2月16日民集四二巻二号二七頁
㉙ 婚外子の氏の変更——大阪高決平成9年4月25日家月四九巻九号一一六頁

⑳ 婚氏続称と氏の変更――大阪高決平成3年9月4日判時一四〇九号七五頁
㉑ 性同一性障がい者の名の変更――大阪高決平成21年11月10日家月六二巻八号七五頁

●第一〇章／家事事件手続● ―― 二宮周平 111

㉒ 同居審判の合憲性――最大決昭和40年6月30日民集一九巻四号一〇八九頁

第二部 相続

●第一章／相続回復請求● ―― 秋山靖浩 112

㉓ 相続回復請求の相手方――最大判昭和53年12月20日民集三二巻九号一六七四頁
㉔ 「善意かつ合理的事由の存在」の立証責任――最1判平成11年7月19日民集五三巻六号一一三八頁
㉕ 第三取得者による相続回復請求権の消滅時効の援用――最3判平成7年12月5日家月四八巻七号五二頁

●第二章／相続人● ―― 山口亮子＋大中有信 115

㉖ 遺言書の方式を具備させる行為――最2判昭和56年4月3日民集三五巻三号四三一頁
㉗ 遺言書を破棄・隠匿する行為と相続欠格――最3判平成9年1月28日民集五一巻一号一八四頁
㉘ 「重大な侮辱」と廃除原因――東京高決平成4年12月11日判時一四四八号一三〇頁

⑲ 生存配偶者の姻族関係終了と祭祀財産の承継――東京高判昭和62年10月8日家月四〇巻三号四五頁
⑳ 相続と無権代理(1)：無権代理人が本人を単独相続した場合――最2判昭和40年6月18日民集一九巻四号九八六頁
(101) 相続と無権代理(2)：本人が無権代理人を相続した場合の追認拒絶権――最2判昭和37年4月20日民集一六巻四号九五五頁
(102) 相続と無権代理(3)：本人が無権代理人を相続した場合の無権代理人としての地位――最3判昭和48年7月3日民集二七巻七号七五一頁
(103) 相続と無権代理(4)：無権代理人が本人を共同相続した場合――最1判平成5年1月21日民集四七巻一号二六五頁
(104) 相続と他人物売買：権利者が他人物売主を相続した場合――最大判昭和49年9月4日民集二八巻六号一一六九頁

●第三章／相続財産● 伊藤栄寿 124

(105) 他主占有者の相続人と新権原による自主占有――最3判昭和46年11月30日民集二五巻八号一四三七頁
(106) 他主占有者の相続人による取得時効の主張と所有の意思の立証責任――最3判平成8年11月12日民集五〇巻一〇号二五九一頁
(107) 生命侵害による慰謝料請求権の相続性――最大判昭和42年11月1日民集二一巻九号二二四九頁
(108) 生命保険金請求権の相続性――最3判昭和40年2月2日民集一九巻一号一頁
(109) 遺産たる不動産から生じる賃料債権の帰属関係――最1判平成17年9月8日民集五九巻七号一九三一頁
(110) 包括的信用保証債務の相続性――最2判昭和37年11月9日民集一六巻一一号二二七〇頁
(111) 遺骨所有権の相続性――最3判平成元年7月18日家月四一巻一〇号一二八頁

●第四章／遺産共有●　村田大樹＋長野史寛　131

(112) 遺産建物の相続開始後の使用関係(1)：明渡請求――最1判昭和41年5月19日民集二〇巻五号九四七頁
(113) 遺産建物の相続開始後の使用関係(2)：不当利得返還請求――最3判平成8年12月17日民集五〇巻一〇号二七七八頁
(114) 現金の相続――最2判平成4年4月10日家月四四巻八号一六頁
(115) 可分債権の共同相続――最1判昭和29年4月8日民集八巻四号八一九頁
(116) 定額郵便貯金の共同相続――最2判平成22年10月8日民集六四巻七号一七一九頁
(117) 預金債権の共同相続と取引経過開示義務――最1判平成21年1月22日民集六三巻一号二二八頁
(118) 連帯債務の共同相続――最2判昭和34年6月19日民集一三巻六号七五七頁
(119) 遺産共有の法的性質――最3判昭和30年5月31日民集九巻六号七九三頁
(120) 遺産分割前の遺産に対する共同相続人の権利――最3決平成17年10月11日民集五九巻八号二二四三頁
(121) 共同相続と登記――最2判昭和38年2月22日民集一七巻一号二三五頁

●第五章／相続分●　中川忠晃　141

(122) 婚外子の相続分規定の合憲性(1)――最大決平成7年7月5日民集四九巻七号一七八九頁
(123) 婚外子の相続分規定の合憲性(2)――最大決平成25年9月4日判時二一九七号一〇頁
(124) 特定の財産が特別受益であることの確認の利益――最3判平成7年3月7日民集四九巻三号八九三頁
(125) 生命保険金請求権と特別受益――最2決平成16年10月29日民集五八巻七号一九七九頁
(126) 具体的相続分の確認の利益――最1判平成12年2月24日民集五四巻二号五二三頁

(127) 寄与分と遺留分の関係――東京高決平成3年12月24日判タ七九四号二一五頁
(128) 遺産に属する特定不動産についての共有持分権の譲渡と九〇五条による取戻しの可否――最1判昭和53年7月13日判時九〇八号四一頁

●第六章／相続の承認および放棄●――久保野恵美子＋森山浩江　148

(129) 熟慮期間の起算点(1)：相続財産の存在を知らなかった相続人――最2判昭和59年4月27日民集三八巻六号六九八頁
(130) 熟慮期間の起算点(2)：相続財産の一部が存在することを知っていた相続人――東京高決平成19年8月10日家月六〇巻一号一〇二頁
(131) 法定単純承認(1)：相続財産を処分した場合――最1判昭和42年4月27日民集二一巻三号七四一頁
(132) 法定単純承認(2)：消極財産を財産目録に記載しなかった場合――最1判昭和61年3月20日民集四〇巻二号四五〇頁
(133) 限定承認と死因贈与――最2判平成10年2月13日民集五二巻一号三八頁
(134) 負担付死因贈与と抵触する遺言――最2判昭和57年4月30日民集三六巻四号七六三頁
(135) 再転相続人の相続放棄――最3判昭和63年6月21日家月四一巻九号一〇一頁
(136) 相続放棄と登記――最2判昭和42年1月20日民集二一巻一号一六頁

●第七章／遺産分割●――金子敬明＋和田勝行　156

(137) 遺産分割と家事審判手続――最大決昭和41年3月2日民集二〇巻三号三六〇頁
(138) 遺言に反する遺産分割協議の効力――東京地判平成13年6月28日判タ一〇八六号二七九頁
(139) 遺産分割協議で負担した債務の不履行と契約解除――最1判平成元年2月9日民集四三巻二号一頁

⑭ 遺産分割協議の合意解除──最1判平成2年9月27日民集四四巻六号九九五頁
⑭ 婚外子の存在が遺産分割後に明らかになった場合と九一〇条──最2判昭和54年3月23日民集三三巻二号二九四頁
⑭ 遺産分割協議と詐害行為取消権──最2判平成11年6月11日民集五三巻五号八九八頁
⑭ 遺産分割と登記──最3判昭和46年1月26日民集二五巻一号九〇頁

●第八章／相続人の不存在●──稲垣朋子 163

⑭ 相続財産法人に対する登記手続請求──最1判平成11年1月21日民集五三巻一号一二八頁
⑭ 特別縁故者に対する共有持分の分与と二五五条の関係──最2判平成元年11月24日民集四三巻一〇号一二二〇頁
⑭ 成年後見人の特別縁故者への該当性──大阪高決平成20年10月24日家月六一巻六号九九頁

●第九章／遺言●──松尾知子＋木村敦子＋原田昌和 166

⑭ 高齢者による自筆証書遺言と遺言能力──東京高判平成21年8月6日判タ一三二〇号二二八頁
⑭ 遺言の解釈：後継ぎ遺贈──最2判昭和58年3月18日家月三六巻三号一四三頁
⑭ 「相続させる」旨の遺言の解釈──最2判平成3年4月19日民集四五巻四号四七七頁
⑮ 「相続させる」旨の遺言と代襲相続──最3判平成23年2月22日民集六五巻二号六九九頁
⑮ 受遺者の選定を遺言執行者に委託する旨の遺言──最3判平成5年1月19日民集四七巻一号一頁
⑮ 自筆証書遺言(1)：添え手による助けを得て作成された場合──最1判昭和62年10月8日民集四一巻七号一四七一頁
⑮ 自筆証書遺言(2)：カーボン複写によって作成された場合──最3判平成5年10月19日家月四六巻四号二七頁
⑮ 自筆証書遺言(3)：押印──最1判平成元年2月16日民集四三巻二号四五頁

⑮⑤ 自筆証書遺言(4):押印の場所――最2判平成6年6月24日家月四七巻三号六〇頁
⑮⑥ 自筆証書遺言(5):誤記の訂正――最2判昭和56年12月18日民集三五巻九号一三三七頁
⑮⑦ 公正証書遺言(1):遺言者の口授の順序――最2判昭和43年12月20日民集二二巻一三号三〇一七頁
⑮⑧ 公正証書遺言(2):遺言者の口授の程度――最2判昭和51年1月16日家月二八巻七号二五頁
⑮⑨ 公正証書遺言(3):目が見えない者の証人適格――最1判昭和55年12月4日民集三四巻七号八三五頁
⑯⓪ 共同遺言の禁止――最2判昭和56年9月11日民集三五巻六号一〇一三頁
⑯① 危急時遺言の方式――最2判昭和47年3月17日民集二六巻二号二四九頁
⑯② 遺言執行者がある場合の相続人の処分行為――最1判昭和62年4月23日民集四一巻三号四七四頁
⑯③ 「相続させる」旨の遺言と遺言執行者の職務権限――最1判平成11年12月16日民集五三巻九号一九八九頁
⑯④ 撤回遺言の撤回と撤回された遺言の復活――最1判平成9年11月13日民集五一巻一〇号四一四四頁
⑯⑤ 不倫な関係にある女性に対する包括遺贈――最1判昭和61年11月20日民集四〇巻七号一一六七頁
⑯⑥ 遺贈と登記――最2判昭和39年3月6日民集一八巻三号四三七頁
⑯⑦ 「相続させる」旨の遺言と登記――最2判平成14年6月10日家月五五巻一号七七頁

●第一〇章／遺留分●――青竹美佳＋西希代子＋坂口 甲＋潮見佳男 187

⑯⑧ 特別受益たる生前贈与が金銭である場合の評価方法――最1判昭和51年3月18日民集三〇巻二号一一一頁
⑯⑨ 被相続人に債務がある場合と遺留分侵害額の算定(1)――最3判平成8年11月26日民集五〇巻一〇号二七四七頁
⑰⓪ 被相続人に債務がある場合と遺留分侵害額の算定(2):財産全部を相続させる遺言――最3判平成21年3月24日民集六三巻三号四二七頁
⑰① 特別受益たる贈与に対する遺留分減殺請求――最3判平成10年3月24日民集五二巻二号四三三頁

⑰² 遺留分減殺請求権と債権者代位権――最1判平成13年11月22日民集五五巻六号一〇三三頁
⑰³ 遺留分減殺請求権の法的性質――最1判昭和41年7月14日民集二〇巻六号一一八三頁
⑰⁴ 遺留分減殺請求権行使の効力――最2判平成8年1月26日民集五〇巻一号一三二頁
⑰⁵ 遺言による相続分の指定が遺留分を侵害する場合の遺留分減殺請求の効果――最1決平成24年1月26日家月六四巻七号一〇〇頁
⑰⁶ 遺留分減殺請求権と目的物の取得時効――最1判平成11年6月24日民集五三巻五号九一八頁
⑰⁷ 共同相続人に対する遺留分減殺請求と一〇三四条の「目的の価額」――最1判平成10年2月26日民集五二巻一号二七四頁
⑰⁸ 遺留分減殺請求後に贈与不動産を譲り受けた第三者の地位――最3判昭和35年7月19日民集一四巻九号一七七九頁
⑰⁹ 遺留分減殺請求前の目的物の処分と価額弁償――最3判平成10年3月10日民集五二巻二号三一九頁
⑱⁰ 価額弁償と弁済の提供――最3判昭和54年7月10日民集三三巻五号五六二頁
⑱¹ 価額弁償の対象財産の範囲――最3判平成12年7月11日民集五四巻六号一八八六頁
⑱² 価額弁償をする場合の価格算定の基準時――最2判昭和51年8月30日民集三〇巻七号七六八頁
⑱³ 価額弁償をする場合の遅延損害金の起算日――最1判平成20年1月24日民集六二巻一号六三頁
⑱⁴ 死因贈与と遺留分減殺請求の順序――東京高判平成12年3月8日判時一七五三号五七頁

凡　例――16
判例索引――211

凡　例

▽判例の引用方法

・「最大判平成3・5・8民集四五巻二号八九頁」とあるのは、「平成三年五月八日最高裁判所大法廷判決、最高裁判所民事判例集平成三年度四五巻二号八九頁（通し頁）」を指す。なお、例えば「最決」の「決」は決定の略である。また、大法廷判決（決定）は「最大判（決）」、小法廷判決（決定）は「最1判（決）」のように表記した。

・その他、東京地判→東京地方裁判所判決、大阪高決→大阪高等裁判所決定、札幌地小樽支判→札幌地方裁判所小樽支部判決のごとくである。

▽登載判例集は、次のように略記した。

民（刑）集＝最高裁判所民事（刑事）判例集
高民（刑）集＝高等裁判所民事（刑事）判例集
下民（刑）集＝下級裁判所民事（刑事）判例集
集民（刑）＝最高裁判所裁判集民事（刑事）
裁時＝裁判所時報
訟月＝訟務月報
家月＝家庭裁判月報
判時＝判例時報
判タ＝判例タイムズ
金判＝金融・商事判例

・なお、解説本文において、例えば（25判決）とあるのは、本書掲載裁判例のうち裁判例番号25のものを指す。

▽文献

・本書「はしがき」にもあるとおり、本書は家族法の初学者を読者対象として、裁判例を簡潔にわかりやすく解説したものである。そのため、解説では、参照文献の引用を省略している。左記に、各執筆者が解説にあたって参照したであろう、判例評釈集・基本書の例を掲げる。次の本格的な判例学習に向けて、参考にされたい。

水野紀子＝大村敦志＝窪田充見編『家族法判例百選〔第七版〕』（有斐閣、二〇〇八年）
中田裕康＝潮見佳男＝道垣内弘人編『民法判例百選Ⅰ・Ⅱ〔第六版〕』（有斐閣、二〇〇九年）
重要判例解説（ジュリスト臨増）（有斐閣）＊年度版
松本恒雄＝潮見佳男編『判例プラクティス民法Ⅲ』（信山社、二〇一〇年）

内田貴『民法Ⅳ親族・相続〔補訂版〕』（東京大学出版会、二〇〇四年）
大村敦志『家族法（有斐閣法律学叢書）〔第三版〕』（有斐閣、二〇一〇年）
窪田充見『家族法――民法を学ぶ〔第二版〕』（有斐閣、二〇一三年）
潮見佳男『相続法〔第五版〕』（弘文堂、二〇一四年）
床谷文雄＝犬伏由子編『現代相続法』（有斐閣、二〇一〇年）
二宮周平『家族法〔第四版〕』（新世社、二〇一三年）

▽略記した主な法令等

・本文において、例えば「七七五条」などとして、法律名が省略されているものは、民法の条文を指す。「関連条文」の項目において、民法以外の条文の引用の際には、法律名を略記している。例えば、次のとおりである。

家事	家事事件手続法
戸	戸籍法
公証	公証人法
厚年	厚生年金保険法
国公共済	国家公務員共済組合法
児福	児童福祉法
人訴	人事訴訟法
任意後見	任意後見契約に関する法律

不登	不動産登記法
保険	保険法
民執	民事執行法
民訴	民事訴訟法
郵貯	郵便貯金法

新・判例ハンドブック　親族・相続

婚姻の意思：子を嫡出子とするための婚姻の効力

1 最2判昭和44・10・31民集二三巻一〇号一八九四頁

関連条文 七四二条一号

婚姻意思とは何か。

事実 昭和二八年にX男は、大阪でY女と結婚を約束し合う仲となったが、Xの両親が結婚に反対した。その後も二人の関係は続き、Yは三回にわたって妊娠中絶をしていた。同三二年に四度目の妊娠をしたYは、出産を決意し、Xの就職先に近い東京へ移ってきた。Xは、休日にはYのもとに来たり、時には送金をしたりし、Yを励ましていた。同年一二月にYは女子を出産し、Xが命名した。その後、Yと子は大阪へ帰った。そのうち、Xは、Z女との婚姻が決まり、同三四年一〇月に結婚式を挙げることになった。Xは、式の一週間前にYのもとに行き、Zと結婚することを告げた。Yの親族も交え話し合った結果、Xは、Yとの婚姻届を出して子どもを入籍し、後に離婚することを約し、その旨の誓約書をY宛に作成した。結婚式の二日前にXとYの婚姻届をYの父がXの署名を代署して作成して、提出した。Xは、Zと結婚式を行い、夫婦生活を営んでいるが、Yとの間には夫婦としての生活関係は全くない。しかし、離婚届が出されていなかったため、XはYに対して婚姻無効の訴えを提起した。

裁判所の見解 当事者間に婚姻をする意思がないときとは、当事者間に真に社会観念上夫婦であると認められる関係の設定を欲する効果意思を有しない場合を指す。そして、法律上の夫婦という身分関係を設定する意思があったと認めうる場合であっても、それが単に他の目的を達するための便法として仮託されたものであって、真に夫婦関係の設定を欲する効果意思がなかった場合には、婚姻の効力は生じない。

解説 身分行為は、実質的要件と形式的要件からなる。婚姻の実質的要件の一つが、婚姻意思である（もう一つは婚姻障害の不存在）。本件では婚姻届作成時におけるXの婚姻意思の存在すら疑わしいのであるが、本判決は、婚姻意思に関して、実体的意思説を採用した（縁組意思について、51判決参照）。それに対して、離婚意思では判例が形式意思説を採用したことから（12判決参照）、身分行為の枠組みの中で婚姻意思と離婚意思の統一的理解という民法的・意思主義的な側面から学説は展開した。現在では、身分行為概念を否定する見解も有力である。むしろ、判例は、婚姻として保護、優遇するに値するかという観点から判断しているといえる（その保護を本人が放棄する離婚意思は形式的意思説となる）。真に社会観念上夫婦であるかの判断では、婚姻前の状況も考慮しており、婚姻後の共同生活を必ずしも求めていない（3判決参照）。本判決によれば、嫡出推定の効果のみでは婚姻の本質的効果といえない。しかし、事実婚の当事者が子を嫡出子とする目的だけで婚姻と離婚を行う場合には、婚姻は無効ではないだろう。

届出意思を欠く婚姻の追認

2 最3判昭和47・7・25民集二六巻六号一二六三頁

関連条文　七四二条一号・一一六条

婚姻意思を欠き無効な婚姻を追認すれば有効になるか。

事実　X男とY女は、昭和一二年三月に婚姻し、三人の子ABCをもうけたが、同二四年一一月に離婚した。Xは子二人を連れ、実母と生活していたが、実母の死亡後に子の監護養育が困難となった。Xの親族の取りなしで、同二五年にYは子を連れて再び、Xらとの同居を再開した。同二七年一一月に、Yは、Xが知らない間に婚姻届を提出した。XとYは家族として生活を送っていたが、Xの女性関係から同三五年頃には別居状態となっていた。もっとも、Xは、同二九年三月に子Bの中学入学手続のために戸籍謄本を取り寄せて、婚姻をしている事実は知っており、特別区民税の申告ではYを妻と記載し、私学共済でYが妻と認定されていても異議を唱えていなかった。同三九年にXが婚姻無効の調停を申し立てたのに対して、YはXによる婚姻の追認があったと主張した。

裁判所の見解　事実上の夫婦の一方が他方の意思に基づかないで婚姻届を作成し、提出した場合において、一方が他方を無権代理したのと同様に構成する。当事者間に夫婦としての実質的生活関係が存在しており、後に他方の配偶者が届出の事実を知ってこれを追認したときには、一一六条本文の規定の類推適用により、その届出の当初に遡って有効となる。その追認は、一定の様式を必要とせず、黙示であってもよい。

解説　婚姻の無効を定める規定はあるが（七四二条）、無効な婚姻の追認に関する規定はない。本件では、事実上の夫婦の一方が他方から代理権を授与されていないにもかかわらず婚姻届を作成提出したとして無権代理の構成をとる。判例は同様に、代諾権のない者による代諾養子縁組（53判決）の事案も代諾権という法定代理権を欠く無権代理として構成する。一一六条を「類推」適用しているのは、民法総則が身分行為には適用されないという身分行為論の影響による。

本判決でXがした黙示の追認の効果は、一一六条により無権代理の時点まで遡及する。このように婚姻意思のない時点から婚姻の成立を認めるという結果には批判もある。さらに、黙示の追認を認める場合に、追認といえる意思表示が何であるのか、追認時期はいつかを特定することは困難である。もっとも、追認時より前の届出時まで遡及するならば、どの時点で追認の意思表示を認めても結果に変わりがないため、追認の時期を確定する実際上の意義は少ない。

なお、判例は届出意思を欠く協議離婚では、離婚調停での慰謝料の合意から追認を読み取り、追認の効果は離婚届提出時に遡及するとする（最2判昭和42・12・8家月二〇巻三号五五頁）。

臨終婚：意識不明の間に受理された婚姻届の効力

3　最3判昭和45・4・21判時五九六号四三頁

関連条文　七三九条・七四二条

婚姻届作成時には婚姻意思があるが、後に意識を喪失した場合に、受理された婚姻届により婚姻は有効に成立するのか。

事実　A男とY女は、将来に婚姻をすることを目的に性的交渉を続けてきたが、同棲はしていない。昭和四二年三月七日に吐血したAは、翌日に入院して手術を受けたが、処置の施しようがないため、手術は中止された。同月一五日午前一〇時三〇分に、Aは死亡した。ところが、Aの求めにより実兄Bが作成したAとYの婚姻届が同日の午前九時以降に提出された。Aの母Xは、婚姻届提出時に瀕死の直前にあったAに婚姻意思はなく、婚姻は無効であると主張した。

裁判所の見解　将来婚姻することを目的に性的交渉を続けてきた者が、婚姻意思を有し、かつ、その意思に基づいて婚姻の届書を作成したときは、仮に届書の受理された当時意識を失っていたとしても、その受理前に翻意したなど特段の事情のない限り、届書の受理により婚姻は有効に成立する。

解説　婚姻届の作成と提出は、当事者のみならず、代理提出も認められ、署名できないときは、代署でもかまわない（戸籍法施行規則六二条）。届出婚主義では、婚姻届の作成時点と提出時点が一致しない。届出を婚姻の成立要件とする判例・通説は、婚姻意思が届出作成時点と届出時点に存在していることを求める。意思を要件とする身分行為において、成立時点に意思の存在が求められるからである。婚姻届作成後、届出前に死亡した場合には、婚姻は無効となる（例外として、届書郵送の場合について戸四七条）。届出時に婚姻意思がない場合として本人が意思能力を失っていることが考えられるが、本判決は、作成時の意思の継続を認めて緩和している。作成時と提出時の二点に存在する二つの意思というよりも、その間に広がる意思と捉えているともいえる。特別の事情として例外を形成する翻意として、相手方や届出の受託者に告げることのほか、届出の不受理申出（戸二七条の二第三項）などがある。

成立要件説は届出の受理という国家機関の関与も婚姻成立の要件としており、効力要件説が合意により婚姻は成立し、届出により効力が発生すると考えるのとは異なる。

また、本件では、意識の有無だけではなく、Aの状況からみて婚姻締結後に真に社会観念上夫婦と認められるような関係（1判決参照）が存続する可能性がなかった。先に本判決と同様の考えを示した最1判昭和44・4・3民集二三巻四号七〇九頁（韓国国籍の当事者に関する事案）では内縁関係が先行していた。本件で婚約の存在を指摘していなければ、婚姻意思自体が存在していないと判断された可能性がある。

再婚禁止期間の合憲性

4 最3判平成7・12・5判時一五六三号八一頁

再婚禁止期間の六ヶ月の期間、またはその存在に正当な理由は存在するのか。

事　実　X_1女は昭和六三年一二月一日に前夫Aと離婚し、平成元年三月七日にX_2との婚姻届をY市役所に提出したが、七三三条に違反するとして受理されなかった。Xらは、七三三条を立法したこと、同条の再婚禁止期間を一〇〇日に短縮するような改正または同条を廃止する立法をしないという不作為が、国賠法一条一項の違法行為に該当するとして国に慰謝料を請求した。原告は、女性にのみ再婚を制限する差別的な規定であること、不懐胎証明書や親子鑑定などにより嫡出推定の重複を回避できることから、同条に合理性はないと主張した。

裁判所の見解　合理的な根拠に基づいて各人の法的取扱いに区別を設けることは憲法一四条一項に違反するものではなく、七三三条の元来の立法趣旨が、七七二条の父性の推定の重複を回避し、父子関係をめぐる紛争の発生を未然に防ぐことにあると解されることから、国会が七三三条を改廃しないことが直ちに国賠法一条一項の適用上、違法の評価を受ける例外的な場合に当たると解する余地はなく、立法行為に違法はないとした。

関連条文　七三三条、憲一四条、国賠一条

解　説　本判決の述べるように、七三三条一項の立法趣旨は、女の再婚後に生まれた子の父が、前婚の夫と後婚の夫と重複して推定される状況（七七二条）を避ける点にある。同条に違反して締結された婚姻を取り消し（七四四条二項）、嫡出推定が実際に重複する場合には、七七三条により父が定められる。本判決の前後には婚姻法改正の議論が進められており、平成八年の「民法の一部を改正する法律案要綱」では、再婚禁止期間を一〇〇日に短縮する案が採用されていた。再婚禁止期間が六ヶ月であることの妥当性を積極的に評価する見解は少なく、本判決も特に理由を述べていない（合憲とする原審の理由づけは説得力を欠く）。これに対して、七三三条の廃止を主張する立場は、再婚した夫が父であることが実際には多いにもかかわらず、前夫が嫡出否認権を七七七条の期間内に行使しない場合には前夫が父として確定してしまうことを批判する。廃止した場合には、七七三条の手続により父を定めることが考えられる。さらに、後夫を父とする推定を優先する規定などを新たに設けるのであれば、七三三条は不要となる。

国家賠償の問題として争ったのは、七三三条一項が違憲であると直接に争うにも、訴訟の間に再婚禁止期間が経過して婚姻届の受理が可能となれば訴えの利益を失うからである。立法不作為を理由とする国家賠償のハードルの高さをも示すこととなった。

婚姻が破綻した場合における同居請求

5 東京高決平成13・4・6家月五四巻三号六六頁

関連条文 七五二条

婚姻破綻時の同居請求に対し、同居を命じる審判をすることは可能か。

事実 X女とY男は昭和五一年に婚姻し、二人の子がいる。両者の婚姻生活は、平成一〇年頃までは平穏であったが、同年秋、Xと子らの旅行中にYは自宅を出て別居し、離婚を言い出すに至った。その後、YがA女と不貞行為をしていることが明らかとなった（Yは婚姻関係破綻後の不貞を認めている）。Yは、同一一年三月に離婚調停（後に取下げ）、同一〇月に再度離婚調停を申し立てた。一方、Xは、Aに対し不倫を原因とする損害賠償請求訴訟を提起した。Xは、同一二年、Yに対しXらとの同居、A宅への立入禁止、Xの居住継続の尊重を求める審判を申し立てた。これに対し、Yは離婚訴訟を準備するとともに、婚姻費用の分担について争い、同居を拒否、YがXらに自宅から立ち退く要求をしたとの事実を否定した。原審はXの請求をいずれも却下した。X抗告。

裁判所の見解 夫婦の同居義務は、夫婦共同生活を維持するためのものであり、これを維持する基盤（夫婦間の愛情や信頼関係）がないかまたは大きく損なわれていることが明白である場合、同居を強いることは無理が避けられない。裁判所の後見的機能をもってしても円満な同居生活をすることが期待できず、仮に同居の審判がされ、当事者がこれに従い同じ居所で過ごすとしても、夫婦が互いの人格を傷つけ、個人の尊厳を損なう可能性が高いと認められる場合には、同居を命じることは相当でない。

解説 同居請求に関する審判・決定は相当数あるが、請求の許否については、主として同居請求がなされた当事者（請求の相手方）に同居を拒否する正当な事由があるか否かという観点から判断がなされる。学説においても、同居義務は絶対的なものではなく、正当な事由がある場合には同居請求を認めないとするのが通説である。

同居拒否を認めた事例としては、相手方（同居請求者側）の飲酒癖・暴力・過度の我儘などを理由とするもの、婚姻の破綻状況（離婚をめぐる夫婦間の抗争等）を考慮したものがある。他方、同居拒否を否定した事例には、夫の両親との不和、夫が暴力等で妻が同居できない状態に仕向けた場合に夫は同居を拒否できないとしたものがある。

同居請求が認められる場合であっても、同居するか否かは当事者の人格に関する問題であることから、強制執行は認められず、間接強制にもなじまないとされる。本件では、Yに有責性があり、Xの請求を認めることも可能であろうが、本決定は、実効性の観点に重きを置いて同居請求を棄却したものとみることができ、結論において妥当である。

不貞行為の相手方の不法行為責任

6 最3判平成8・3・26民集五〇巻四号九九三頁

関連条文 七〇九条

破綻している夫婦の一方と通じた者に対する損害賠償請求は認められるか。

事実 X女とA男は昭和四二年に婚姻し、二人の子がいる。XとAは性格の相違等が原因で不仲となり、同五七年以降のAのB株式会社への転職、取締役就任等を機に、夫婦関係は非常に悪化した。同六一年、AはXと別居する目的で夫婦関係調整の調停を申し立てたが、Xが出頭せず取り下げた。その後、Aは同六二年二月から三月まで入院し、この間にB名義でマンションを購入、退院後に別居を開始した。同年四月頃、AはY女と知り合い、YにXと離婚する旨を告げ両者は交際を開始、同年夏頃までに性的関係を持ち、一〇月頃には同棲に至った。平成元年、YはAの子を出産、Aが認知した。XがYに対し慰謝料請求をした。一審、原審ともにXの請求を棄却。そこで、Xが上告。

裁判所の見解 夫婦の一方の配偶者と第三者が肉体関係を持つことが他方の配偶者に対する不法行為となるのは、それが他方の配偶者の婚姻共同生活の平和の維持という権利または法的保護に値する利益を侵害する行為ということができるからである。したがって、夫婦の婚姻関係がすでに破綻していた場合には、原則として、他方の配偶者にこのような権利または法的保護に値する利益があるとはいえず、特段の事情のない限り、第三者は不法行為責任を負わない。

解説 配偶者の不貞行為の相手方に対する損害賠償請求は、大審院時代から肯定されてきた。最2判昭和54・3・30民集三三巻二号三〇三頁は、請求権者を配偶者に限定することを明らかにするとともに、「夫婦の一方の配偶者と肉体関係を持った第三者は、故意又は過失がある限り、右配偶者を誘惑するなどして肉体関係を持つに至らせたかどうか、両名の関係が自然の愛情によって生じたかどうかにかかわらず、他方の配偶者の夫又は妻としての権利を侵害」するものであり、「他方配偶者の被った精神上の苦痛を慰謝すべき義務がある」と判示し、これを広く認めた。

本判決は、不貞行為が不法行為となりうるとした上で、不貞行為時にすでに婚姻関係が破綻していた場合には不法行為責任を負わないとして、慰謝料請求権の成立する場面を限定したものである。本判決については、昭和五四年判決が示した保護法益に対する理解を維持しつつ、その権利侵害につき、婚姻関係の具体的状況に照らして判断したという評価と保護法益自体の実質的な変化（「夫又は妻としての権利」から「婚姻共同生活の平和の維持」へ）があったとの評価がある。学説は、第三者の不法行為責任を限定あるいは否定する方向である。

夫婦間の契約取消権

7 最1判昭和42・2・2民集二一巻一号八八頁

関連条文 七五四条

夫婦間の契約の取消権は、婚姻関係が破綻している夫婦にも認められるか。

事実 X女とY男は昭和一三年に婚姻した夫婦である。夫婦は同二六年頃から次第に不和となり、同二七年頃には親族のあっせんにより、夫婦の和合を期すため、YからXに対し原野・山林二筆を贈与する契約がなされた。しかし、その後もYの暴力等により夫婦仲は悪化し、Xは同三〇年に実家に戻ったが、親族等の勧めにより、再びY方に戻った。その際、YはXの老後の慰安と生活保証のために「夫婦相互協約覚書」を作成し、田畑ほか山林二筆をXに贈与するとした。ところが、Yは、山林の一部についてはXに所有権移転登記をしたものの、一部は他に譲渡し、その旨の登記手続をしてしまった。そこで、XはYに対し、残りの原野等につき、所有権移転登記を求めて訴えを提起した。Yは同三六年の一審口頭弁論期日において、右贈与契約を取り消す旨の意思表示をした。なお、同三一年以降、両者間には離婚訴訟が係属中である。一審は請求を棄却、Xが控訴。原審はXの請求を認容、Yが上告。

裁判所の見解 七五四条にいう「婚姻中」とは、単に形式的に婚姻が継続していることではなく、形式的にも実質的にも継続していることをいうものと解すべきであり、婚姻が実質的に破綻している場合には、それが形式的に継続しているとしても、夫婦間の契約を取り消すことは許されない。

解説 七五四条の立法趣旨としては、一般に、夫婦間では一方当事者の威圧や溺愛により自由な意思に基づいた契約が結ばれない可能性があること、夫婦間の契約の履行は当事者の情誼等に委ねられるべきであり、法的拘束力を認めて裁判上の履行強制を許すと家庭の平和を損なうことが挙げられる。同条が問題となるのは夫婦関係が悪化した場合である。契約締結時に夫婦関係が破綻していた場合に取消しを認めなかったものとして、大判昭和19・10・5民集二三巻五七九頁、最1判昭和33・3・6民集一二巻三号四一四頁がある。前者は権利濫用法理により取消しを否定したものであるのか、あるいは夫婦関係破綻時に締結した契約の取消権を否定したものであるか明らかではないが、後者は関係破綻時の契約について取消権を否定したものである。

本判決は、取消権行使時に夫婦関係が破綻していた場合に、七五四条にいう婚姻中とは、形式的にも実質的にも婚姻関係が継続していることをいうとして取消しを否定したものである。なお、同条は、平成八年の法制審議会「民法の一部を改正する法律案要綱」において削除するものとされているが、いまだ実現には至っていない。

別居中の婚姻費用分担義務とその程度

8　札幌高決平成3・2・25家月四三巻一二号六五頁

関連条文　七六〇条

離婚訴訟提起後の婚姻費用分担額は軽減されるか。

事　実　X女とY男は昭和四七年に婚姻した夫婦であるが、同五三年頃、XがYの不貞を疑い始めたことから関係が悪化した。同五八年一月、XはYの不貞・暴力を理由に夫婦関係調整の調停を申し立てたが、同年三月には喧嘩の末、Xが負傷するなど険悪な状態が続いた。同年四月、Yは家を出て別居を開始し、同年七月には離婚調停を申し立てたが、前記両調停はいずれも不成立となった。Xは同五九年二月に婚姻費用分担請求を申し立てたが、Yは離婚請求本訴事件を提起し、これに対し、Xは同年三月に離婚等請求反訴事件を提起した。同年五月、前記婚姻費用分担請求事件は本件審判に移行した。同六三年九月、双方の離婚請求が認容された。Xは同月控訴し、Yに対し離婚慰謝料と財産分与を求めた。この間、同五九年三月頃までYはXに対し、月七万から一二万円を送金していた。原審は、婚姻関係が破綻した場合には、夫婦共同関係の希薄化に伴い婚姻費用分担額も減額されるとして、①昭和五九年二月から同年三月までを生活保持義務、②同年四月から同六三年九月までは生活保持義務と生活扶助義務の中間的なもの、③同年一〇月以降は生活扶助義務を前提として費用算定した。Xが即時抗告。

裁判所の見解　婚姻関係破綻の責任がいずれにあるか決し難く、別居後も月額七万円ないし一二万円の送金に加え、自己の所有する家屋に無償で住まわせていたことに照らすと、離婚訴訟提起後は、生活扶助義務を前提として、生活保護基準に準拠した分担額で必要十分である。

解　説　婚姻費用分担義務は、いわゆる生活保持義務であり、婚姻が破綻し別居している場合においても、夫婦である以上、義務を免れないとするのが原則である。しかしながら、有責者からの婚姻費用分担請求は制限される場合がある。例えば、東京高決昭和58・12・16家月三七巻三号六九頁は、夫婦の一方が正当な理由なく他方の意思に反して別居を強行し、他方配偶者からの同居請求にも応じず、同居生活回復に向けての真摯な努力もしていないような場合には、少なくとも自己の生活費に当たる部分については、権利濫用として許されず、同居の未成年子の実質的監護費用を婚姻費用の分担として請求しうるにすぎないとする。このほか、有責者からの自己の生活費の請求については、最低限の生活を維持する程度の請求を限度に認めるものもある（札幌高決昭和50・6・30判時八〇九号五九頁）。本決定は、別居に関する双方の有責の程度については判断し難いとしたものの、離婚訴訟提起後は、生活扶助義務を前提として、生活保護基準に準拠した分担をすれば足りるとしたものである。

日常家事の範囲外の法律行為と夫婦の連帯責任

9 最1判昭和44・12・18民集二三巻一二号二四七六頁

関連条文　七六一条・一一〇条

七六一条は夫婦相互間に代理する権限を付与しているか。付与しているとして、日常家事代理権を基本代理権として表見代理の成立を認めることができるか。

事　実　X女とA男は婚姻夫婦である。昭和三七年、Aの経営するB商店が倒産した。同年四月、Aは、Yとの間で、Yが経営するC商会がB商店に対して有していた債権の回収のために、土地建物（Xの特有財産、登記名義もX）の売買契約を締結し、Yへの移転登記を了した。XとAは同三九年に離婚した。Xは、Yに対し、前記売買契約はXが全く関知しないものであり、無効であるとして抹消登記手続を求めた。これに対し、Yは、XがAに前記売買契約に関する代理権を授与していた旨主張し、仮に代理権が授与されていなかったとしても、Aの日常家事代理権を基礎として表見代理が成立すると主張した。一審、原審ともにX勝訴。Yが上告。

裁判所の見解　七六一条は、①夫婦は日常家事に関する法律行為につき相互に代理する権限を有することをも規定していると解すべきである。②日常家事に関する行為の具体的な範囲は、個々の夫婦により異なるが、同条が夫婦の一方と取引関係に立つ第三者の保護を目的とする規定であることに鑑み、夫婦共同生活の内部事情等だけでなく、その法律行為の種類、性質等にも充分に考慮して判断すべきである。③夫婦の一方が前記代理権の範囲を越えて第三者と法律行為をした場合に、その代理権を基礎として一般的に表見代理（一一〇条）の成立を肯定することは、夫婦の財産的独立を損なうおそれがあるから、第三者において当該行為がその夫婦の日常家事に関する法律行為に属すると信ずるにつき正当な理由のあるときに限り、同条の趣旨を類推適用すべきである。

解　説　七六一条は、夫婦別産制の例外規定として、日常家事債務の連帯責任を規定する。本条が日常家事に関する夫婦相互の代理権までをも認めたものであるか、代理権を認めた場合に、これを基礎として一一〇条の表見代理の成立が認められるかについては、従来議論があった。

本判決は、①で夫婦相互の代理権の存在を肯定し、②で日常家事の範囲については、当該法律行為の種類、性質等をも考慮して客観的に判断すべきとした。したがって、夫婦の一方名義の不動産の処分や多額の借金は、日常家事の範囲外となる。また、③で表見代理の成立については、夫婦別産制の観点から、これを消極的に解し、第三者からみて当該行為がその夫婦の日常家事に関する法律行為に属すると信じるにつき正当な理由があれば、一一〇条の趣旨を類推適用して七六一条の責任を生じるとした。

夫婦別産制と夫婦の平等

10 最大判昭和36・9・6民集一五巻八号二〇四七頁

七六二条一項は憲法二四条に反するか。所得税法が夫婦単位・合算均分分割主義を採用していないことは、憲法二四条に反するか。

関連条文 七六二条一項、憲二四条

事実 Xは、昭和三二年分所得税の確定申告に際し、X名義で取得した総所得のうち、給与所得および事業所得については妻の家事労働等における協力によって得られたものであり夫婦に平分して帰属するものとして、前記所得を均分した額に自己固有の配当所得を加算した金額を総所得額として申告し、妻も前記所得の半額を同人の所得とする確定申告書を提出した。これに対し、所轄税務署長Yは、妻の申告分をXの申告分に加算した総額をXの所得金額とする更正処分をした上で過少申告加算税を課した。そこで、XはYに対し審査請求を行ったが、Yが棄却したため、Xは審査決定の取消しを求めた。一審、原審ともに棄却。Xは、所得税法およびそれが前提とする七六二条一項は、婚姻中の夫の所得が妻の協力によって得られた夫婦の所得であるという事実を無視するものであり、憲法二四条に反するとして上告。

裁判所の見解 憲法二四条は、婚姻関係における夫と妻とが実質上同等の権利を享有することを期待した趣旨の規定であり、個別具体の法律関係においても常に必ず同一の権利を有すべきことを要請するものではない。また、七六二条一項は、夫婦の双方に平等に適用されるものであり、夫婦は一心同体であって配偶者の一方の財産取得に対しては他方が常に協力寄与するものであるとしても、民法には別に財産分与請求権、相続権、扶養請求権等の権利が規定されており、夫婦間に実質上の不平等が生じないよう配慮がなされているから、憲法二四条に違反するものではない。

解説 七六二条について、学説は種々の見解に分かれており、①純粋別産主義（婚姻中夫婦が各自の名義で取得した所得は各自の個人財産とし、夫婦の実質的平等は、婚姻解消時の財産分与や配偶者相続権により達成される）を採用したとする説、②純粋別産制と捉えつつ、妻の内助の功をその程度に応じて夫婦相互間の債権または不当利得類似の関係とみて婚姻中もその訴求を認めるとする説、③妻の非金銭的な寄与を財産の帰属と結び付け、物権的に一種の所得共有制を実現しようとする説、④同条一項を例外として二項を原則とし、夫婦財産を共有とする説等がある。通説的な見解は①とされる。

本判決は、憲法二四条は夫婦間の形式的平等ではなく実質的平等を保障するものであるとした上で、七六二条一項が純粋別産制を採用することを前提としてこれを合憲と解し、これに依拠する所得税法もまた合憲であるとするものである。

婚姻中自己の名で得た財産の意味

11 最3判昭和34・7・14民集一三巻七号一〇二三頁

関連条文　七六二条一項

不動産登記簿上の名義を夫婦の一方とした場合、名義人の特有財産となるか。

事実　X男とY女は、昭和一五年に婚姻した夫婦である。Xは父母の代から母名義で旅館業を営んでおり、Xの母死亡後はY名義で営業を続けた。前記旅館の家屋はXが所有し、その敷地はXが賃借していたが、地主の滞納処分により大蔵省所有となった。同二四年三月、Xは財務局から土地の買受けを勧められ、これを買い受けた。その際の金銭授受はYが行い（Yは前記旅館経営および家計等を一切任されていた）、買受人名義についてはXとYの協議によりY名義とし、同年五月登記も完了した。同年一二月、XとYはYの不貞を原因として離婚したが、Xは、Yの内助の功に報いるため手切金として五〇万円を与えること、手切金完済の際には前記土地の名義をXに移転することを約した。同二七年頃までにXは手切金を完済したが、Yが所有権移転登記に応じないため、Xが本訴を提起した。一審はX勝訴、原審はYの控訴を棄却したため、Yが上告。

裁判所の見解　夫が買い入れた土地の登記簿上の所有名義人を夫婦間の合意で妻としただけでは、前記土地を妻の特有財産と解すべきではない。

解説　七六二条一項にいう「自己の名で得た財産」に関する解釈を明示した初の最高裁判決である。本判決は、夫婦の財産の帰属は夫婦別産制の下においても、対内的には登記の名義だけで帰属を決するのではなく、実質的に自己の名で得たといえるか否かによって決するべきとした。婚姻中に夫婦の一方の名義で得た財産について問題が生じた場合、対外的には登記名義により処理することとなる（10判決）。夫婦間においても、取得名義により帰属関係が定まるとするのが通説的な見解であった。しかし、前記見解に立つと、夫が婚姻中に取得した夫名義の財産につき、婚姻中の妻の非金銭的な寄与が評価されないことから、夫名義の財産取得に対する妻の内助の功を反映させるべく婚姻中自己の名で得た財産については、単に名義が自己のものであることだけでなく、それを得るための対価も自己のものであり、実質的にも自己のものであることを証明しなければならないとの見解が主張されるようになった。本判決も結論において後者の見解に沿うものである。

なお、本判決については、その事実認定に際し、Yの女将としての営業上の寄与を軽視し、旅館営業の収益をX単独のものとした点につき、旅館経営はXとYとの共同経営と解すべきであり、その共同経営の収益金で購入した本件土地も共有になると解すべきであった等の批判が数多くみられる。

離婚の意思：生活保護を受けるための協議離婚届

12 最2判昭和57・3・26判時一〇四一号六六頁

関連条文　七六三条・七四二条一号

従前と同額の生活保護金を受給するための方便として協議離婚の届出をした場合に、当該離婚は有効か。

事実　Aとその妻Xは、Aが病気で倒れ収入の途が断たれたので生活保護を受けることになった。Xにも収入があったのにその申告をしなかったところ、福祉課の担当者から当該収入の届出をしないと不正受給となる旨を告げられた。そこで、AとXは、不正受給した額の返済を免れ、かつ引き続き従前と同額の生活保護金の支給を受けるための方便として、協議離婚の届出をした。届出後もAとXは従前どおり夫婦関係を継続し、Aの死亡後はXがAの法要を主宰したり、Aの債務を弁済したりした。Aが死亡してから六年余りを経て、Xは検察官を相手に、XA間の協議離婚の無効確認を求めて訴えを提起した。一審、原審ともに、Xが敗訴。そこで、Xが上告。

裁判所の見解　本件離婚の届出が、法律上の婚姻関係を解消する意思の合致に基づいてなされたものであって、本件離婚を無効とすることはできないとした原審の判断は、その説示に徴し、正当として是認することができる。

解説　民法には、協議離婚の届出をした当事者に「離婚をする意思」（離婚意思）がないときの扱いに関する規定が設けられていないが、七四二条一号の類推適用により、当該離婚が無効とされることについては異論をみない（最2判昭和34・8・7民集一三巻一〇号一二五一頁参照）。しかし、離婚意思の内容については見解の一致をみない。

離婚意思の有無が実際に問題となるのは、強制執行の回避や生活保護金の受給継続といった特定の目的を達するための方便として離婚届がなされたが、当事者が届出後も従前と同様に夫婦としての共同生活を営んでいるという場合である。判例では、大判昭和16・2・3民集二〇巻七〇頁を踏襲した最1判昭和38・11・28民集一七巻一一号一四六九頁によって、離婚の届出が「法律上の婚姻関係を解消する意思の合致」に基づいてなされた以上、離婚の意思がないとはいいえないとの定式が確立しており、本判決もこの定式を踏襲したものである。かかる立場においては、特定の目的を達成するための方便として離婚の届出がなされたことや届出後も夫婦同様の共同生活を続けているといった事情は、離婚意思の有無の判断に影響を与えるものではないということになる。このような形式論の背後においては、具体的な事実関係に照らして、婚姻が継続しているならば認められる法的保護を当事者から剥奪しても問題はなく、「法的な保護を失うリスクは甘受すべきである」との実質的な価値判断が控えているものとみることができる。

なお、1判決および51判決の解説もあわせて参照されたい。

精神病離婚と裁量棄却

13 最3判昭和45・11・24民集二四巻一二号一九四三頁

関連条文　七七〇条一項四号・二項

どのような事情が存在すれば、離婚後の具体的方途の見込みがついたとして精神病離婚が認容されるか。

事実　Xの妻Aは、婚姻直後から日常生活において多少異常な行動がみられたほか、性格面でも非社交的、自己中心的なところがあったため、Xは、離婚調停を申し立て、Aを実家に帰し別居状態に入った。しかし、Aが精神病で入院することとなったために、Xは調停の申立を取り下げた。その後、Aは心神喪失の常況にあるとして禁治産の宣告（現在の成年後見開始の決定）を受け、YがAの後見人に選任された。Xは、七七〇条一項四号に基づき、Yを被告として離婚の訴えを提起した。一審、原審ともに、Xの請求を認容したので、Yが上告した。なお、本訴提起後に、Aの過去の療養費の負担について示談交渉が行われ、Xが三〇万円を分割で支払う旨の示談が成立し、全額が支払われた。また、原審が試みた和解において、Xは将来の療養費として自己の資力で可能な範囲の支払をなす意思があることを表明している。

裁判所の見解　Aの実家がAの療養費に事欠くような資産状態ではないこと、Xは十分な療養費を支出できる程の余裕がないにもかかわらず、過去の療養費等を示談したとおりに全額支払っており、将来においても自己の資力で可能な範囲の支払をなす意思のあることを表明していること、XA間の長女をXが出生当時から引き続き養育していること等の事情は、婚姻関係の廃絶を不相当として離婚の請求を許すべきでないとの離婚障害事由の不存在を意味し、XとAの婚姻の継続を相当と認める場合には当たらないものというべきである。

解説　七七〇条一項四号は、破綻主義の見地から、精神病離婚を認めるものであるが、最2判昭和33・7・25民集一二巻一二号一八二三頁は、同条二項を持ち出して、「単に夫婦の一方が不治の精神病にかかった一事をもって直ちに離婚の訴訟を理由ありとするものと解すべきでなく」、「病者の今後の療養、生活等についてできるかぎりの具体的方途を講じ、ある程度において、前途に、その方途の見込のついた上でなければ、ただちに婚姻関係を廃絶することは不相当と認めて、離婚の請求は許さない法意」が存在すると説き、精神病離婚を認めることに非常に慎重な態度をとった。この法意に対しては批判的な見解が学説の多数を占めるが、本判決は、この法意を前提としつつ、Aの実家の資産状態、過去の経緯、Xが可能な範囲で今後も療養費の支払をなす旨の意思を表明していること等の広範な事情を考慮して、Xの請求を認容した。下級審でも、本件のような原告の意思表明、病者の看護態勢が整ったこと、国の費用負担による入院治療が可能であること等を「具体的方途」として認め、離婚を認容する判決がみられる。

高齢者の離婚と婚姻を継続し難い重大な事由の判断

14 東京高判平成13・1・18判タ一〇六〇号二四〇頁

関連条文 七七〇条一項五号

長年会社人間的な生活をし、妻への思いやりがなかった夫に対する離婚請求は認められるか。

事実

ともに昭和一〇年生まれのY男とX女は、Yが大学を卒業し会社勤めを始めた昭和三五年に婚姻し、長男Aと長女Bをもうけた。Yは、結婚当初から会社人間的な生活を送っており、家計の一切をXに任せていた。Xは、専業主婦として、家庭の仕事を全面的に執り行い、Yの身の回りの世話を献身的にこなしていたが、病気がちで、胃がんの手術を受けた後は家事を十分にこなせないようになった。その後も、Xは体の状態が芳しくなく、Yへの不信感を募らせたこともあって、平成四年六月頃からYと寝食を異にするようになった。しかし、Yは従前どおり仕事に精励し、Xを思いやる言動をとることはなかった。同七年にYが会社を定年退職した後、YとBの確執が契機となりXがYに対し離婚を申し出て、翌年には一階と二階とに分かれて生活するようになった。Xは、同九年に離婚調停を申し立てた後、Bと共に自宅を出て別居を開始した。調停は不調に終わり、Xが離婚の訴えを提起した。原審は、婚姻の破綻を認め、Xの訴えを認容したので、Yが控訴した。

裁判所の見解

XとYが約三年三ヶ月間別居状態にあり、Xの離婚の意向が強いことを考慮しても、現段階で、XとYの婚姻関係が完全に破綻しているとまで認めるのは相当でない。この訴訟の結果を受けて、今一度、長年にわたって形成されてきた婚姻関係につき再考し、改めるべき点は改め、Aらの協力を得ながら、和合のための努力が試みられるべきである。それでも、なお、関係の修復が図れず、いずれかが離婚を選択したいと考える場合は、その段階で、再度、離婚の当否について検討するという道筋をとるべきである。

解説

七七〇条一項五号は、「夫婦が婚姻の目的である共同生活を達成しえなくなり、その回復の見込みがなくなった場合」（15判決における表現）に離婚が認められる旨を定めたものである。その判断は規範的な評価を伴うものであるから、最終的には裁判官の裁量に委ねざるをえないが、本判決では、Yへの同情心、あるいは性別役割分業を前提とする家族観といった裁判官の主観的な考えが請求棄却という結論やその前提となる事実認定（原判決と表現や評価を異にする部分が多数みられる）に色濃く反映している。

いわゆる「熟年離婚」においては、夫婦が胸襟を開いてこれまでの夫婦関係や今後の生活について話し合うことが必要であり、そのためにも家裁における離婚調停の充実化が求められるが、調停での話し合いを経ても原告の離婚意思が固く、判決による判断が求められた場合には、一定期間の別居といった客観的な事情をもとに破綻の有無を認定することが考えられる。

有責配偶者からの離婚請求と信義則

15 最大判昭和62・9・2民集四一巻六号一四二三頁

関連条文　七七〇条一項五号・一条二項

有責配偶者からの離婚請求はどのような場合に認められるか。

事実　X男とY女の夫婦は、子がなかったため、A女の子二人を養子とした。ところが、縁組後間もなくしてXとAとの不倫関係が発覚し夫婦間に不和が生じ、XがAと同棲するようになって以来、XとYは別居状態にある。Yは、別居後、Xから処分権が与えられていたX名義の建物を売却して生活費に当てたほかは、Xから生活費等の交付を一切受けておらず、現在では、仕事を辞め資産もなく、実兄方で細々と生活している。一方、Xは、会社役員として経済的には極めて安定した生活を送っている。別居から三〇年以上が経ち、Xは夫婦関係と養子縁組の解消を求めたが、Yに拒絶されたので、離婚調停を申し立てた。調停も成立せず、Xが離婚の訴えを提起した。一審、原審ともにXの請求を棄却したため、Xが上告した。

裁判所の見解　①七七〇条一項五号は、夫婦が婚姻の目的である共同生活を達成しえなくなり、その回復の見込みがなくなった場合には、夫婦の一方は他方に対し訴えにより離婚を請求することができる旨を定めたものと解されるのであって、同号所定の事由につき責任のある一方の当事者からの離婚請求を許容すべきでないという趣旨までを読みとることはできない。しかし、離婚請求は、正義・衡平の観念、社会的倫理観に反するものであってはならず、信義誠実の原則に照らしても容認されうるものであることを要する。

②有責配偶者からされた離婚請求であっても、ⓐ夫婦の別居が両当事者の年齢および同居期間との対比において相当の長期間に及び、ⓑその間に未成熟の子が存在しない場合には、ⓒ相手方配偶者が離婚により精神的・社会的・経済的に極めて苛酷な状態におかれる等離婚請求を認容することが著しく社会正義に反するといえるような特段の事情の認められない限り、有責配偶者からの請求であるとの一事をもって許されないとすることはできないものと解するのが相当である。

解説　本判決は、七七〇条一項五号の趣旨を示すとともに、有責配偶者からの離婚請求は認められないとの従来の判例法理（最3判昭和27・2・19民集六巻二号一一〇頁等）を変更したものである。前記②の部分は、有責配偶者からの離婚請求が信義則に反しない場合を具体化したものであると理解するのが一般的であり、本判決後の裁判実務においては、ⓐⓑⓒの三要件が満たされているか否かが審理の中心となる傾向にある（近時のものとして、最1判平成16・11・18家月五七巻五号四〇頁参照）。しかし、三要件の解釈に柔軟性をもたせる裁判例（ⓑの解釈については17判決の解説を参照）や、三要件にとらわれることなく、請求者の態度等を含め離婚請求が信義則に反するかを総合的に判断する裁判例もみられる。

有責配偶者からの離婚請求における婚姻破綻の認定

16　東京高判平成9・2・20判時一六〇二号九五頁

関連条文　七七〇条一項五号

二〇年間単身赴任先で妻以外の女性と同棲しながらも、月に何度も帰宅して妻の世話を受けていた等の事情がある場合に、婚姻の破綻を認定することができるか。

事実　X男とY女は、昭和二三年に婚姻し、二人の子をもうけた。在京の新聞社に勤めていたXは、都内に土地を購入し自宅を建ててYとともに生活していたが、転任に伴いYと二人で都外に転居した。その後、XとA女の間に男女関係が生じ、その関係が同五〇年頃Yの知るところとなり紛議が生じて、Yは翌年東京に帰った。それ以来、Yは東京の自宅で暮らす一方、Xは何度か赴任先の変更があったものの、赴任先ではA名義で購入した自宅等においてAと同棲している。もっとも、Xは、平成六年までは所用で月に何度か上京してはYのいる自宅に宿泊し、Yから食事や身の回りの世話を受けていた。また、二人の子の結婚式等には夫婦として出席している。

Xは、平成七年に離婚の訴えを提起した。原審は、婚姻関係の破綻を認め、15判決が示した判断枠組みに従い、有責配偶者であるXからの離婚請求を認容した。そこで、Yが控訴した。

裁判所の見解　①本件事実関係の下では、夫婦共同生活は家庭的にも社会的にも従前同様に継続していて、両者の夫婦関係は、いまだ形骸化していない。

②Xが社会的活動に専念できたのは、Xの裏切りに耐え、Xの社会的立場に配慮し、Xに対する愛情を優先して対処してきたYの貢献によるところが大きく、Xが社会の第一線から身を引いた現在に至って、それなりに安定した関係となっているYとの関係を離婚によって清算しようとするのは、身勝手な態度と評されてもやむをえないもので、Yに対する信義を著しく破るものといわざるをえず、許容することができない。

解説　15判決の示したところに従うと、原告が有責配偶者であるか否か、その請求が信義則に反するか否かの判断に先行して、婚姻破綻の有無を判断することが必要となる。その判断に関して本判決と原判決は正反対の結論を示しているが、その原因は事実認定の違いにある。すなわち、原判決が、Yが東京に帰って以来「XがYと同居したことはな」く、XとAは「事実上の夫婦として」生活していると認定したのに対し、本判決は、これらの認定を「原判決の訂正」という形式で全面的に否定しているのである。しかし、XとAが事実上の夫婦関係にあったことを否定する事実が本判決では全く示されておらず、Xの状況が単なる単身赴任と変わりがないものと捉えられている。前記②に示したようなYへの同情心とそれを支える倫理的な価値判断が強く影響したものと推測できる。14判決と同様に、破綻の認定が裁判官の裁量によるところが大きいことによる問題点をうかがわせている。

有責配偶者からの離婚請求と未成熟子の認定

17 東京高判平成19・2・27判タ一二五三号二三五頁

関連条文 七七〇条一項五号

介護を要する重い障害を抱えた成人の子がいる夫婦において、有責配偶者からの離婚請求は認められるか。

事実 X男とY女は、昭和五八年に婚姻し、翌年長男Aが生まれた。Aは、出産時の医療過誤が原因で肢体麻痺の障害を負い、現在でも両手両足が不自由な状態にある。XとYは、平成八年頃まで、互いに協力してAを育ててきたが、Aの家庭教師をしていたB女とXの不貞関係についてYが疑いを持つに至って以来、XとYの関係が悪化し、平成九年五月にXが実家に転居した後は、別居状態にある。

Xは、平成一五年に、離婚の訴えを提起した。原審は、婚姻関係の破綻を認めたが、その原因はXの不貞行為にあり、有責配偶者であるXからの離婚請求は信義則上容認できないとして、Xの請求を棄却した。そこで、Xが控訴した。

裁判所の見解 着替え、食事、入浴等の日常生活全般にわたり介護が必要な状況にあるAは、実質的には未成熟の子と同視することができる。

AがYの介助なしで日々の生活を送ることができるとは考えられず、そのようなAを放置してYが相当時間就業することができるとは考えにくい。また、XとYが離婚した場合、Yが現住居からの退去を余儀なくされる可能性も否定し難く、離婚によりYが経済的に困窮することが十分に予想される。

このような状況を総合的に考慮すれば、XとYの離婚は、Aの今後の介護・福祉等に一層の困難を生じさせ、離婚によりYが精神的・経済的に極めて過酷な状況に置かれるものというべきであるから、本件請求は、信義誠実の原則に照らし認容することができないものというべきである。

解説 15判決は、夫婦間に未成熟の子がいる場合における有責配偶者からの離婚請求の可否について正面から言及してはいないが、後の最3判平成6・2・8家月四六巻九号五九頁が、高校二年生の子が未成熟子に当たると認定された事案において、15判決が挙げる諸事情を「総合的に考慮して右請求が信義誠実の原則に反するとはいえないときには、右請求を認容することができる」旨を明らかにした。

これに対し、本判決は、すでに成年に達してはいるが、日常生活全般にわたり介護が必要な状況にある子を「未成熟の子と同視」し、有責配偶者からの離婚請求を認容しなかった（同旨のものとして、高松高判平成22・11・26判タ一三七〇号一九九頁）。当該子の介護が現状どおり確保されることを重視し、離婚後も子の介護にあたる相手方の立場に配慮した判断が示されたのであるが、本来は社会福祉の領域で扱われるべき事情を、離婚の可否を判断する際に俎上に載せることが果たして妥当であるのかという問題が残る。

有責配偶者からの離婚請求の段階的な解決

18 大阪高判平成19・5・15判タ一二五一号三一二頁

関連条文　七七〇条一項五号

有責配偶者からの離婚請求において、離婚を前提とする一部和解や、離婚を認めた場合の未成熟子の監護等に与える影響についての家庭裁判所調査官による調査は許されるか。

事　実

X男（昭和三五年生）とY女（昭和三六年生）は、昭和六一年に婚姻し、二人の子をもうけた。Xは、平成二年九月からC女と男女の関係を持ち、同六年五月から自宅を出て別居を始め、同一一年七月から現在に至るまでCと同居している。Xは、同一七年三月に四回目の離婚調停を申し立てたが不調となり、同年一一月に二回目の離婚訴訟を提起した。原審は、離婚後に予想されるYの経済状態を慮った上で、有責配偶者であるXからの離婚請求を認めることは、Yを精神的、社会的、経済的に極めて苛酷な状況に陥れることになり容認することができないとして、Xの請求を棄却した。そこで、Xが控訴した。

控訴審においては、親権者指定に関する子らの意向および子らの監護についての離婚した場合の影響の有無につき、家庭裁判所調査官による事実の調査がなされ、この調査および審理の結果を踏まえて、和解が勧告され、慰謝料と養育費に関して、訴訟や審判で別途請求する権利を残しつつ、任意に支払う額につき一部和解がなされた。

裁判所の見解

XY間で当分の間別居生活を続ける旨の調停が成立した後約一三年の別居期間が経過しようとしており、二人の子は高校生に成長し、調査官調査の結果からも経済的な面を別とすれば離婚によって大きな影響を受ける可能性は低いこと、これを踏まえて合意された一部和解において、Xが慰謝料および二男の大学進学費用の支払を約束し、債務名義が作成されていることなどの事情をも考慮すれば、現時点においては、破綻の経緯やその後の事情等を十分考慮に入れたとしても、有責配偶者であるXの離婚請求を信義誠実の原則に反するものとして棄却すべき理由はない。

解　説

裁判離婚においては、離婚原因の客観化とともに、離婚給付や子の監護・養育・面会交流といった離婚に付随する事項をめぐる紛争の迅速な解決も大きな課題である。有責配偶者からの離婚請求については、相手方の感情的な反発もあって紛争が長期化する傾向があるため、右のような課題について、調査官調査を実施したり、一部事項につき和解によって段階的な解決を図ったりすることが必要となる。それゆえ、控訴審の訴訟運営は適確なものであったと評価できる。離婚事件において調査官による事実の調査が許される範囲については議論があるが、離婚が子の監護や福祉に与える影響を斟酌するにあたっては、人間関係の諸科学の専門的知見を活用すべきであるから、本判決のような柔軟な対応が求められる。

財産分与と離婚慰謝料の関係

19 最2判昭和46・7・23民集二五巻五号八〇五頁

財産分与がなされた後に、別途、離婚慰謝料を請求することはできるか。

事 実　夫Yが妻Xに対し再三些細なことを口実に暴行するなど同居に堪ええない虐待を加えたため、Xは実家に帰り、XYの婚姻関係は破綻した。その後Xが原告となって提起した離婚訴訟において、XYの離婚、財産分与としてYはXに整理タンス一棹、水屋（食器棚）一個を引き渡すことを命ずる判決が下された。約半年後、XはYの虐待によって離婚を余儀なくされたとして、Yに対し慰謝料三〇万円の支払を求める訴えを提起した。一審、原審ともに一五万円の慰謝料請求を認容。Yは、財産分与はすでになされており、もはや慰謝料を重ねて請求することはできないなどとして上告。

裁判所の見解　①財産分与は、婚姻中の夫婦共同財産を清算・分配し、かつ、離婚後における一方当事者の生計の維持を図るものであって、相手方当事者が離婚につき有責であることを必要としないから、財産分与請求権は、相手方の有責な行為によって離婚をやむなくされたことに対する慰謝料請求権とはその性質を同じくするものではない。②もっとも、財産分与を命ずるかどうかならびに分与の額および方法を定めるについては、当事者双方における一切の事情を考慮すべきであるから、慰謝料も含めて財産分与の額および方法を定めることもできる。③しかし、財産分与がなされても、それが損害賠償の要素を含めた趣旨とは解されないか、もしくは精神的苦痛を慰謝するには足りないと認められるときは、別個に不法行為を理由として離婚による慰藉料を請求することができる。

関連条文　七〇九条・七一〇条・七六八条

解 説　財産分与の額や方法は「一切の事情を考慮して」判断されるところ（七六八条三項）、財産分与には清算、扶養、慰謝料の三要素が包含されるという見解と（包括説）、財産分与は清算と扶養のみであり、慰謝料は別であるとする見解がある（限定説）。包括説には、紛争を一回で解決できるという利点があり、限定説には、個別的な請求が可能であるという利点がある。本判決はいわば「選択説」とも呼ぶべき折衷説の立場に立って、両説の利点を享受できる柔軟で実際的な判断をした。もっとも、財産分与と慰謝料では、その請求期間（七六八条二項・七二四条）や裁判手続（審判事項か訴訟事項か）などに違いがあり、これらの点も考慮すると、本判決の立場は、理論的にはやや明瞭を欠くといわざるをえない。ただし、今後さらに破綻主義が徹底され、離婚の成立において有責性が問われないことになれば、離婚それ自体についての離婚慰謝料を観念することは困難であろうし、清算と扶養の要素の充実が図られれば、その必要性もなくなるであろう。

財産分与と過去の婚姻費用の分担

20 最3判昭和53・11・14民集三二巻八号一五二九頁

離婚訴訟における財産分与の中で、過去の婚姻費用分担の態様を斟酌することはできるか。

事実　X女Y男夫婦には二人の女児があったが、Yの学歴詐称や無資格教師の事実などが発覚し、XのYに対する信頼は失われた。XはYに対して離婚の訴えを提起したところ、一審では、離婚とともに財産分与として六〇〇万円が認められたが、原審では、七年余の別居中にXが自身および二児のために支出した婚姻費用の四〇〇万円が加算され、一〇〇〇万円の財産分与が認められた。これに対して、Yは、過去の婚姻費用の分担は家庭裁判所の審判手続によってのみ定めることができ、離婚訴訟における財産分与の中で過去の婚姻費用を斟酌したことは違法であるとして上告した。

裁判所の見解　離婚訴訟において裁判所が財産分与の額および方法を定めるについては当事者双方の一切の事情を考慮すべきものであることは七七一条・七六八条三項の規定上明らかであるところ、婚姻継続中における過去の婚姻費用の分担の態様は右事情のひとつにほかならないから、裁判所は、当事者の一方が過当に負担した婚姻費用の清算のための給付をも含めて財産分与の額および方法を定めることができる。

関連条文　七六八条三項

解説　婚姻中の未払いの婚姻費用を離婚後に請求することも認められる。婚姻費用の分担は、本来は婚姻中の問題であるが、離婚後の清算を認めないと、不誠実な配偶者が義務を免れることになり妥当でない。ただし、その分担額の決定は過去の婚姻費用であっても訴訟ではなく審判によるものとされる（最大決昭和40・6・30民集一九巻四号一一一四頁）。したがって、過去の婚姻費用を離婚訴訟に附帯して請求しても却下される（最2判昭和43・9・20民集二二巻九号一九三八頁）。しかし、婚姻費用の分担については、常に別途、家事審判によらなければならないとするのも不便である。そこで、本判決は、「過去の婚姻費用の分担の態様」は財産分与額を定めるにあたって考慮すべき一切の「事情のひとつ」であるという理論によって、婚姻費用の清算を財産分与の中で行うことを認めた。財産分与は、離婚に付随して生ずる重大な財産的効果として附帯処分が可能である（人訴三二条）。婚姻費用分担義務不履行の債権債務を清算的要素として財産分与に含めるという解釈は可能であろうし、離婚紛争の一回的解決という観点からも本判決は評価できよう。

しかし、婚姻費用の分担は婚姻の継続を前提とする効果であり、婚姻の解消の効果としての財産分与とは異質のものであることには注意を要する。履行確保制度の充実などによって、婚姻費用の分担が婚姻中に実現される必要性も提唱されている。

財産分与と将来の退職金

21 東京高決平成10・3・13家月五〇巻一一号八一頁

将来支給を受ける退職金は、財産分与の対象となるか。

事 実　夫Xと妻Yは、昭和四七年に婚姻し、三人の子をもうけたが、平成七年に協議離婚した。Yは、Xに近く退職金が支給されることを理由に、支給されるはずの退職金の半額を含む慰謝料等の合計額二〇〇〇万円を財産分与として請求した。原審は、退職金は賃金の後払い的性格が強いとして、離婚時にXが任意に退職した際に支給されるであろう退職金相当額から所得税額を控除した残額の半分に相当する金額（一〇六五万円）を基準に算出して得られた金額（七六九万円余）を、将来Xに退職金が支給された時に支払うべきとした。Xが控訴。

裁判所の見解　将来支給を受ける退職金であっても、その支給を受ける高度の蓋然性が認められるときは、これを財産分与の対象とすることができる。そして、本件においては、Xの勤務する企業の規模等に照らして、Xが退職時に退職金の支給を受けることはほぼ確実である。Yの寄与率を四割とし、退職金が支給されたときには、Xの月額基本給（四〇万円）に全勤続年数に相当する支給率（五四・〇）から婚姻前の勤続年数に相当する支給率（一五・〇）を控除した支給率を乗じ、その金額から所得税等を控除した金額に相手方の寄与率（〇・四）を乗じて得られた金額（六一二万円）を支払うべきである。

関連条文　七六八条二項

解 説　離婚前にすでに支払われた退職金が清算の対象となることは、判例・学説とも一致している。将来支給される退職金についても今日では、支給される蓋然性が高い場合にはこれを清算の対象とする。しかし、支給が確実でないことから、具体的な事案に応じて算定方法は異なる。本決定（および原審）は、離婚時に任意に退職したと仮定して、その際に支給されるであろう退職金相当額を退職時に支払うとしている。具体的な算定方法を提示した裁判例として意義がある。

将来の退職金は、不確定要素があり、その受給が必ずしも確実ではなく、また離婚時には退職金をまだ受領していない者に、分与を命ずることが酷にならないように配慮する必要もある。本決定の方法によれば、現時点で資力がなくても清算できる点に利点があるが、相手の任意の履行に期待するほかなく、退職前に義務者が死亡した場合に元配偶者が請求できるのかといった問題も生じる。本決定の採用する方法のほかに、退職金を現在額に評価し直し、離婚時に支払うとするもの（東京地判平成11・9・3判時一七〇〇号七九頁）や定年退職時の退職金を清算の対象とし、退職金の支払を受けた時に支払うとするもの（東京高判平成10・3・18判時一六九〇号六六頁）などがある。

財産分与と被用者年金の分割割合

22 名古屋高決平成20・2・1家月六一巻三号五七頁

年金分割の按分割合を二分の一より減ずる事情は何か。

事実　平成一九年に、夫Yが妻Xに対し解決金として一〇〇万円を支払うこと、年金分割について別途解決すること、Xはその余の請求を放棄すること等を内容とする和解離婚が成立した。なお、XとYの婚姻期間は三三二ヶ月であったが、うち一八六ヶ月は単身赴任等により別居していた。Xは離婚時年金分割について按分割合を〇・五と定める旨の審判を申し立てた。原審は、保険料納付に対する夫婦の寄与の程度は、特別の事情がない限り、互いに同等とみるのが相当であるとし、本件では、同居期間が婚姻期間の約半分であること等は特別な事情ということはできないとして、按分割合を〇・五とした。Yが、XY間の相互扶助の欠如等、特段の事情があるとして、即時抗告。

裁判所の見解　厚生年金保険等の被用者年金が、婚姻期間中の保険料納付により夫婦双方の老後の所得保障を同等に形成していくという社会保障的性質および機能を有していることを鑑みれば、特段の事情のない限り、按分割合は〇・五とされるべきであり、短い同居期間も仕事の都合から一緒に生活できない状態であって、そもそも別居には該当せず、婚姻期間中の借金、浪費、蓄財等の事情は、原則的按分割合〇・五を変更すべき特段の事情には該当しない。

関連条文　厚年七八の二

解説　厚生年金・共済年金も婚姻中に納付した保険料によって年金受給権が生ずることから、これらも財産分与の対象とすることが判例実務として定着していた（仙台地判平成13・3・22判時一八二九号一一九頁等）。しかし、年金制度上、受給権自体を分割することは認められていなかったことから、多くの場合は、夫が受給する年金額を財産分与の対象として考慮するほかなかったが、「離婚時年金分割制度」により、保険料の納付記録を分割することが認められることとなった（厚年七八条の二・七八条の三等）。按分割合は、互いの協力により、それぞれの老後等のための所得保障を同等に形成していく意味合いがあることから、保険料納付についての夫婦の寄与の程度は、特段の事情のない限り、互いに同等とみるのが相当であるとするのが一般的であり、裁判例も〇・五とするものが多い（大阪高決平成21・9・4家月六二巻一〇号五四頁等）。

本決定は、〇・五以外の割合にすべき例外的事情が何かを具体的に示していないが、年金分割制度は財産分与ではないので、特段の事情がなければ、割合は〇・五となる。財産分与のように、家庭生活の破綻、家事協力や有責性の有無など当該夫婦の個別事情には左右されない。しかし、年金額を参考にして財産分与の協議をし、金額・方法等を決めることもあり、財産分与と無関係ではない。

扶養的財産分与としての賃借権の設定

23 名古屋高判平成21・5・28判時二〇六九号五〇頁

関連条文 七七一条・七六八条

扶養的財産分与として、夫の家屋について妻に賃貸するよう命ずることができるか。

事実　夫Xと妻Yは、平成六年に婚姻し、同八年に子Aが出生した。同一一年に、本件不動産（マンション）を購入し、Xの持分を一〇〇〇分の八八三、Yの持分を一〇〇〇分の一一七として登記手続を行った。同一五年にXの不貞行為が発覚し、XがYに十分な生活費を渡さなくなり、別居した。Xは離婚請求とともに、財産分与として、本件不動産のYの共有持分をXへ移転することを求めた。原審は、Xの離婚請求を認容し、財産分与について、本件不動産の全所有権をXに帰属させた上で、XからYへ三〇〇万円の分与をなすべき旨を命じた。Yが控訴。

裁判所の見解　本件不動産のY持分をYの特有財産、X持分をXとYの共有財産と認定する。Xの退職金等を財産分与の対象に加えることが現実的でなく、さらに一部がYの特有財産である本件不動産がある場合には、Yに、扶養的財産分与として離婚後も一定期間の居住を認めて、その法的地位の安定を図るのが相当である。清算的財産分与によって本件不動産のXの持分をXに取得させるとともに、扶養的財産分与として、Xに対し、当該取得部分をYに賃貸するよう命ずる（賃料を月額四万六一四八円、賃貸期間をAが高校を卒業する平成二七年三月までとする）。

解説　財産分与の方法として利用権（賃借権・使用借権）を設定することについては、学説でも認められ、清算の一態様として認める見解が有力である。また、一方の特有財産であっても離婚後扶養として利用権を設定することができるとしている。利用権の設定は、離婚後の夫婦に紛争の原因を残すおそれもあるが、未成年者である子の利益や高齢となった配偶者の居住を保護する手段として裁判例で実際に用いられており、否定すべきものではない。離婚した夫婦の共有状態を残しておくことは、不動産の管理処分等をめぐって後の紛争の原因となることから、妻に全所有権を分与することができないときには、夫に全てを分与した上で妻に利用権を認める裁判例が多い（名古屋高決平成18・5・31家月五九巻二号一三四頁は、小学校卒業まで六年半の使用借権を認める）。なお、財産分与として賃貸借関係の設定を命じた場合、この賃借権は通常の賃貸借契約と同様に扱われるのか、また扶養的財産分与として利用権を設定する場合、離婚後扶養の暫定的な性質から、一定の期間を定めることになるが、本決定のように、一〇年近く（もしくはそれ以上）の期間が離婚後扶養の性質から妥当かという問題が残る。

財産分与の清算割合

24 東京家審平成6・5・31家月四七巻五号五二頁

関連条文 七六八条

共働きだが家事・育児は妻が全面的に担当している場合、財産分与の清算割合はどうなるか。

事実 妻X（童話作家）と夫Y（画家）は、昭和三七年に婚姻し、同四二年に子Aが出生した。XとYは、それぞれの収入をそれぞれが管理し、共同生活の支出の負担については明確な合意はしていなかったが、家事・育児については、Xが全面的に担当した。XとYは昭和五五年頃から不仲となり、平成二年にXが近所にある仕事場に移って別居し、翌年協議離婚した。Xは、財産分与および慰謝料として、本件不動産につき、Xへの所有権移転登記を求め、Yは、相当額の支払と引換えに本件建物のXの共有持分をYに分与すること等を主張した。

裁判所の見解 清算的財産分与の清算割合は、本来、夫婦は基本的理念として対等な関係であり、財産分与は婚姻生活中の夫婦の協力によって形成された実質上の共有財産の清算と解するのが相当であるから、原則的に平等だが、XYの婚姻生活の実態によれば、XとYは芸術家としてそれぞれの活動に従事するとともに、Xは家庭内別居の約九年間を除き約一八年間もっぱら家事労働に従事してきたこと、XY双方の共同生活について費用の負担割合や収入等を総合考慮すると、Xの寄与割合を六、Yのそれを四とするのが相当である。

解説 清算的財産分与の清算割合は、財産分与を求める夫婦の一方の具体的な寄与度に応じて清算がなされるが、本審判が述べたような理由から、原則的に平等であると解され、実務においても「二分の一ルール」として定着している。ただし、配偶者の一方の特別な努力や能力によって資産が形成される場合には、寄与割合は修正される。過去の裁判例では、夫が医師、弁護士、タレント、経営者などの場合に、高額な資産形成に対するその者の特別な努力や能力を評価して、寄与割合を修正する事案を中心に論じられてきた。他方、夫婦が共稼ぎで、それぞれの収入からそれぞれ生活費等の婚姻費用をほぼ平等に拠出・分担しているが、妻が主に家事・育児等の家事労働を担っているケースもある。家事労働は、本来、夫婦が平等に分担するべきものである。それを妻が主として担っていることから、公平性の観点から、特段の事情がない限り、寄与割合は修正される。本審判は、共働きで妻の方が収入が多く、かつ家事・育児は妻が全面的ないし主として担ってきた事案である。このような場合においても、夫婦の収入差だけでなく、妻が稼働し、生活費等を負担してきた点や家事・育児を担っている点を考慮した上で、寄与度を評価し、「二分の一ルール」を修正している点に意義がある。

財産分与と債権者代位権

25 最2判昭和55・7・11民集三四巻四号六二八頁

関連条文 四二三条・七六八条

協議・審判等による具体的内容形成前の財産分与請求権に基づいて債権者代位権を行使することは可能か。

事実 夫Xと妻Y_1は、昭和三七年に婚姻し、XはY_1の父Aが経営する事業を手伝い、その後事業の代表者となった。同三九年、XとAは共同して土地を購入し、その上に工場と居宅を建築した（土地の名義はX、後にY_1に変更。工場と居宅の名義はY_1）。この頃からXとAとの間で対立が生じ、同四五年にXとY_1は協議離婚した。離婚直前に、Y_1とAは、Xの知らないうちに、本件土地建物の名義をY_1からY_1の母であるY_2に変更した。XはY_1に対して財産分与等の調停を申し立てたが不調となった。Xは、本件土地建物がY_1の所有であることの確認と、XのY_1に対する財産分与請求権を被保全債権として、Y_1に代位して、Y_2に対して所有権移転登記の抹消手続を求めた。一審は確認請求のみを認容し、被保全債権である財産分与請求権は抽象的な権利に留まっているとして、請求を棄却した。原審は調停不調の段階での財産分与請求権も一種の財産的請求権であり、具体的内容が定まるまでは金銭債権ではないから、債権者の無資力を要件とせずに、債権者代位権を行使することができるとして、確認請求と代位請求を認容した。これに対して、Yらが上告した。

裁判所の見解 離婚によって生ずることあるべき財産分与請求権は、一個の私権たる性格を有するものではあるが、協議あるいは審判等によって具体的内容が形成されるまでは、その範囲および内容が不確定・不明確であるから、かかる財産分与請求権を保全するために債権者代位権を行使することはできない。

解説 財産分与請求権の権利性については、学説は、①協議・審判などによって具体的に内容が形成されて初めて権利が発生すると解する形成説、②離婚という事実によって具体的に発生し、協議・審判などはその内容を確認するものとする確認説、③抽象的な財産分与請求権は、離婚によって当然に発生するが、協議・審判などによって具体的に内容が形成されるとする折衷説に分かれていた。本判決は、③の考え方を採用することを明らかにし、具体的内容が形成される前の財産分与請求権を被保全債権とする債権者代位権の行使を否定した初めての最高裁判決である。さらに、財産分与請求権がどの程度具体化されていくことが必要となるかが問題となるが、詐害行為取消権の事例では、判決が近く言い渡される蓋然性が極めて高い場合に、取消しを認める裁判例があり（京都地判平成4・6・19判タ八一三号二三七頁）、債権者代位権においても、財産分与の判決や審判が近くなされる蓋然性が高い場合には、代位権の行使が認められる可能性もある。

財産分与と詐害行為取消権

26 最1判平成12・3・9民集五四巻三号一〇一三頁

関連条文 四二四条・七一〇条・七六八条

離婚に伴う財産分与は詐害行為として取り消すことができるか。

事　実　夫Aと妻Yは、平成三年に婚姻したが、翌年AはB会社の取締役を退任し、それ以降働くことなく、Yに対して暴力を振るようになり、平成六年に協議離婚した。その際、YとAは他の債権者を害することを知りながら、AがYに対して、①生活補助費として、Yが再婚するまで毎月一〇万円支払うこと、②離婚に伴う慰謝料として二〇〇〇万円支払うこと、を合意し、執行認諾文言付きの公正証書を作成した。XはAに対する貸金債権について、その支払を命ずる確定判決を得ており、主位的請求として、YとAとの①②に関する合意が通謀虚偽表示であるため無効、予備的請求として本件合意が詐害行為であるとしてその取消しを求めた。原審は、本件合意は不相当に過大であって、財産分与に仮託されたものであり、詐害行為に該当するとして、予備的請求を認容した。これに対して、Yが上告した。

裁判所の見解　離婚に伴う財産分与として金銭の給付をする旨の合意がされた場合において、特段の事情があるときは、不相当に過大な部分について、その限度において詐害行為として取り消されるべきものと解するのが相当である。離婚に伴う慰謝料についても、当該配偶者が負担すべき損害賠償義務の額を超えた金額の慰謝料を支払う旨の合意がされたときは、その合意のうち右損害賠償義務の額を超えた部分については、詐害行為取消権行使の対象となりうる。

解　説　判例は、離婚に伴う財産分与が詐害行為取消しの対象となるか否かについては、多額の債務を負った夫が所有する唯一の不動産を清算的財産分与として妻に譲渡したことから、夫が全くの無資産となった事例において、分与者が債務超過であるという一事によって、財産分与を全て否定することは相当ではなく、七六八条三項の規定の趣旨に反して不相当に過大であり、財産分与に仮託してされた財産処分であると認められるような特段の事情がある場合には、詐害行為の対象となりうるとしている（最2判昭和58・12・19民集三七巻一〇号一五三二頁）。この判決以降、財産分与の相当性判断が問題となり、本判決も離婚後扶養の合意と慰謝料の合意のそれぞれについて相当な額を算定し、それを逸脱する部分、すなわち取消範囲についてさらに審理を尽くさせるために、原審に差し戻している。本判決は、離婚に際しての金銭支払の合意が不相当に過大な場合に、その過大な部分について詐害行為になり、その限度で取り消されることを明らかにした初めての最高裁判決である。

離婚慰謝料と離婚原因慰謝料：DVの場合

27　大阪高判平成12・3・8判時一七四四号九一頁

関連条文　七〇九条、旧人訴七条

離婚それ自体から生じる慰謝料には離婚原因となった行為に対する慰謝料も含まれるか。

事　実　夫Xと妻Yは、昭和四六年に婚姻し、子ABC（BCはYの連れ子であり、婚姻後Xと養子縁組）がいる。Xは、仕事上長期間の単身赴任を余儀なくされ、家庭内の一切をYに任せていた。しかし、Yは家事・育児についてややルーズなところがあり、Xがいくら注意しても直らなかったことから、XはYに対して妊娠中や日常的にも暴行を働く傾向にあった。平成七年四月四日に、本件暴行があり、Yは椎間板ヘルニア等を発症した。その後、XとYは別居した。XがYに対して離婚請求、Yが反訴し、Xの本件暴行により被った傷害についての損害賠償、離婚慰謝料および財産分与を請求した。原審は、離婚を認め、本件暴行による損害賠償、財産分与を認めたが、金額に納得がいかず、Yが控訴した。

裁判所の見解　原審は、本件暴行による損害賠償について、夫婦間の損害賠償であること、交通事故の損害賠償のように保険制度が完備していないことを理由に交通事故の損害算定に比べて低額の算定となる旨を判示するが、夫婦間における暴行が、その原因において、相手方が暴力行為を挑発したなどの特段の事情がある場合は格別、単に夫婦関係があることのみから損害額を低く算定すべきであるとはいえない。入通院慰謝料一〇〇万円、後遺障害慰謝料五〇〇万円、後遺障害による逸失利益一一一三万円余、また離婚慰謝料三五〇万円、財産分与二三〇〇万円を認める。

解　説　離婚の際の慰謝料には、相手方の暴行等のように個別の不法行為に基づく慰謝料（離婚原因慰謝料）と相手方の有責な行為によって離婚をやむなくされたことによる慰謝料（離婚慰謝料）があるが、判例は、両者を厳密に区別せず、包括的に離婚慰謝料として損害賠償を認めている（19判決）。本判決では、離婚原因慰謝料と離婚慰謝料を明確に区別して、両方の慰謝料を認めている。離婚原因が、暴行や傷害といった、七〇九条の不法行為を構成する場合には、本判決同様、両者を独立させ、損害賠償請求訴訟を併合して請求することで、慰謝料を高額化することが考えられる。不法行為の損害賠償請求権の消滅時効は、損害および加害者を知ってから三年であるが（七二四条）、夫婦の一方が他方に対して有する権利については、婚姻解消の時から六ヶ月内は、時効が完成しない（一五九条）。この間に、裁判上の請求を行うことになる。なお、併合訴訟については、「訴えの原因たる事実により生じたる損害賠償請求事件」（旧人訴七条二項）として認められるか否か議論されていたが、人事訴訟法改正により可能となった（人訴一七条一項）。

婚約解消の法的責任

28 東京地判平成5・3・31判タ八五七号二四八頁

関連条文 七〇九条・七一九条

婚約解消について不法行為責任を負うのはどのような場合か。

事実　X男とY_2女は、結納を交わして婚約し、結婚式を行うことも決まっていたが、その打合せの際のXの母の言動からY_2はXとの結婚に不安を抱き、婚約を解消した。しかし、その後もXはY_2に婚約解消の翻意を求め、Y_2もそれに応じるかに思われた。だが、結局、両親らの反対もあって、XとY_2との婚姻が実現しなかったため、Xは、Y_2が正当な理由なくしてXとの婚姻を解消したとして、また、Y_2の父Y_1が正当な理由なくXとY_2との仲を裂き、婚約を解消させたとして、Y_1とY_2に対し、不法行為を理由に損害賠償を請求した。

裁判所の見解　婚約解消を理由として、それまでにかかった費用の清算以外の精神的損害に対する損害賠償義務が発生するのは、婚約解消の動機や方法等が公序良俗に反し、著しく不当性を帯びている場合に限られるものというべきであり、この理は、婚約当事者以外の者が婚約当事者に対して婚約を解消することを決断させた場合においても、同様である。例えば、親が、結婚を望んでいる子に対して、婚約の相手方の親族との円満な協力関係の形成が見込めないことを理由に婚約解消をするよう強く説得することは、それだけでは、婚約の相手方に対する精神的損害の損害賠償義務を発生させるほどの違法性を持たず、その動機や方法等に公序良俗に反する点が認められて初めて、損害賠償義務を発生させるほどの違法性を具備するものと解するべきである。本件では、Y_1がY_2に対する脅迫等の不当な手段をもってXとY_2の婚約を解消させたことを推認することは、到底できないものである。

解説　婚約とは、将来、婚姻することを約するものである。婚姻の自由を尊重するため、婚姻の届出を強制することはできないが、正当な理由のない婚姻の不履行については、婚約破棄者が債務不履行による損害賠償責任を負うというのが判例・通説である。さらに判例は、婚約者としての地位を侵害したとして、婚約破棄者が不法行為責任を負うと構成することも認める。また、第三者が婚約の履行に干渉しこれを破棄させたときは、当該第三者が不法行為責任を負うとしてきた。

本判決は、婚約破棄者に不法行為責任が生じる可能性を肯定しつつ、その成立を「婚約解消の動機や方法等が公序良俗に反し、著しく不当性を帯びている場合」に限定したものである。当事者の婚姻する自由を確保するためには、婚約破棄者の責任が加重になってはならず、他方、第三者の干渉により当事者の真の婚姻意思が歪められてはならない。本判決は両者のバランスをとったものといえる。

結納の返還義務

29 最2判昭和39・9・4民集一八巻七号一三九四頁

婚姻後間もなく離婚に至った場合、結納金は返還しなければならないか。

事実　X女は、Y男と結婚式を挙げて、Y方で同居生活を始め、約一ヶ月後に婚姻届も済ませたが、やがて不和となり、結婚式から約八ヶ月後にY方を去って実家に帰り、その約二ヶ月後に協議離婚が成立した。ところが、YがXの嫁入道具等（たんす・衣類等）を返却しないため、XはYに対して、嫁入道具等Xの所有に属する物品の返還を請求した。これに対し、Yは、反訴を提起し、婚姻解消による原状回復義務の履行として、結納金五万円等の返還を請求した。一審は、Xの本訴請求を認容し、Yの反訴請求は退けた。原審も結納金返還請求を認めなかったため、Yが上告した。

裁判所の見解　結納は、婚約の成立を確証し、あわせて、婚姻が成立した場合に当事者ないし当事者両家間の情誼を厚くする目的で授受される一種の贈与であるから、本件のように挙式後八ヶ月余も夫婦生活を続け、その間婚姻の届出も完了し、法律上の婚姻が成立した場合においては、すでに結納授受の目的を達したのであって、たとえ、その後結納受領者からの申出により協議離婚をするに至ったとしても、結納受領者には結納を返還する義務はない。

解説　結納について民法は何も規定していないが、古くから、婚約の際に慣行として取り交わされてきた。当事者が離別した際、返還請求が認められるかという形で法的に問題となる。結納の法的評価については、①婚姻の不成立を解除条件とする贈与、②婚姻成立を目的とする贈与、③証約手付に類似するもの、④証約手付と婚姻準備資金の贈与との折衷的性質を持つもの、などの理解が存在し、さらに、①②の立場をとる場合には、結納の目的たる「婚姻」とは婚姻の届出をすることを意味するのか、それとも夫婦共同生活（内縁）の開始を含むのか、が問題となるが、後者の理解が多数であった。

判例としては、すでに大判大正6・2・28民録二三輯二九二頁が、結納を、他日婚姻が成立することを予想して授受する一種の贈与であって婚姻予約の成立を証するとともにあわせて将来成立すべき婚姻を前提としその親族関係より生じる相互の情誼を厚くすることを目的とするもの、と性質づけており、本判決もそれを踏襲したものといえる（②と③を折衷した立場と考えられる）。本件では、挙式も共同生活も婚姻の届出もなされているため、結納返還不要とする結論は妥当であろうが、これらの要素のいずれかが欠けていた場合、結納の目的が達成されたか否かをどのように判断するかは残された課題である。なお、本判決後、東京高判昭和57・4・27判時一〇四七号八四頁は、有責者からの結納返還請求を認めないと判示している。

関連条文　五四五条・七〇三条

婚姻予約有効判決と内縁の法的保護

30 大連判大正4・1・26民録二一輯四九頁

非婚姻結合に法的効果は発生するか。

事実　X女は、婚姻の届出をしないまま、Y男と婚礼を挙げて同居したが、婚礼後三日目に実家に帰った。しかし、Y病気の通知を受けたため、その翌日にY宅に戻ったところ、夫が大病であるにもかかわらずXの父がその見舞いにも立ち寄らないことについて媒酌人が苦言を呈した。Yがそのことを理由にXを離別したため、Xは名誉を毀損されたとして、Yに対し不法行為に基づく損害賠償を請求した。一審、控訴審ともX敗訴。最上級審では、過失による名誉毀損成立の可能性ありとして破棄差戻し。差戻審においてXが勝訴したことを不服としたYは、婚姻予約が無効である以上、婚姻予約に基づいた事実上の夫婦関係を無視しても不法行為とはならないと主張した。

裁判所の見解　婚姻の予約は、将来において適法な婚姻をすることを目的とする契約であるため、その契約は適法であり有効である。当事者は婚姻をするかしないかの自由を有するため、婚姻の予約がなされた場合であっても、婚姻を当事者に強制することはできないが、当事者の一方が正当の理由なくして婚姻をすることを拒絶した場合においては、その一方は、相手方がその予約を信じたがために被った有形無形の損害を賠償する責任を負う。この損害賠償請求は、債務不履行を原因とする請求である必要があり、不法行為を原因として請求すべきものではない。

関連条文　四一五条・七〇九条・七三九条

解説　本判決は、内縁保護の出発点となった判決として、今日でも重要性を有している。本判決以前は、明治民法に採用された、届出なければ婚姻なしの原則、および立法者の非婚結合に対する厳格な態度を受けて、婚姻の予約は無効とされており、ただ、破棄者に名誉毀損による不法行為責任が成立する可能性が肯定されているのみであった。その中で、傍論ながら、婚姻予約を有効と判示した本判決は、「婚姻予約」（将来婚姻することを約した関係）に仮託して、内縁（事実上の夫婦関係）を保護したものであると評価された。

そこで、学説は、「婚姻予約」としてではなく、内縁の持つ事実上の夫婦共同生活としての側面を重視して、内縁の法的性質を「婚姻に準ずる関係」として婚姻法の準用による法的解決を考えた。この準婚理論を採用したのが、最2判昭和33・4・11民集一二巻五号七八九頁である。とはいえ、これにより、本判決が示した婚姻予約有効法理が否定されたわけではない。「婚姻予約」概念は、純粋な婚約関係だけでなく、事実婚夫婦や試婚的関係など、多様な非婚関係を含みうるため、関係を不当に解消した者に損害賠償責任を課す法理として、依然有用なものとなっている。

婚外関係の解消と不法行為責任

31 最1判平成16・11・18判時一八八一号八三頁

関連条文 七〇九条・七一〇条

住居も生計も別で意図的に婚姻の届出を回避していた男女関係の一方的破棄は不法行為責任を構成するか。

事実 X女は、Y男と結婚相談所を通じて知り合い、すぐに婚約をしたがやがてそれを解消し、「スープの冷めないぐらいの近距離に住み、特別の他人として、親交を深める」こととした。XYは同居せず、生計も別であったが、十年以上にわたって関係が継続し、二子も生まれた。しかし、XYの関係が開始して約一六年が経過した頃、YはA女と知り合ってAと婚姻することを決意し、その旨をXに告げて突如関係を解消したため、XはYによる一方的なパートナーシップ関係解消が不法行為に当たるとして、慰謝料を請求した。原審は、関係継続への期待を一方的に裏切った責任は免れないとしてYに一〇〇万円の慰謝料支払を命じた。Yが上告。

裁判所の見解 ①XY間の約一六年間の関係継続、協力関係、②住居も生計も別で共有財産もないこと、③Xが子どもの養育に一切関わりを持たず出産時に金員を受領していること、④XYに民法所定の婚姻をする旨の意思の合致が存したことはなく、かえって意図的に婚姻を回避していること、⑤XY間において当該関係から離脱してはならない旨の関係存続に関する合意がされた形跡はないこと、の諸点に照らすと、XYの関係については、婚姻およびこれに準ずるものと同様の存続の保障を認める余地がないことはもとより、関係存続に関し、YがXに対して何らかの法的義務を負うとはいえない。Yが長年続いたXとの関係を突然かつ一方的に解消し他の女性と婚姻したという行為をもって、慰謝料請求権の発生を肯認しうる不法行為と評価することはできない。

解説 従来、内縁関係が正当な理由なく一方的に破棄された場合には、債務不履行または不法行為として損害賠償が肯定されてきた(30判決参照)。だが、近年では、(やむをえない事情等ではなく)意図的に婚姻届を出さない事例がみられるようになっており、その場合には準婚理論による保護は必要ないとの見解もある。

本件では結論として破棄者の不法行為責任が否定されたが、その根拠は何か。第一は、当該関係が内縁に該当しないというものであり、②③④からそう判断されたものといえる。大阪地判平成3・8・29家月四四巻一二号九五頁が、同居を欠く関係であっても内縁と認定していることと比較すると、本件では③④の存在が内縁認定を躊躇させたのであろうと推測できる。第二は、関係存続についてXY間に合意はなく(⑤)、両者間に法的権利義務関係はないというものである。したがって、②はあるが③④がなかった場合、⑤の合意があった場合などには、不法行為責任が肯定される可能性がある。

近親婚的内縁と遺族厚生年金受給権

32 最1判平成19・3・8民集六一巻二号五一八頁

関連条文 七三四条、厚年三条二項・五九条

内縁関係にあった叔父が死亡した場合、姪は内縁の妻として遺族年金を受給できるか。

事実　X女は、祖父の提案により、妻と離婚することになった叔父Aと夫婦としての共同生活を営み、Xになついていた Aの先妻との子Bを育てていくこととなった。XとAはその後、四二年間にわたって内縁関係を続け、両者間には二人の子も生まれた。Aが亡くなった際、Xが、亡Aにより生計を維持していたとして、遺族厚生年金の裁定請求をしたところ、Y（社会保険庁長官）が、XとAとの間の関係は、民法の禁止する近親婚に当たりXは内縁の妻とは認められないとして、不支給処分をしたため、Xがその取消しを求めた。

裁判所の見解　厚生年金保険の被保険者であった叔父と姪との内縁関係が、叔父と先妻との子の養育を主たる動機として形成され、当初から反倫理的、反社会的な側面を有していたものとは言い難く、親戚間では抵抗感なく承認され、地域社会等においても公然と受け容れられ、叔父の死亡まで約四二年間にわたり円満かつ安定的に継続したなど判示の事情の下では、近親者間における婚姻を禁止すべき公益的要請よりも遺族の生活の安定と福祉の向上に寄与するという厚生年金保険法の目的を優先させるべき特段の事情が認められ、本件の姪は同法に基づき遺族厚生年金の支給を受けることのできる配偶者に当たる。

解説　厚生年金保険法は、被保険者死亡時に被保険者によって生計を維持していた配偶者に、遺族厚生年金の受給権を認めており、その「配偶者」には、「婚姻の届出をしていないが、事実上婚姻関係と同様の事情にある者」を含むとしている（同法三条二項）。これは、遺族の生活の安定と福祉の向上に寄与するという同法の社会保障的な性格によるものである。他方、民法七三四条は、近親者間の婚姻を禁じており、その趣旨は、優生学的配慮と、社会倫理的考慮によるものと説明されている。だが、どこまでの親族関係を近親関係として婚姻を禁ずるかは国によって違いがあり、特に三親等の親族間の婚姻が禁止されるというのは、必ずしもわが国の庶民の慣習を反映したものではなかった。この両法の趣旨のどちらが優越するかにつき、直系姻族一親等の事例で、最1判昭和60・2・14訟月三一巻九号二二〇四頁は民法の趣旨の方を重視していたが、傍系血族三親等の事例である本件では、社会保障法の趣旨を優先させたことになる。ただし、最高裁は、XA間の関係が当該地域社会で受け容れられていたことなどから反倫理的でないものであったことに力点を置いており、他の事例においてどのように判断されることになるか、本判決の射程の理解には注意を要する。

重婚的内縁の法的保護の条件

33 最1判平成17・4・21判時一八九五号五〇頁

重婚的内縁の妻は、遺族年金を受給することができるか。

事実　A男はB女と婚姻し同居していたが、やがてAが宿舎を出て別居するようになり、二〇年以上の長期にわたり別居を続けた。他方、X女は、AとBとの別居後にAと親密な関係になり、やがてAと同居して夫婦同然の生活をし、Aの収入により生計を維持していた。Aが死亡した際、XがY（日本私立学校振興・共済事業団）に遺族共済年金の支給を請求したところ、YがXに支給しない旨の裁定をしたため、XがYに対してその取消しを請求した。

裁判所の見解　①ABの二〇年以上の別居、②別居中のAB間の没交渉、③ABが婚姻関係を修復しようとする努力をしなかったこと、④AからBへの一〇〇〇万円の送金（婚姻関係清算の趣旨を含む）、⑤AXの共同生活の状況、⑥A死亡時のXによる看護、という事実関係の下では、AとBの婚姻関係は実体を失って修復の余地がないまでに形骸化していたものというべきであり、他方、XはAとの間で婚姻の届出をしていないが事実上婚姻関係と同様の事情にある者というべきであるから、Bは遺族共済年金の支給を受けるべき「配偶者」に当たらず、Xがこれに当たる。

解説　被保険者死亡時に被保険者によって生計を維持していた配偶者は、遺族年金や遺族共済年金の受給権を有し、その「配偶者」には「婚姻の届出をしていないが、事実上婚姻関係と同様の事情にある者」が含まれる（32判決）。本件では、戸籍上の妻と（重婚的）内縁の妻のいずれがその「配偶者」に当たるのかが問題となった。この点につき、最1判昭和58・4・14民集三七巻三号二七〇頁は、戸籍上の妻との婚姻関係の実体が失われて形骸化し、その状態が固定化していた場合、戸籍上の妻は、遺族給付を受けることのできる「配偶者」には該当しない旨を判示していた。だが、その場合に内縁の妻が「配偶者」に当たるか否かの問題は残されており、下級審では内縁の妻に受給権を認める判断が出ていた。本判決はその流れを追認し、形骸化した戸籍上の婚姻と実体のある内縁とを比較して、実体のある側を「配偶者」とする判断枠組みを提示したことになる。こういった重婚的内縁における判断枠組みは、社会保障の場面以外でも判例が採用しており、学説の多数説とも一致する。

だが、こういったゼロか百かの解決は、婚姻関係の「形骸化」の認定に全てが左右されることとなる。この点を克服するため、学説では、戸籍上の妻と内縁の妻のどちらか一方のみに保護を与えるのではなく、五・五や六・四など、両者間で調整を行って配分するという、配分的保護説も提唱されている。

関連条文　七三二条、国公共済二条・八八条

内縁の死亡解消と財産分与の類推適用

34 最1決平成12・3・10民集五四巻三号一〇四〇頁

関連条文 七六八条・八九六条

内縁当事者の一方が死亡した場合、他方は財産分与を求めることができるか。

事実　X女は、勤務先でA男と知り合い、交際を始めたが、Aには、二〇年以上前に婚姻した配偶者B（A死亡の一〇年前に死去）、子Y_1 Y_2がいた。Aは、Xのアパートに出入りし、その後、二五年近くにわたってXの生活費を負担し、肺炎等で入院を繰り返した際にはXに看護や世話をしてもらうなどの関係が続いた。Aが遺産一億四〇〇〇万円を遺して死亡した四ヶ月後、XはAの相続人Y_1 Y_2に対して、財産分与として各一〇〇〇万円の支払を求めた。

裁判所の見解　内縁の夫婦の一方の死亡により内縁関係が解消した場合に、法律上の夫婦の離婚に伴う財産分与に関する七六八条の規定を類推することはできない。民法は、法律上の夫婦の婚姻解消時における財産関係の清算および婚姻解消後の扶養については、離婚による解消と当事者の一方の死亡による解消とを区別し、前者の場合には財産分与の方法を用意し、後者の場合には相続により財産を承継させることでこれを処理するものとしている。このことに鑑みると、死亡による内縁解消のときに、相続の開始した遺産につき財産分与の法理による遺産清算の道を開くことは、相続による財産承継の構造の中に異質の契機を持ち込むもので、法の予定しないところである。

解説　内縁は婚姻に準じた関係である（30判決参照）ことから、特に夫婦共同生活に関する婚姻法上の規定については、内縁の場合にも類推適用をするのが判例・通説の立場であり、内縁関係の生前解消の場合には、財産分与を定める七六八条を類推適用することが肯定されてきた。しかし、内縁関係が一方の死亡により解消した場合に、同条を類推適用できるか否かについて、学説は分かれている。肯定説は、内縁配偶者に相続権がないことから生じる不合理な結果を防ぐことができること、財産分与でも相続でも考慮されているのは夫婦財産関係の清算や扶養であり、相続権のない内縁の場合に財産分与を類推適用することは民法の体系を乱すものでないことを挙げる。これに対し、否定説は、財産分与（離婚時）と相続（死亡時）が体系的に異なるとし、特に相続の場合には画一的処理が求められることを重視する。とはいえ、否定説の場合でも、財産法上の法理（共有物分割、不当利得等）を用いて、内縁の生存当事者の保護を図ることが提唱されている。本決定は否定説の立場に立ったものであるが、その場合に、他の手段によって内縁配偶者の保護を図ることができるかについては何も述べていない。また、死亡解消か生前解消かで結論に大きな差が出ることの妥当性について、疑問が呈されている。

内縁の死亡解消後の住居の使用

35 最1判平成10・2・26民集五二巻一号二五五頁

関連条文 二四九条・七〇三条

居住・共同事業用の不動産の共有者である内縁配偶者は内縁の死亡解消後に同不動産の全部を無償で単独使用できるか。

事実 約二三年間にわたり内縁関係にあったAとYは、居住および事業のために本件不動産を共同で占有使用していた。Aの死後もYは本件不動産を単独で占有使用していたところ、亡Aの子XとYとの間で本件不動産の所有権の帰属をめぐって争いが生じ、Yが二分の一の持分を有するとの別件判決が確定した。そこで、XがYに対し、Yが自己の持分を超えて本件不動産を単独で使用収益するのは不当利得に当たるとして、賃料相当額の二分の一の支払を求めた。一審および原審が不当利得の成立を認めたため、Yが上告した。

裁判所の見解 内縁の夫婦がその共有する不動産を居住または共同事業のために共同で使用してきたときは、特段の事情のない限り、両者の間において、その一方が死亡した後は他方が不動産を単独で使用する旨の合意が成立していたものと推認するのが相当である。なぜなら、両者の関係および共有不動産の使用状況からすると、一方が死亡した場合に残された内縁配偶者に共有不動産の全面的な使用権を与えて従前と同一の目的、態様の不動産の無償使用を継続させることが両者の通常の意思に合致するといえるからである。

解説 一般に、内縁の死亡解消後における生存内縁配偶者の居住の保護の問題は、その配偶者が居住建物を占有使用する権原を何ら有しない場合に生じるが、判例は、権利濫用論を用いて生存内縁配偶者を保護している（最3判昭和39・10・13民集一八巻八号一五七八頁）。これに対し、本件は、生存内縁配偶者が居住・共同事業用不動産の共有持分を有するという事案であり、占有権原を有しない事案とは異なる。本判決は、共有者の一人が共有物を単独で使用する旨を合意した場合には、合意の変更または共有関係解消までの間、共有物を単独で使用することができ、その使用収益について不当利得返還義務を負わないとした上で、内縁当事者の関係および不動産の使用状況を前提とした単独使用の合意の推定という構成をとっている。これは、相続開始前から被相続人の許諾を得て遺産である建物に同居してきた共同相続人の一人と被相続人との間には、特段の事情のない限り、相続開始時から遺産分割終了までの間、同居相続人に建物を無償使用させる旨の合意の存在を推認した113判決を、内縁の死亡解消の場合にも適用したものと評されている。もっとも、生存内縁配偶者に不動産の単独使用が認められるのは、合意の変更または共有関係解消までの間に限られることとなる。また、本判決の内容からすれば、生存配偶者が共有持分を有しない場合にも本判決の射程が及ぶとは解されない。

内縁の死亡解消と借家権

36 最3判昭和42・2・21民集二一巻一号一五五頁

関連条文 六〇一条・八九六条

家屋賃借人の死後に内縁配偶者はその家屋に居住することができるか。

事 実 Aから家屋を賃借していたBには、内縁の妻CとDを含む四人の子（いずれもCとの子）がいた。Bの死後、Cらが賃料の支払を怠ったため、Aは、賃借権は世帯主的立場にある者に承継されるとして、CおよびDに対し、催告の上、賃貸借契約を解除する意思表示をし、家屋の明渡し等を求めた。その後Aが死亡し、Aの相続人XがAの権利義務を承継した。本件では、内縁の死亡解消の場合に家屋賃借権が生存内縁配偶者に承継されるかも問題となったが、同賃借権を承継した共同相続人の一部に対してした賃貸借契約の解除の意思表示は有効かという点が直接の争点である。一審および原審は、CとDを含む四人の子が賃借人の地位を承継したとして、Xの請求を認容したため、Cらが上告した。

裁判所の見解 本件の事実関係の下においては、CはBの内縁の妻であって同人の相続人ではないから、Bの死亡後はその相続人である四名の子の賃借権を援用して、Xに対し家屋に居住する権利を主張することができる。しかし、それであるからといって、Cが四名の共同相続人らと並んで家屋の共同賃借人となるわけではない。

解 説 生存内縁配偶者に相続権が認められない結果生じる居住の保護の問題は、借家の場合にも生じる。建物賃借人が相続人なしに死亡した場合には、借地借家法三六条により同賃借人の内縁配偶者（および事実上の養親子）が賃借権を承継するが、相続人がいる場合には、相続人に承継される。本判決は、亡建物賃借人の事実上の養子に対する賃貸人からの建物明渡請求事件の上告審（最3判昭和37・12・25民集一六巻一二号二四五五頁）において採用された「賃借権の援用」の法理を、内縁の死亡解消の場合にも適用し、生存内縁配偶者の居住の保護を図りつつ、賃借権の承継を否定した点で、その意義がある。しかしながら、賃借権援用の法理は、生存内縁配偶者固有の権利ではなく、他人（相続人）の権利の援用であるから、相続人が生存内縁配偶者の居住を否定している場合や賃貸借契約が解除された場合などには、機能しないこととなる。そこで、学説では、①家屋賃借権の主体は家団（現実に同居する家族集団）であり、賃借名義人の死亡は借家契約に影響しない、②借家に居住する権利は居住権という社会権である、③内縁の死亡解消の場合にも七六八条の準用を認めるべきであるから、生存内縁配偶者に借家権が分与される、④借家契約には七六一条の適用があるから、生存内縁配偶者も共同賃借人となる、などの理論構成により生存内縁配偶者の借家への居住を保護しようとしている。

婚姻前懐胎・婚姻後出生子：推定を受けない嫡出子

37 大連判昭和15・1・23民集一九巻五四頁

関連条文 七七二条

婚姻成立前に懐胎され、婚姻成立の日から二〇〇日以内に出生した子は父母の嫡出子となるか。

事実 内縁夫婦ＡＢは、Ｂの懐胎を機に婚姻の届出を行い、その翌日にＸ男が出生した。ＸはＣＤ夫婦の子として出生の届出がなされた。ＡＢは、Ａの先妻の子Ｅ女の婿Ｙ男と養子縁組を行ったのに次いで、Ｘと養子縁組を行った。その後、ＡはＹの単純承認を得て隠居し、Ｙが家督を相続して戸主となった。Ａの死亡後、Ｘは、Ｙに対し、Ｘは婚姻前懐胎ではあるが、出生により当然に嫡出子の身分を取得していたのであるから、家督相続人ではないＹの単純承認を得てなされたＡの隠居は無効であり、したがって、Ｙは、Ａの死亡により家督を相続したＸの相続権を侵害しているとして、家督相続回復の訴えを提起した。一審はＸ敗訴、原審はＸ勝訴。Ｙが上告。

裁判所の見解 内縁関係の継続中に、内縁の妻が内縁の夫によって懐胎し、その上、この内縁の夫婦が適法に法律上の婚姻をなした後に出生した子について、仮に婚姻の成立から子の出生との間に旧八二〇条所定の二〇〇日の期間が存在しないとしても、こうした子は特に父母の認知の手続を要せずして、出生と同時に当然に父母の嫡出子としての身分を有する者と解することは、民法中親子法に関する規定全般の精神より推して当を得たるものである。

解説 戦前のわが国の慣行では、挙式・同居の後、子の懐胎を機に婚姻の届出が行われることが多かった。内縁関係が先行し、婚姻成立後二〇〇日以内に生まれた子の身分について、当初の判例は、父の否認なき限り生来の嫡出子であるとする判例（大判大正8・10・8民録二五輯一七五六頁）と、父の認知により準正嫡出子となるとする判例（大判昭和3・12・6新聞二九五七号六頁）とがあり齟齬を来たしていた。本判決は、父母の内縁関係継続中の懐胎を前提として、生来の嫡出子の身分を取得すると判示し、これまでの判例を統一した。本判決以降、戸籍実務では、内縁関係の先行の有無を審査する権限を有しないため、婚姻成立後二〇〇日以内に出生した子については一律に嫡出子として扱う。したがって、婚姻後出生子は全て嫡出子となる。

ただし、婚姻前懐胎・婚姻後出生子については、七七二条の推定を受けないことから、①母の嫡出でない子として届け出ることもできる。②父子関係を争うには親子関係不存在確認の訴えによる（大判昭和15・9・20民集一九巻一五九六号）。したがって、出訴権者・出訴期間の制限（七七七条）がなく、確認の利益を有する者はいつでも右の訴えを提起することができ、子の法的地位は不安定である。

婚姻中懐胎と嫡出推定：推定の及ばない子

38 最1判昭和44・5・29民集二三巻六号一〇六四頁

関連条文 七七二条

夫婦の別居中懐胎・離婚後三〇〇日以内出生子について、七七二条の適用を排除することが認められるか。

事実 A女は、B男と婚姻したが、二年半以上の事実上の離婚状態を経て正式に離婚した。Aは、Bと別居後Y男と肉体関係を持つようになり、Bとの離婚成立の日から三〇〇日以内にXを分娩し、自己の嫡出でない子として出生の届出をした。一二年後、X（母Aが代理）は、Yに対して、認知の訴えを提起した。一審、原審ともX勝訴。Yは、ABの離婚後三〇〇日以内に出生したXについて、Bの嫡出子として推定されるから、Bによる嫡出否認の訴えの確定を待たずに認知の訴えを提起することはできないと主張して、上告した。

裁判所の見解 XはAとBとの婚姻解消の日から三〇〇日以内に出生した子であるけれども、AとBの夫婦関係は、離婚の届出に先立ち約二年半以前から事実上の離婚をして以来夫婦の実態が失われ、単に離婚の届出が遅れていたに留まるというのであるから、Xは「実質的には民法七七二条の推定を受けない嫡出子」というべく、XはAからの嫡出否認を待つまでもなく、Yに対して認知の請求ができる。

解説 本判決は、事実上の離婚状態の事案で、婚姻中懐胎・出生子について、形式的には七七二条に該当しても実質的にはその適用が排除される場合があることを初めて認めた点で意義を有する。

嫡出推定は、提訴権者および提訴期間を厳格に限定する嫡出否認の訴えによってのみ覆すことができる。嫡出推定期間内に出生した子については、夫が嫡出否認しない限り、血縁上の父子関係と一致しない法律上の父子関係を何人も覆すことはできないこととなる。この不都合性を回避するため、一定の条件の下に、嫡出推定を排除するという解釈論が導き出された。つまり、嫡出推定の前提条件は、婚姻中の夫婦は排他的な性的結合を有することにあり、婚姻中の妻が懐胎した子は夫の子である蓋然性が極めて高い。しかし、妻が夫によって懐胎することが不可能な事実が存在する場合には、推定を及ぼす前提条件を欠くこととなり、嫡出推定期間内に出生した子であっても、嫡出推定は及ばず、夫の嫡出子として推定されないものとして扱う。そして、そのような「推定の及ばない子」（判例の表現では、「民法七七二条の推定を受けない嫡出子」）は、嫡出否認の訴えによることなく、親子関係不存在確認の訴えによってあるいは認知の訴えの先決問題として、当該父子関係を否定することができる。なお、判例は右のように七七二条の推定の及ばない範囲について、長期間の別居等により妻が夫の子を懐胎することが客観的に不可能な事実が存在する場合に限定する立場であり、外観説という。

親子関係不存在確認の訴えと外観説

39　最3判平成12・3・14家月五二巻九号八五頁　　関連条文　七七二条

七七二条の推定が排除されるのはどのような場合か。

事　実　Xは、元妻Aが婚姻中に懐胎し出生した子Y（XAの嫡出子として出生届出）について、子の出生から約三年四ヶ月後（XAの離婚から約半年後）に、Aから、Yの父はXではないことを知らされ、Aと情交関係にあったB男も、自分がYの父であることを認めた。約一ヶ月後、Xは、Yに対して、親子関係不存在確認の訴えを提起した。一審は本件訴えを却下した。原審は、家庭破綻等を根拠に、本件訴えの適法性を認めた。Yが上告。

裁判所の見解　夫と妻との婚姻関係が終了してその家庭が崩壊しているとの事情があっても、子の身分関係の法的安定を保持する必要が当然になくなるものではないから、右の事情が存在することの一事をもって、嫡出否認の訴えを提起し得る期間の経過後に、親子関係不存在確認の訴えをもって夫と子との間の父子関係の存否を争うことはできない。推定の及ばない子に当たるのは、すでに夫婦が事実上の離婚をして夫婦の実態が失われ、または遠隔地に居住して、夫婦間に性的関係を持つ機会がなかったことが明らかであるなどの事情が存在する場合である。

解　説　七七二条の推定が及ばない範囲について、判例の外観説（38判決参照）よりも範囲を拡張し、血液型の背馳や夫の生殖不能の場合など、生物学的に父子でない場合も含むとする血縁説、血縁説を基礎に、提訴ないし申立時に家庭が破綻している場合とする家庭破綻説、親子関係の不存在につき当事者（父・母・子）の合意がある場合とする合意説がある。

家裁実務では、家庭破綻説による解決が主流となっていたが、最高裁は、父から子への親子関係不存在確認の訴えの事案で、別居後に一回性的関係を有したこと等から夫婦間に婚姻の実態が存在しないとはいえないことを根拠に、推定を排除せず（最2判平成10・8・31家月五一巻四号三三頁〔別居中の性的関係〕）、および、父の死後、戸籍上の兄弟から子への親子関係不存在確認の事案で、父の出征を根拠に、推定を排除する（40判決）として、外観説を維持した。本判決は、子の身分関係の法的安定性保持の観点から、家庭破綻説を消極的に解した上で、七七二条の推定の及ばない範囲について、同棲の欠如により夫婦の性的関係の不存在が外観上明白な場合と判示して、外観説を支持した。

推定の及ばない子に対する親子関係不存在確認の訴えと権利濫用

40 最2判平成10・8・31家月五一巻四号七五頁

関連条文 七七二条

推定の及ばない子に対して利害関係者はいつでも親子関係不存在確認の訴えを提起できるか。

事実　夫Aが戦地から帰還した後、妻Bが妊娠週数二六週目に子Yを分娩し、AB夫婦の嫡出子として届出が行われた。Yは、生後間もなく実の父と思われるC男の養子となり、ABとは没交渉の状態にあった。Yの出生から約四〇数年後、Aの死亡を契機として、Aの養子Xが、Yに対し、AY間の親子関係不存在確認の訴えを提起した。原審は、本件訴えの適法性を認めた。Yが上告。

裁判所の見解　BがYを懐胎した当時、Aは出征中で、BがAの子を懐胎することが不可能であったことは明らかであるから、Yは「実質的には民法七七二条の推定を受けない嫡出子」であり、Xの訴えが権利の濫用に当たると認められるような特段の事情が存しない本件においては、本件訴えは適法なものである。

解説　「推定の及ばない子」に関する判例・学説の展開は、嫡出推定・否認制度の空洞化への警鐘を鳴らしている。まず、本判決は、いわゆる「推定の及ばない子」の範囲について外観説に立つことを確認しているが、一方で、家裁実務では、自然血縁上の真実を探求し、これと法律上の親子関係を一致させようとする傾向にある。次に、「推定の及ばない子」の父子関係は、嫡出否認の訴えによることなく、親子関係不存在確認の訴えによって争うことができる。この訴えは、提訴権者や提訴期間についての定めがないため、訴えの利益を有する者は誰でもいつでも訴えを提起することができる（人訴二条）。その結果、戸籍上は嫡出子とされている子でも、推定が及ばないとされると、父子関係の存否が争われうることとなる。そこで、「推定の及ばない子」の身分関係の法的安定性保持の要請から、不存在確認の訴えを制限する解釈が求められるところ、本判決は、「特段の事情」が存在する場合に、不存在確認の訴えが権利濫用に当たる可能性があることを認めている点で意義を有する。

なお、本判決には、福田博裁判官の補足意見が付されている。民法が規定する嫡出推定・否認制度の趣旨（身分関係の早期安定、第三者の家庭への介入回避）に鑑み、不存在確認の訴えの提訴権者を限定する解釈である。具体的には、嫡出推定が排除される場合であっても、父子関係の存否を争いうるのは、原則として、戸籍上の父、子、母、それに新たな家庭を形成する可能性のある真実の父と主張する者に限定される。また、それ以外の第三者については、たとえ身分上、財産上の利益が存在する場合であっても、むしろ特段の事情のない限り、不存在確認の訴えの提訴権者となりえないものとする。

母の認知

41 最2判昭和37・4・27民集一六巻七号一二四七頁

関連条文　七七九条

嫡出でない子との母子関係の成立に母の認知を要するか。

事実　X女は、A男の妾となり、Y男を分娩した。Yは、B夫婦の嫡出子として出生の届出が行われた後、Xと養子縁組をして、Xに養育された。成人したYは、Aの家業を継ぐため、Xと離縁し、A夫婦と養子縁組をした。その後、Yは、「妾の子」と言われることを嫌い、Xが母であることを否認するようになった。そこで、Xは、Yに対して、親子関係存在確認の訴えを提起した。一審、原審とも、Xの認知の有無について言及せず、XがYを分娩した事実を認定し、親子関係の存在を確認した。Yが上告。

裁判所の見解　母とその嫡出でない子との間の親子関係は、原則として、母の認知を要せず、分娩の事実により当然発生する。

解説　七七九条は、嫡出でない子の母子関係の成立について、嫡出でない子の父子関係の成立と同様に、認知を要求している。判例は、当初、法文どおり、嫡出でない子との母子関係の成立について認知を要するとしていた（大判大正10・12・9民録二七輯二一〇〇頁）。その後、母による嫡出でない子の出生届に認知の効力を認め（大判大正12・3・9民集二巻一四三頁）、さらに、出生の届出をしていない母に対し、分娩した以上、直系尊属として子を扶養する義務を負うとした（大判昭和3・1・30民集七巻一二頁）。一方で、学説の多数は、婚外母子関係は分娩の事実により当然に発生すると解していた（当然発生説）。戸籍実務では、戦前から一貫して、母子関係は分娩の事実により明らかであるから母の認知は不要とされてきた。

本判決は、「原則として」という留保を付して、婚外母子関係は、認知を要せず、分娩の事実により当然に発生するとした点で意義を有する。しかし、本判決後、例外的に母の認知を必要とした判例はない。棄児の場合には母の認知を要すると解する説もあるが、分娩の事実が認定されれば母子関係は発生するのだから、認知を問題とする余地はないであろう。

当然発生説に立てば、母子関係は認知を要せず親子関係存在確認の訴えにより確認することができ、死後認知の期間制限がなく（七八七条ただし書）、母または子いずれか一方の死亡後に、生存する他方は検察官を相手方として母子関係確認の訴えを提起することができ（人訴一二条）、母の遺産分割後に母子関係が確認された場合には、第三者の権利を侵害してはならない規定（七八四条ただし書）や価額による支払を請求するに留まる規定（九一〇条）の類推適用の余地もなく（最2判昭和49・3・29家月二六巻八号四七頁、141判決）、成年子の承諾は不要である（本判決）。

父の認知と父子関係の成立

42 最2判昭和29・4・30民集八巻四号八六一頁

関連条文　七八七条

認知の訴えの法的性質は何か。

事実　Xは、母Aが、その夫の戦死後に情交関係にあったY男との間で懐胎、分娩した子であるとして、Yに対して、認知の訴えを提起した。一審は、Xの請求の趣旨どおり、「被告は原告を認知すべし」と判示した。原審はYの控訴を棄却。Yは、認知の訴えは、現行法上確認の訴えであるから、一審での認知の意思表示を命ずる給付判決およびこれを容認した原判決は法令に違背したものであるとして、上告した。

裁判所の見解　認知の訴えは、死後認知を提起できること、判決効は第三者に及ぶこと、認知は嫡出でない子とその父母との間の親子関係を創設するものであることなどを考えると、現行法上形成の訴えであると解するのが相当であり、「被告は原告を認知すべし」と判示した一審判決の用語は妥当でなかったにせよ、その趣旨は、XのYに対する認知請求権の存在することを認め、これによって両者間に法律上の親子関係を発生させることを宣言したものにほかならない。

解説　わが国の認知制度と関連して、認知の訴えの法的性質について、当初、父の意思表示を求める給付訴訟であると解されていた（大判大正10・6・11民録二七輯一一四四頁）。昭和一七年の民法改正で死後認知を法定した結果、確認訴訟と解するか形成訴訟と解するかで論争となった。本判決は、認知の訴えについて、判決により父子関係を形成する形成訴訟と解した初の最高裁判決である。ただし、本判決の判旨は確認訴訟説を排斥するに足る論拠を示していないため、認知の訴えは、父子間の自然的血縁関係の存在を確認するにすぎない確認訴訟と解する説も有力である。

認知の訴えの法的性質を形成訴訟としたことは、嫡出でない子と父との間の法律上の親子関係は、認知によって初めて発生するという理解と結びついている。したがって、非嫡出父子関係の成立を求める場合には、認知の訴えによらなければならず、死後認知の出訴期間の制限に関する七八七条ただし書が適用されるため、父の死から三年以上経過後に科学的鑑定により自然血縁上の親子関係が証明されても、親子関係存在確認の訴えは認められない（最1判平成2・7・19家月四三巻四号三三頁）。同様に、七七二条類推適用により父子関係の推定を受ける内縁中懐胎子についても、その父子関係の成立には認知が必要であり（最1判昭和29・1・21民集八巻一号八七頁）、七八七条ただし書が適用される（最1判昭和44・11・27民集二三巻一一号二二九〇頁）。

虚偽の嫡出子出生届と認知の効力

43　最2判昭和53・2・24民集三二巻一号一一〇頁

関連条文　七八一条

①父のなした虚偽の嫡出子出生届に認知の効力を認めることができるか。②父のなした嫡出でない子の出生届に認知の効力を認めることができるか。

事実　X_1（亡Aの妻）およびX_2～X_{10}（亡Aの子ら）は、Yに対し、亡A（中華民国国籍）がYに対して有していた貸金債権を相続したことを理由として、貸金を請求したところ、Yは、Xらの一部の相続資格を争った。Yは、①X_4～X_7について、Aが行ったX_1の嫡出子としての出生届は虚偽のものであるから認知の効力がなく、②X_8～X_{10}について、Aが行った嫡出でない子としての出生届は認知の効力がないと主張した。一審、原審ともに、Aが行った右各届出に認知の効力を認めた。Y上告。

裁判所の見解　嫡出でない子につき、父から、これを嫡出子とする出生届がされ、または嫡出でない子としての出生届がされた場合において、右各出生届が受理されたときは、その各届は認知届としての効力を有するものと解する。父のなした右各出生届には、父が、子の出生を申告することのほかに、出生した子が自己の子であることを父として承認し、その旨申告する意思の表示が含まれているからである。

解説　①に関して、認知の要式性を厳格に解すると、届出がない限り父子関係は成立しないこととなる。しかし、父が自己の子として承認する意思を有しているならば、認知の届出によらなくとも、父のなした虚偽の嫡出子出生の届出に認知の効力を認めうるかが問題となる。庶子制度（父の認知した嫡出でない子を庶子といった）が存在した明治民法下では、父のなした虚偽の嫡出子出生届を庶子出生届とみなして、認知の効力を認めていた（大判大正15・10・11民集五巻七〇三頁）。本判決は、庶子制度を廃止した現行法下においても、認知の効力を認めた。

②に関して、現行法下で、嫡出でない子の出生届出義務者は、原則として母であり、父は「同居者」の資格で届出義務を負うにすぎない（戸五二条）。そのため、父が「父」の資格で嫡出でない子の出生届出を行った場合、右届出に認知の効力を認めうるかが問題となるところ、本判決はこれを認めた。

本判決の結論について、学説はこれを支持しており、戸籍実務でも、嫡出でない子の父の届出による、虚偽の嫡出子出生届も嫡出でない子の出生届も、ともに認知の効力を有するとする。ただし、本判決の理論構成について、無効行為の転換の一例と解するか、戸籍法六二条類推適用と解するか争いがある。

不実認知者による認知無効の訴え

44 最3判平成26・1・14裁時一五九五号一頁

関連条文　七八五条・七八六条

実の子でないことを知りながら認知した者が、認知無効の主張をすることが認められるか。

事実　夫X（日本国籍）は、平成一四年三月、来日して飲食店に勤務していた妻A（フィリピン国籍）と婚姻した。Aには、フィリピンに居住するY（平成八年生まれ）を含め三人の子がいた。Xは、Yとの血縁関係はなかったが、そのことを知りつつ、同一六年一二月にYを認知した。Yは、同一七年一〇月に来日してXらと同居を始めたが、XとYとは一貫して不仲であり、同一九年六月頃、Xが遠方で稼働するようになって以後、別々に生活をし、交流はほとんどない。

Xは、Yに対して血縁関係がないことを理由に、認知無効の訴えを提起した。一審と原審は、Xの請求を認容した（同時にされたAに対する離婚請求も認容）。Yが上告。

裁判所の見解　血縁上の父子関係がないにもかかわらずされた認知は無効というべきところ、認知者が認知をするに至る事情は様々であり、自らの意思で認知したことを重視して認知者自身による無効の主張を一切許さないと解することは相当でない。また、血縁上の父子関係がないにもかかわらずされた認知については、利害関係人による認知の無効が認められている以上（七八六条）、認知を受けた子の保護の観点からみても、あえて認知者自身による無効の主張を一律に制限すべき理由に乏しく、具体的な事案に応じてその必要がある場合には、権利濫用の法理などによりこの主張を制限することも可能である。認知者が、当該無効の効力について強い利害関係を有することは明らかであるし、認知者による血縁上の父子関係がないことを理由とする認知無効の主張が七八五条によって制限されると解することもできない。そうすると、認知者は、七八六条に規定する利害関係人に当たり、自らした認知の無効を主張することができる。この理は、認知者が血縁上の父子関係がないことを知りながら認知をした場合においても異なるところはない。

解説　血縁上の父子関係がないにもかかわらずされた認知につき、不実の認知者が七八六条の「利害関係人」に当たり認知無効の主張ができるか否かは、①父の意思ならびに父子関係の安定と、認知により形成された子の地位の保護を重視するか（大判大正11・3・27民集一巻一三七頁）、②認知を血縁関係の存在という事実に基づく制度と捉えるかにより、結論を異にする。本判決は、②に従い認知無効の主張を認めつつ、例外的に権利濫用による制限の可能性を示唆している。他方、婚内子と父との関係に関する判例は婚姻の実態を重視し父子関係の安定を図っているため、従前の先例と本判決との整合性を追究する必要がある。

認知無効の訴えと権利濫用

45 最2判昭53・4・14家月三〇巻一〇号二六頁

関連条文 一条三項・七八六条

認知後数十年経過後でも認知無効確認の訴えをすることができるか。

事実 Yは、X_1女とA男との間の婚外子として出生し（明治四五〔一九一二〕年生）、その後X_1と婚姻したBがYを不憫に思い、大正九〔一九二〇〕年六月、自分の子として認知の届出をした。Yは、X_1の養親とともに暮らし、Bの家業を手伝っていたが、昭和二九〔一九五四〕年頃、BとX_1との子であるX_2が事実上の婿養子Cと婚姻した頃からYとB、X_1らとの間は漸次円満を欠くようになった。そのうちBが昭和四七〔一九七二〕年一二月に死亡し、YがX_1らを相手方として東京家庭裁判所に遺産分割の調停の申立をしたため、X_1らはYを相手方として同裁判所に対し、認知無効確認の調停の申立をし、それが不調となったので、昭和四九〔一九七四〕年六月、本件訴えを提起するに至った。

Yは、X_1らの本件訴えの動機がBの遺産をYに与えないためであること、Bの存命中に本件無効確認を請求せず、同人の死亡後同請求をしていること、X_1は認知が真実に反することを知りながら多年にわたってこれを放置したこと、Yは相続税および その支払担保のための抵当権の負担を余儀なくされ事業に支障を来していることなどを理由として、X_1らの本件認知の無効確認請求は権利濫用として排斥されるべきであると主張した。

一審、原審とも、Yの主張を認めなかった。Yは上告。

裁判所の見解 認知者の妻および子の被認知者を相手方とする認知無効確認請求が、たとえ被認知者の実母である同妻において認知後五十数年の間、認知者と被認知者との不真実の親子関係を放置しており、かつ、認知者の死亡後になされたものであるとしても、同請求権の行使は信義に反せず、したがって権利の濫用に当たらない。

解説 民法上、認知無効確認の訴えの提起期間に関する明文規定は存在しない。したがって、認知後数十年を経過して認知無効確認の請求をすることは、一般的には否定されるものではない。本判決は、不真実の親子関係を放置しながら、認知後五〇年余り経過して認知無効確認を求めても、権利濫用にはならないとした。

最高裁は、虚偽の嫡出子出生届が出され、長期にわたる実親子と同様の生活実態が存在し、事実上の養親が死亡しているため養子縁組ができない事案において、親子関係不存在確認請求を、権利濫用法理を用いて退けている（55判決）。嫡出子は嫡出否認の出訴期間経過後は、推定の及ばない子でない限り、誰も父子関係を争うことができず、父子関係は確定する。婚外子の父子関係についても、身分関係の法的安定性の観点から議論の余地はある。

死後認知の訴えと出訴期間の起算点

46 最2判昭和57・3・19民集三六巻三号四三二頁

死後認知の訴えの出訴期間である「父又は母の死亡の日から三年」の起算点はいつからか。

事　実　A女とB男は昭和四九年三月頃から内縁関係にあったが、Bは昭和五〇年一一月初めに出奔して行方不明となった。Aは昭和五一年二月にBとの間の子Xを出産したので、同月、自己が保管していたBの署名、捺印のある婚姻届と自らB名義で作成したXの出生届とを役所に提出し、その結果、Xは戸籍上BとAとの間の嫡出子として記載された。その後、AはBの親族の了解を得て協議離婚届出をし、さらにXにつき母の氏を称する旨の届出をした。ところが、昭和五三年一二月初め頃警察からの身許照会により、Bが昭和五〇年一一月一日頃に死亡していたことが確認されたことから、婚姻届、出生届、協議離婚届等Xに関する全ての届出の無効を理由とした戸籍訂正許可の審判に基づいて戸籍が訂正された結果、XとBとは戸籍上父子関係が存在しないこととなった。そこで、AはXの法定代理人として、昭和五四年五月二四日、死後認知の訴えを提起した。一審は、認知請求を認めたが、原審は、訴えを却下したため、Xは上告。

裁判所の見解　B死亡の事実が判明したのは死亡の日から三年一ヶ月経過した後であり、Xは戸籍上BA夫婦の嫡出子としての身分を取得していたのだから、Xまたは AがB死亡の日から三年以内に認知の訴えを提起しなかったのはやむをえない。出訴期間を定めた法の目的が身分関係の法的安定と認知請求権者の利益保護との衡量調整にあることに鑑みると、本件事実関係の下においては、他に特段の事情が認められない限り、出訴期間はBの死亡が客観的に明らかになった昭和五三年一二月初め頃から起算することが許される。

解　説　認知の訴えは父の生存中はいつでも提起できるが、父の死後は昭和一七年の民法改正により死亡の日から三年に限定されている。この制限は身分関係を早期に安定させるためである。本判決は、期間が短いことの不都合を回避するため、認知請求権者の利益保護の観点から、起算点の繰り下げを行ったものである。なお、判例は、内縁懐胎子について七七二条の父性推定が類推適用されるが、それは立証責任負担の問題として意義を有するに留まるから、内縁の場合も父子関係は任意認知がない限り、認知の訴えによって決定され（最1判昭和29・1・21民集八巻一号八七頁）、七八七条ただし書の趣旨を本件原審同様に身分関係に伴う法的安定性の保持と解して、出訴期間の制限が適用される（最1判昭和44・11・27民集二三巻一一号二二九〇頁）。本件の原告も内縁懐胎子であり、本判決は判例の立場を踏襲しながら、出訴期間の起算点を繰り下げたが、婚外子一般に適用されよう。

関連条文　七八七条ただし書・七七二条

第三者の提供精子による懐胎(人工授精子)と嫡出推定

47 東京高決平成10・9・16家月五一巻三号一六五頁

関連条文　七七二条一項

夫の同意を得た非配偶者間人工授精子の父は誰か。

事実　XY夫婦(平成二年一月婚姻)は、Yの無精子症により子供ができなかったため、XとYが合意の上Xが第三者から精子の提供を受けて人工授精を試みたところ、Xは妊娠し、平成六年二月Aを出産した。ところが、XとYは平成八年三月別居に至り、翌年一月に調停離婚するとともに、Aの親権者については本件審判により定める旨合意した。原審は、生まれてからの継続的な生活の場であるY宅の方がAの生活に安定を与えているとして、Aの親権者をYと定めた。Xが即時抗告。Xは、AとYとの間には自然血縁関係がなく、嫡出推定が働かないから、Yが親権者に指定される余地はなく、仮にその可能性があるとしても、自然血縁関係の不存在は考慮されるべきであると主張した。

裁判所の見解　夫の同意を得て人工授精が行われた場合には、人工授精子は嫡出推定の及ぶ嫡出子であり、妻が夫と子との間に親子関係が存在しない旨の主張をすることは許されない。自然血縁関係がないことが子の福祉に何らかの影響を与える可能性があるから、これも事情の一つとして考慮すべきであるが、本件では子の年齢などから、子が人工授精子であることを考慮に入れなくても、親権者を母と定める。

解説　日本には、人工授精などの生殖補助医療に関する法制度はない。日本産婦人科学会の会告(自主規制)において、法律婚夫婦に対する夫以外の匿名の男性からの提供精子を用いた人工授精(非配偶者間人工授精＝AID)が認められている。夫の同意あるAID子について、学説は、①嫡出推定を受ける嫡出子と解する説、②推定の及ばない子と解する説、③養子と解する説などに分かれ、本決定は、親権者指定の前提としてではあるが、通説・多数説である①説の立場を裁判所として初めて示した点で注目された。①説によると、AID子は、妻が婚姻中に懐胎した子であるため、嫡出推定により夫の子と推定される。AIDへの夫の同意を嫡出性の承認と捉え、あるいは信義則または権利濫用法理によって、夫による嫡出否認の訴えが認められないと解することにより、父子関係が確定する。親権者指定にあたって、原審、本決定ともに、AID子であること自体によってその結論が導き出されていない点では共通するが、前者では継続性・現状維持が強調され、後者では母親優先の基準が尊重されている点で異なる。夫の同意のないAID子については、夫が自己の精子を用いた人工授精によって妻が妊娠したものと誤信して子の命名等をした事実があったとしても自己の嫡出子として承認したと認めることはできないとして、夫からの嫡出否認の訴えを認める(大阪地判平成10・12・18家月五一巻九号七一頁)。

性別の取扱いを変更した人の婚姻と嫡出推定

48 最3決平成25・12・10裁時一五九三号四頁

関連条文　七七二条、性同一性障害四条一項

女性から男性に性別取扱いを変更した人が婚姻し、第三者の提供精子による人工授精によって子が出生した場合、その子は当該夫婦の嫡出子となるか。

事　実

性同一性障がい者であるXは、性別適合手術を受け、平成二〇年に女性から男性に性別取扱いの変更の審判を受けた。同年四月、XはZ女と婚姻した。ZはXの同意の下、第三者の精子提供を受けて人工授精によって懐胎し、平成二一年一一月、Aを出産した。Xは同二四年一月、AをXZの嫡出子とする出生届を新宿区長に提出したが、区長は、Aが七七二条による嫡出の推定を受けないことを前提に、Aの「父」の欄を空欄とし、Zの長男とする戸籍記載をした。そこでXは、「父」の欄にXと記載し、「届出人 父」と記載する旨の戸籍の訂正の許可を求めた。原審は申立を却下。Xから許可抗告。

裁判所の見解

性同一性障害者の性別の取扱いの特例に関する法律四条一項は、性別の取扱いの変更の審判を受けた者は、民法その他の法令の適用については、法律に別段の定めがある場合を除き、その性別に変わったものとみなしている。したがって、男性への性別の取扱いの変更の審判を受けた者は、以後、男性とみなされるため、民法の規定に基づき夫として婚姻することができるだけではなく、婚姻中に妻が懐胎したときは、七七二条の規定により子は夫の子と推定される。婚姻することを認めながら、その主要な効果である嫡出の推定についての規定の適用を、妻との性的関係の結果もうけた子でありえないことを理由に認めないとすることは相当でない。

解　説

生物学的な性別と心理的な性別とが一致しない人を性同一性障がい者と呼称し、特例法三条一項の要件を満たす場合には、家庭裁判所は性別の取扱いの変更の審判をすることができる。要件の一つとして、生殖腺がないことまたは生殖腺の機能を永続的に欠く状態にあることが挙げられているので、変更審判を受けた人は自然生殖によって子をもうけることは不可能である。ところで、日本産科婦人科学会は法律婚夫婦に限って、提供精子による人工授精を認め、判例・通説は、婚姻中に妻が懐胎した子であることから、七七二条を適用し夫の子と推定することを認めてきた。性別の取扱いを変更した性同一性障がい者の場合にも、こうした対応が認められるかどうか問われた。

原審は、嫡出推定は血縁を基礎とするのだから、戸籍の記載上、夫が男性に性別取扱いを変更したことが明らかであり、子との間に血縁関係が存在しない以上、嫡出推定の前提を欠くとして、嫡出推定を適用しなかったが、本決定は右記の理由からこれを肯定した。血縁の有無よりも親子の実態を重視し、夫の不妊原因による区別をしないという対応をしたものである。

死後懐胎子の父子関係

49 最2判平成18・9・4民集六〇巻七号二五六三頁

関連条文 七八七条ただし書・七七二条

夫の死後に懐胎した子の死後認知の訴えは認められるか。

事実 AB夫婦（平成九年に婚姻）は、婚姻後、不妊治療を受けていたが、Bが懐胎するには至らず、慢性骨髄性白血病であるAの骨髄移植手術に伴い大量の放射線照射を受けることによる無精子症を危惧し、平成一〇年六月、C病院において、Aの精子を凍結保存した。平成一一年五月、Aは、骨髄移植手術が成功して職場復帰を果たし、同年八月末頃、AB夫婦はC病院で凍結保存した精子を用い体外受精することについてD病院から承諾を得た。しかし、Aは、その実施に至る前の同年九月に死亡した。Bは、Aの死亡後、同人の両親と相談の上、平成一二年に、D病院において、Aの凍結保存精子を用いた体外受精を行い、平成一三年五月、Xを出産した。Bは、嫡出子出生届を提出したが、E市長は、Xは婚姻解消の日から三〇〇日後に生まれた子であり、嫡出推定を受けないとして同届出を不受理とした。そこで、Bは子Xを代理して、検察官Yに対し、XがAの子であることについて死後認知を求めた。一審は、Xの請求を棄却。Xは控訴。原審は、体外受精の方法による懐胎の場合において、認知請求が認められるためには、認知を認めることが不相当となる特段の事情が存しない限り、子と事実上の父との間に自然血縁的な親子関係が存在することに加えて、事実上の父の当該懐胎についての同意が存することという要件を充足することが必要であり、かつそれで十分であるとして、Xの請求を認容。Yは上告。

裁判所の見解 現行民法は死後懐胎子と死亡した父との間の親子関係を想定していない。すなわち、父は子の懐胎前に死亡しているため、死後懐胎子の親権者にはなりえず、死後懐胎子が亡父から監護、養育、扶養を受け、代襲相続も含め相続することはありえない。このように、死後懐胎子と亡父との間に民法が定める法律上の親子関係における基本的な法律関係が生ずる余地はない。その両者の間の法律上の親子関係の形成に関する問題は、多角的な観点からの検討を行った上、立法によって解決されるべき問題であり、そのような立法がない以上、死後懐胎子と死亡した父との間の法律上の親子関係の形成は認められない。

解説 日本産婦人科学会は、夫の死後、夫の保存精子を用いた人工授精あるいは体外受精を認めていないが、本件のようなことは起こりうる。亡父と子の間には自然血縁関係があるが、法的父子関係は認められるか。学説は、死後懐胎子の父子関係について、①否定する説、②死後認知を認める説、③嫡出子とする説に分かれる。最高裁は、現行民法上、実親子法における基本的法律関係が生じないとして、①の立場を示したものといえよう。同判決の補足意見は立法の必要性を説く。

代理懐胎子の母子関係

50 最2決平成19・3・23民集六一巻二号六一九頁

関連条文 七七二条・七八七条

女性が自己の卵子を用いた生殖補助医療により第三者に子を懐胎・出産してもらった場合、子の母は誰か。

事実　X_1とX_2は平成六年に婚姻した日本人の夫婦である。平成一二年、X_2は子宮がんの治療のため、子宮摘出手術を受けたため、Xらは、代理出産の方法によりXらの遺伝子を受け継ぐ子を得ることを考えるようになった。平成一五年、X_2の卵子とX_1の精子を人工的に受精させ、受精卵を、米国ネバダ州の女性Aの子宮に移植しAは双子の子である本件子らを出産した。XらとAおよびその夫Bとの間で、生まれた子については Xらが法律上の父母であり、AB夫婦は子に関する法的権利または責任を有しないことなどを内容とする有償の代理出産契約を締結していた。

ネバダ州の裁判所は、Xらが本件子らの血縁上および法律上の実父母であることを確認するとともに、本件子らが出生する病院等にXらを本件子らの父母とする出生証明書の発行を命ずるなどの内容の記録を提出した。Xらは、本件子らの出生後直ちに養育を開始し、帰国後、Y区に対し、本件子らの嫡出子としての出生届を提出した。Yがこれを受理しなかったため、Xらは出生届の受理をするよう申し立てた。一審は、申立を却下。原審は、ネバダ州の裁判所による本件裁判は民訴法一一八条の外国裁判所の確定判決に該当し、本件子らはXらの嫡出子になるとした。Yは特別抗告。

裁判所の見解　現行民法の解釈としては、出生した子を懐胎し出産した女性をその子の母と解さざるをえず、その子を懐胎、出産していない女性との間には、その女性が卵子を提供した場合であっても、母子関係の成立を認めることはできない。

解説　民法上、嫡出母子関係について明文規定なく、非嫡出母子関係については母の認知が規定されるが、判例（41判決）は分娩の事実により当然に成立すると解されている。したがって、現行民法は、嫡出子も婚外子も母子関係について分娩した者を母とする。実親子関係は血縁を基礎とし、自然の生殖では卵子の由来者と懐胎・分娩する者が同一人であり、血縁は分娩の事実により明白であるからである。本件のような代理懐胎の場合、卵子の由来者と分娩する者が別人である。最高裁は、代理懐胎の事案について、出産という客観的かつ外形上明らかな事実によって母子関係を一義的に早期に確定することは子の福祉に適うとして、血縁のある卵子の由来者ではなく、分娩した者を母とした。その結果、代理懐胎を依頼した夫婦は、代理母との間で特別養子縁組を成立させることになる（本件とは別の夫婦のケースであるが、神戸家姫路支審平成20・12・26家月六一巻一〇号七二頁）。

縁組の意思：財産取得のみを目的とする縁組の効力

51 大阪高判平成21・5・15判時二〇六七号四二頁

関連条文 八〇二条

養親の財産の相続取得のみを目的とする養子縁組は有効か。

事　実　亡Aの妻B（平成一六年死亡）には子がおらず、ほかに身寄りもなかったところ、Bの隣人Cは平成九年以降Bの世話をするようになった。平成一四年にBはCの長女Yと養子縁組をしたが、YはBと面識はあったものの交流は全くなく、B死亡の翌日には、CまたはYがB名義の貯金を解約するなどした。その後、亡Aとその前妻の子Dらの申立により選任された相続財産管理人Xが、BY間の養子縁組の無効確認を求めた。原審がこれを認容したため、Yが控訴した。なお、本件では養子縁組無効確認訴訟における相続財産法人の原告適格も争点となっているが、縁組意思のみを取り上げる。

裁判所の見解　縁組意思とは、真に社会通念上親子であると認められる関係の設定を欲する意思をいう。したがって、当事者間に縁組の届出および一応法律上の親子関係を設定する意思があったといえる場合であっても、それが単に他の目的を達するための便法にすぎない場合には、縁組意思を欠くものとして無効である。もっとも、親子関係は必ずしも共同生活を前提とはしないから、養子縁組が主として相続や扶養といった財産的な関係の形成を目的とするものであってもただちに縁組意思を欠くとはいえないが、純粋に財産的な法律関係の形成のみを目的とし、それ以外に親子としての人間関係を形成する意思が全くない場合には、縁組意思を欠くといえる。

解　説　縁組意思のない縁組は無効である（八〇二条）。そこで、①前提問題として、縁組をするにはどの程度の意思能力が必要か、②縁組意思とは何かが問題となる。①については、格別高度なものではなく、親子という親族関係を人為的に設定することの意義を極く常識的に理解しうる程度であれば足りる（東京高判昭和60・5・31判時一一六〇号九一頁）。②については、婚姻意思（1判決）・離婚意思（13判決）と同様に、大別して、形式的意思説（届出の意思）と実質的意思説（養親子関係設定の意思）とが対立しているが、判例・通説は後者である（最1判昭和23・12・23民集二巻一四号四九三頁等）。もっとも、判例は養親子関係設定の意思を一義的に解釈せず（最2判昭和38・12・20家月一六巻四号一一七頁は「親子としての精神的なつながり」をつくる意思とする）、当事者の事情や縁組の目的等を総合的に考慮して、縁組意思の有無を判断しているといえる（52判決参照）。これは、相続や扶養等を目的とした、同居を前提としない縁組（とりわけ成年養子）のように、多様な養親子関係が存在する実情を考慮したものと思われる。本判決も、下級審裁判例ではあるが、実質的意思説を原則としつつ、財産的な法律関係以外に親子としての人間関係を築く意思がない縁組は無効であることを明確に示したものである。

仮装縁組：同居中の女性を養子とする縁組の効力

52 最2判昭和46・10・22民集二五巻七号九八五頁

関連条文 八〇二条

過去に一時的な情交関係のあった者との養子縁組は有効か。

事実 Aの姪Yは、夫が行方不明となったことから、二児を連れてA方に身を寄せ、Aおよびその内縁の妻Bと同居するようになり、A方の家事とAの営んでいた建築請負業の事務を手伝っていた。またYは、Bが病に臥してからは熱心にBの看病にあたるともに、A方の家事を取り仕切っていたが、この時期にAY間に情交関係があったものと推認される。その後、病に倒れて療養中であったAは、司法書士と相談の上、Yに永年世話になったことへの謝意を込めて、Yを養子とすることにより、自己の財産を相続させるとともに死後の供養を託すため、Yと養子縁組をした。他方、Aには長男Xがいたが、Xに跡を継がせたいというAの期待にXが応えなかったことから、Aは、死亡するまでXに満たされない気持ちを持っていた。Aの死後、XがAY間の養子縁組の無効確認を求めたが、一審および原審はこれを棄却したため、Xが上告した。

裁判所の見解 縁組前にAとYとの間にあったと推認される情交関係は、偶発的に生じたものにすぎず、人目をはばかった秘密の交渉の程度を出なかったものであって、事実上の夫婦然たる生活関係を形成したものではなかった。右記の事実関係の下においては、縁組意思の存在を認めることができ、過去の一時的な情交関係の存在は、縁組意思を欠くものとして縁組の有効な成立を妨げるには至らない。

解説 縁組意思について、通説・判例は実質的意思説に立ちつつ、縁組意思の有無の判断にあたっては、多様な態様の養親子関係が存在することから、当事者の事情や縁組の目的等を総合的に考慮して判断しているといえる（51判決参照）。そして、親子としての繋がりを持つことなく、もっぱら縁組を他の目的を達成するための便法として用いている場合には、当該縁組は縁組意思のないものとして無効と解してきた。例えば、兵役逃れの目的（大判明治39・11・27刑録一二輯一二八八頁）、芸娼妓として働かせるための身柄拘束の目的（大判大正11・9・2民集一巻四四八頁）の縁組は無効とされた。これに対し、実子に対する相続分を減らすために孫を養子とした縁組であっても、親子としての精神的な繋がりをつくる意思があれば有効とされた（最2判昭和38・12・20家月一六巻四号一一七頁）。本判決は、過去に一時的・偶発的な情交関係を持った者同士の縁組の効力について、情交関係の存在そのものを重視して九〇条違反を理由に絶対無効とする解釈をとらず、八〇二条の判断枠組みの中で、情交関係の態様、当事者の事情や縁組の経緯を踏まえた判断をしている。仮に当該縁組が情交関係を隠すためのものであったなら、縁組意思を欠くものとして無効と解されよう。

適法な代諾権を欠く者のした代諾縁組の効力

53 最2判昭和27・10・3民集六巻九号七五三頁

関連条文 一一六条・七九七条

他人の子を自己の嫡出子として届け出た父母の代諾による養子縁組は無効か。

事実 Aの嫡出でない子Y_1（大正二年生）は、生後BC夫婦の嫡出子として出生届がなされたが、その二年後に、B夫婦の代諾により、Y_1をAの姉夫婦であるY_2D夫婦の養子とする養子縁組届がなされた。その後Dと離婚したY_2はEと再婚し、Y_2Eの子Xが出生した。Aは、Y_2の再婚およびXの出生の際に、後日の紛争の発生を案じてY_2に離縁を申し出たが、Y_2はこれを拒み、Y_1Y_2は安定した養親子関係を維持していた。ところが、昭和二一年頃にXY_1間に不和が生じたことから、Xは、Y_1の真実の法律上の父母でないBCは適法な代諾権者ではないとして、Y_2DとY_1との間の養子縁組の無効確認を求めた。一審および原審がこれを認容したため、Y_1Y_2が上告した。

裁判所の見解 一五歳未満の子の養子縁組に関する父母の代諾は法定代理に基づくものであり、その代理権を欠く場合は一種の無権代理と解されるから、民法総則の無権代理の追認に関する規定（一一三条・一一六条）および養子縁組の追認に関する規定（八〇四条・八〇六条・八〇七条）の趣旨を類推して、七九七条の場合においても、養子は満一五歳に達した後は、当該養子縁組を有効に追認することができる。この追認は明示または黙示ですることができ、その意思表示は、満一五歳に達した養子から養親の双方に対してなすべきであり、養親の一方の死亡後は他の一方に対してすれば足りる。適法に追認がなされたときは、縁組ははじめから有効となる。

解説 一五歳未満の子を養子とする場合には、その子の法定代理人による代諾が必要である（七九七条）。代諾権者は真実の法律上の父母でなければならないが、BCのような代諾権を有しない者の代諾による縁組は絶対無効であろうか。絶対無効であるとすれば、約三〇年にわたるY_1Y_2間の養親子関係は一瞬にして否定されることとなり、当事者に多大な不利益が及ぶ。本判決は、七九七条の代諾を法定代理と解し、BCによる代諾を無権代理と解した上で、上記各規定の趣旨を類推適用し、満一五歳に達したY_1からの追認を認め、追認により縁組ははじめから有効となるとしたものである。さらに、本判決の差戻後の上告審は、追認による遡及効を認めるとXの相続権などの権利が害されるから一一六条ただし書を適用すべきであるとのXの主張に対し、養子縁組の追認のような身分行為については、同条ただし書は類推適用されないとした（最3判昭和39・9・8民集一八巻七号一四二三頁）。もっとも、BCのした虚偽の嫡出子出生届に養子縁組届としての効力が認められれば、BCの代諾はもとより有効ということになるが、判例はそれを否定している（54判決参照）。

虚偽の嫡出子出生届と養子縁組の効力

54 最3判昭和50・4・8民集二九巻四号四〇一頁

他人の子を自己の嫡出子としてした虚偽の嫡出子出生届に養子縁組届の効力が認められるか。

事実　事実上婚姻関係にあったAXは、子に恵まれなかったため、BCの子Yを引き取って養育を開始し、その約半年後には、AXの婚姻届およびYをAXの長男とする出生届をした。Yは実子と同様に育てられ、婚姻後もA夫婦と同居して家業を手伝っていた。Aの死後、XYの間に不和が生じ、YはXに追い出される形でXと別居するようになり、XはYに対して親子関係不存在確認の訴えを提起し、X勝訴の判決が確定した。そこでXは、YはAの相続人の地位を失ったとして、Yが相続した不動産の引渡し等を求めた。一審および原審がこれを認容したため、Yが上告した。

裁判所の見解　「養子縁組届は法定の届出によって効力を生ずるものであり、嫡出子出生届をもって養子縁組届とみなすことは許されない」。

解説　日本では、様々な理由から、他人の産んだ子をもらい受け、自己の嫡出子として虚偽の出生届をする慣行が古くから存在するが、これを「藁の上からの養子」という。藁の上からの養子をめぐっては、戸籍上の父母と長期間にわたり実親子同然の関係を形成してきたにもかかわらず、親族間の不和や相続などをきっかけとして実親子関係不存在確認の訴えが提起されると、真実の親子関係が存在しないために親子関係を否定され、当事者（とりわけ子）が不利益を被るという問題がある。そこで、虚偽の嫡出子出生届に養子縁組届としての効力を認めようとするいわゆる「無効行為の転換理論」が登場した。無効行為の転換とは、無効である法律行為が別の法律行為の要件を満たすときは、その要件を満たした法律行為としての効力を認めるというものであり、九七一条がその一例である。判例は、自己の嫡出でない子を嫡出子としてした出生届については、自己の子であることを父として承認するものであるとして、認知届としての効力を認めている（43判決）のに対し、虚偽の嫡出子出生届については、届出による縁組の成立という縁組の要式行為性および強行法規性を理由に、一貫してこれを否定している（大判昭和11・11・4民集一五巻一九四六頁、最2判昭和25・12・28民集四巻一三号七〇一頁）。他方、適法な代諾を欠く、形だけの養子縁組届が存在する53判決は、養子による追認を認めているが、本件との実質的な差異があるといえるか、疑問とする説もある。いずれにしても、本判決を前提とする限り、虚偽の嫡出子出生届がされた子の地位は不安定なものとなるが、それを回避するために、一般条項である権利濫用の法理（一条三項）を用いて妥当な解決を図ろうとした判決が現れた（55判決）。

関連条文　七九九条・七三九条・八〇二条

親子関係不存在確認の訴えと権利濫用

55 最2判平成18・7・7民集六〇巻六号二三〇七頁

いわゆる藁の上からの養子に対する親子関係不存在確認請求が権利の濫用となるのはどのような場合か。

事実　AB夫婦の長女Xは、CD夫婦の養子となり、C夫婦の子として育てられた。一方、A夫婦は、EF夫婦の子YをA夫婦の長男として出生届をし、以後Aが死亡するまでの五五年間、実の親子と同様の生活を送った。平成一四年にXY間に不和が生じ、Xは、YとAB間の実親子関係および養親子関係の不存在確認を求めた。一審および原審がこれを認容したため、Yが上告した。

裁判所の見解　戸籍上の両親以外の第三者丁が甲乙夫婦とその戸籍上の子丙との間の実親子関係不存在確認を求めている場合においては、①甲乙と丙との間に実の親子と同様の生活の実体があった期間の長さ、②判決をもって実親子関係の不存在を確定することにより丙およびその関係者の被る精神的苦痛、経済的不利益、③改めて養子縁組の届出をすることにより丙が甲乙の嫡出子としての身分を取得する可能性の有無、④丁が実親子関係不存在確認請求をするに至った経緯および動機、目的、⑤実親子関係の不存在が確定されないとした場合に丁以外に著しい不利益を受ける者の有無等の諸般の事情を考慮し、実親子関係の不存在を確定することが著しく不当な結果となるといえるときは、当該請求は権利の濫用に当たる。

解説　虚偽の嫡出子出生届には養子縁組届としての効力が認められない（54判決）。そして、藁の上からの養子に対し実親子関係不存在確認請求がなされると、真実の親子関係の不存在および戸籍の記載の正確性の担保という理由から、長期間にわたる親子関係が否定されるという問題がある。この点、本件と同種事案である最3判平成9・3・11家月四九巻一〇号五五頁において、可部恒雄裁判官は、権利濫用論により実親子関係不存在確認請求を排斥する必要があるとの補足意見を述べていた。本判決は、同請求が権利濫用に当たるかを判断するための考慮要素として①から⑤を明示した点で意義を有する。本件は、戸籍上の姉からの請求であったが、最高裁は同日、戸籍上の母からの請求についても、虚偽の出生の届出を自ら行いまたはこれを容認した戸籍上の親が、長期間経過後に、戸籍の記載が真実と異なる旨主張することは当事者間の公平に著しく反すると指摘した上で、①②④⑤（③の可能性はない）を考慮して権利濫用に当たるかを判断すべきとした（最2判平成18・7・7家月五九巻一号九八頁）。権利濫用論に依拠した場合、個別事案の事情により判断が分かれる可能性があり（その後、名古屋高判平成20・12・25判時二〇四二号一六頁は否定、東京高判平成22・9・6判時二〇九五号四九頁は肯定）、実子の保護策としては不十分な面がある。

関連条文　一条、人訴二条

夫婦の一方の意思に基づかない夫婦共同縁組の効力

56 最1判昭和48・4・12民集二七巻三号五〇〇頁

関連条文 七九五条・八〇二条一号

夫婦共同縁組の場合において、夫婦の一方に縁組意思がないとき、夫婦双方の縁組全体が無効となるのか。

事実 妻X夫A男には実子がいなかったため、Bを養子とする養子縁組をした。しかし、その後、AがC女を妾にしたことが原因で、XはBを連れてAと別居した。他方、AはCと事実上夫婦として生活をしていたが、その間にも子が生まれなかったため、Aは老後のことを考え、Cの希望を容れ、Yを養子とする養子縁組をした。ただし、ACが事実上の夫婦に留まっていたため、この縁組は、AXが養親とされていた。その後これを知ったXは、Yが自己の養子となることは承諾しなかったが、Aの養子とされることは黙認していた。YはACによって養育され、Aが死亡するまでの一〇年間親子として共同生活を続けた。A死亡後にその相続財産をめぐってXBとCYとの間に紛争が生じ、Xは、AXとYとの縁組は夫婦の一方の意思に基づかない縁組であり全体として無効であるとして、その確認を求める訴えを提起した。一審、原審ともXY間の縁組のみを無効としたため、Xが上告。

裁判所の見解 夫婦の一方の意思に基づかない縁組の届出がなされた場合でも、その他方と相手方との間に単独でも親子関係を成立させる意思があり、かつ、そのような単独の親子関係を成立させることが、一方の配偶者の意思に反しその利益を害するものでなく、養親の家庭の平和を乱さず、養子の福祉をも害するおそれがないなど、前記規定の趣旨にもとるものでないと認められる特段の事情が存する場合には、夫婦の各縁組の効力を共通に定める必要性は失われるというべきであって、縁組の意思を欠く当事者の縁組のみを無効とし、縁組の意思を有する他方の配偶者と相手方との間の縁組は有効に成立したものと認める。

解説 本判決は、夫婦の一方の意思に基づかない縁組は縁組意思のある配偶者についても無効とすることを原則としつつ、「特段の事情」がある場合には、縁組が単独で有効となる余地を認めた。昭和六二年改正前の七九五条は、配偶者のある者は、配偶者と共同でなければ養親または養子になることができないとしていた。しかし、夫婦を一つの単位として捉えることが家制度に由来するものであることなどの批判を受けて、夫婦共同縁組は、未成年者を養子にする場合だけに限定された。現行七九五条の夫婦共同縁組の趣旨は、夫婦が共同で監護教育を行うことが子の福祉にとって望ましいということにある。したがって、現行法における「特段の事情」の考慮にあたっては、旧法における「配偶者の利益」や「養親の家庭の平和」の要素は大きく後退し、主として子の福祉の観点が重視されることになる。

有責当事者からの離縁請求

57 最3判昭和39・8・4民集一八巻七号一三〇九頁

関連条文　八一四条一項三号

縁組の破綻について有責事由を有する当事者が、八一四条一項三号を理由に離縁請求をすることは許されるか。

事実　夫X妻Aには実子がいなかったため、B女およびY男を養子とした。ところが、Aの入院治療中にXがその雇人C女と肉体関係を結んだため、XA間に不和が生じ、XとABYは別居、その八年後、XとAは、BYの親権者をAと定めて協議離婚した。その後、XはC女と再婚し、その間に生まれた六人の子とともに円満に生活を続けていた。XとYらの別居から二〇年（またXAの離婚からも一二年）が経った後、Xは、もはや親子としての感情は消失しているとして、八一四条一項三号を理由に、Yとの離縁を請求した。一審は離縁を認めたが、原審は、親子関係が破綻に至った原因は主としてXの不貞行為に基づくXAの離婚にあり、Yには何らの責任もないとして、一審判決を取り消した。Xが上告。

裁判所の見解　離縁の訴えに関する八一四条一項三号の「縁組を継続し難い重大な事由」は、必ずしも当事者双方または一方の有責であることに限られるものではないけれども、有責者が無責者を相手方として、その意思に反して離縁の請求をなすことは許されない。その法意は、離婚の訴に関する七七〇条一項五号と同じであり、本件の事実関係の下では、Yを有責者とはなし難く、かえってXを有責者となすべきであるから、右八一四条一項三号の事由があるものといえない。

解説　八一四条一項三号は、離婚に関する七七〇条一項五号と同様、破綻主義を採用したものであり、養親子としての精神的経済的生活関係の維持、回復が極めて困難な程度に縁組を破綻させる事由だとされる。本判決は、離婚に関する最3判昭和27・2・19民集六巻二号一一〇頁と歩調を合わせ、有責当事者からの離縁請求を否定した（消極的破綻主義）。もっとも、その後の判例は、原告に有責事由があっても、当事者双方の有責性が同程度の場合には離婚や離縁を認めるに至り（離婚に関して、最3判昭和31・12・11民集一〇巻一二号一五三七頁。離縁に関して、最2判昭和60・12・20家月三八巻五号五三頁）、さらに、離婚については、15判決が、信義則に反しない限りは有責配偶者からの離婚請求も認める立場に転じた（積極的破綻主義）。このことから、離縁についても、離婚と同様、縁組が客観的に破綻すれば原則において離縁を認めるべきとも考えられるが、未成年養子の場合は、離縁によって子の養育や監護に支障を来さないかなど、子の福祉についての十分な配慮を要する。今後は、離縁請求における信義則の内容をより具体化していく必要がある。

特別養子縁組と父母の同意の撤回

58 東京高決平成2・1・30家月四二巻六号四七頁

関連条文　八一七条の六

特別養子縁組に対する父母の同意は、裁判所の特別養子縁組成立審判告知の後でもその確定前であれば撤回することができるか。

事　実　X女はA男と婚姻しB女をもうけたが、不和となり、Bを置いて実家に帰り、その後、Bの親権者をAと定めて協議離婚した。AはBを知人のY夫婦に託し、Y夫婦がBを養育するようになり、その後Y夫婦はBとの特別養子縁組を申し立てた。XはY夫婦がBを養育していることを知って悩み逡巡したが、特別養子縁組に同意する書面を提出した。原審は特別養子縁組をさせる審判をし、関係者に告知したところ、Xは抗告を申し立て、前記同意を撤回した。

裁判所の見解　家庭裁判所が養子となる者の父母の同意に基づき、八一七条の二による特別養子縁組を成立させる旨の審判をして関係者に告知した後に、父または母が右同意の撤回をすることを許容した場合には、手続の安定と子の福祉を害するおそれがないわけではないが、特別養子縁組の成立が実方との親族関係を終了させるという重大な身分関係の変更をもたらすものであり、かつ、同意の撤回の時期等を制限する規定が存しないことを考えると、審判が告知された後であっても、これがいまだ確定せず、親子関係の断絶という形成的効力が生じていない段階においては、同意を撤回することが許される。

特別養子縁組では、実父母との親族関係が終了するため（八一七条の九）、実父母の同意が要件とされている（八一七条の六）。本決定は、審判告知後でも審判確定までの間は同意を撤回できることを認めた。しかし、このような撤回は、手続の安定と子の福祉を害するおそれがないわけではなく、同意に一定の方式を要求することなどについて検討の余地がある。

解　説　なお、同意が撤回された場合でも、「父母による虐待、悪意の遺棄その他養子となる者の利益を著しく害する事由がある場合」は、縁組を成立させる余地がある（同条ただし書）。ただし、この同意不要事由については、親権喪失事由よりも厳格に解されている。親権喪失の場合は事由が止んだときに復権があるが（八三六条）、特別養子の場合は事由が止んでも復権がないからである。例えば、本件と同様実母による同意の撤回が問題となった東京高決平成14・12・16家月五五巻六号一一二頁では、その他養子となる者の利益を著しく害する事由がある場合とは、父母に虐待、悪意の遺棄に比肩するような事情がある場合、すなわち、父母の存在自体が子の利益を著しく害する場合だとして、実母が安定した監護環境を用意せず、かつ明確な将来計画を示せないことだけではこの事由に当たらないとする。

特別養子縁組が認められる「特別の事情」

59 東京高決平成8・11・20家月四九巻五号七八頁

関連条文　八一七条の七

夫婦の一方の嫡出でない子を特別養子とする場合に、八一七条の七の要保護性は認められるか。

事実

X_1女は、A男の愛人として性交渉を持っていたが、その後X_2とも肉体関係を持つようになった。X_1はB女を妊娠し、X_2と婚姻した。Bは、X_1X_2の嫡出子として戸籍に記載された。他方、Aは、X_1からBの父がAだと騙されて結婚を迫られるとともに生活費等の支払を要求されたとして、Xらに損害賠償を請求する訴えを提起した。ところが、血液検査の結果、BはAX_1の子であることが判明したため、X_2はBを被告として嫡出否認の訴えを提起、認容判決が確定し、AはBを認知した。もっとも、X_2による前記嫡出否認の訴えは、Aの訴訟に対抗する意味で行ったもので、Bは出生以来、Xらによって養育されている。その後にAが死亡。XらはBを特別養子とする審判を申し立てた。原審は要保護性が認められないとしてこれを却下したため、Xらが抗告。

裁判所の見解

八一七条の七にいう「特別の事情」は、監護の著しい困難または不適当な場合またはそれに準じる場合に留まらず、特別養子縁組を成立させ、父母およびその血族との間の親族関係を原則として終了させることが子の利益のため特に必要と判断される事情をも含む。本件では、Bの特異な出生の状況とその前後におけるXらの行動を事件本人が知ることは、今後、Bが、Xらの家庭において成長していくことを考えると、その健全育成にとって有害であり、Bの人格が形成される過程においては上記の事実を秘匿すべきであって、そのためには、Aとの親子関係を断絶することが必要であり、かつ、上記の親子関係を断絶することによってBに特別の不利益は生じない。

解説

特別養子縁組では、実父母との親族関係が終了するとともに（八一七条の九）、離縁は原則上認められないことから（八一七条の一〇）、八一七条の七のいわゆる要保護要件は厳格に解釈される。そして、本件のような連れ子養子の場合は、引き続き実親の一方（多くの場合は母）が養育をしているので、「監護が著しく困難又は不適当」な状況にはない。「特別の事情」もこれに準ずるものだとすれば、通常は連れ子の特別養子縁組は認められない。しかし、本決定はこの要件を若干緩和し、「監護が著しく困難又は不適当」以外の場合でも、実親との親子関係を終了させることが相当と考えられるときは、「特別の事情」に該当するとした。近年では、祖母が娘夫婦の子を代理出産したケースで、祖母夫婦には養子となる者を自身らの子として監護養育していく意向はないなどとして、娘夫婦と子との特別養子縁組を認めたものがある（神戸家姫路支審平成20・12・26家月六一巻一〇号七二頁）。

監護者の指定と子の奪取の違法性

60 東京高決平成11・9・20家月五二巻二号一六三頁

関連条文　七六六条三項

別居夫婦の一方が子を連れ去った場合、他方は子の引渡しを請求できるか。

事実　妻Xと夫Yの間には子A（六歳）B（五歳）がいる。XYの夫婦関係の悪化から、Yは夫婦関係調整調停を申し立てたが不成立となった。その直後、YはAを連れ出し、Yの実母と同居すべく転居した。Xは、子の引渡しを求める審判とその審判前の保全処分の申立、離婚訴訟の提起、自らを監護者に定める審判の申立をし、子の引渡しを認める仮処分審判がなされた。しかし、Yは裁判所の決定に従う意思はないとXに表明した。また、Xは、人身保護法に基づきAの引渡しを求めたが、その審理に全く協力しなかった。なお、この請求は認められなかった。原審は、XYの監護者としての資質に差異がないこと、Yの実母による監護に問題はないこと等から、XY間に監護者としての適格性や養育環境に格差はないとし、また、家庭裁判所調査官による面接調査時にみられたAのXに対する激しい拒否的態度を重視し、ならびに環境の変化がAに精神的外傷を与えると判断し、Xの請求を却下した。Xが即時抗告。

裁判所の見解　子がYとの生活に安定を見出すようになったとしても、YがXの下から子を無断で連れ出し、家庭裁判所の保全処分の決定等に従わないでいる間に安定を見出すようになった側面があることも否定できず、また、子がXに対して強い拒否的な態度を示したとしても、五、六歳の子どもの場合、周囲の影響を受けやすいことから、これをただちに子の意向として重視するのは相当ではない。

解説　別居夫婦間における子の引渡問題の解決方法として、離婚に至るまでの暫定的な処分として子の監護者を指定すると同時に、子の引渡しを命じることがある。引渡請求の法的根拠となるためである。その際、子の奪取の違法性が考慮される。

監護者指定の側面から考えると、XYの監護能力に格差はなく、子が現に安定的に生活している点からは、監護の継続性の観点や環境の変化に対する子の適応性や負担を考慮すると、原審のように現状維持という判断も考えうる。しかし、抗告審では特に、Yは引渡しの保全処分に従わず、人身保護手続にも非協力的であり、実力行使による子の奪取に基づき子の安定的生活環境が既成事実化されていること、周囲の大人による幼少児の意思への強い影響力を考慮して、原審とは異なる判断をしている。子をめぐる法的紛争解決においては子の利益が司法判断の基準となるが、裁判所の司法判断には法的正義に基づく解決がまず求められる。本件は、司法判断としての要請と子の利益に係る事案の性質とを相互に調整した上でXを監護者として指定し、子の引渡しを命じたものである。

親権者変更における子の福祉・意思

61 大阪高決平成12・4・19家月五三巻一号八二頁

関連条文　八一九条六項

非親権者による子の監護が違法であっても、親権者変更ができるか。

事実　妻Xと夫Yには子ABがいる。不仲となり、Xが生後二ヶ月のBを養育し、YがAを養育することとして別居したが、YはXに無断でBを幼稚園から連れ出し、祖母に預け、事実上の養育を始めた。Y提起の離婚訴訟では、一審が、Aの養育環境の安定、兄弟不分離の原則を理由に、Yを親権者とし離婚を認容。控訴審ではBの親権者としてXを指定、上告棄却により同判決が確定した。しかし、YはBの引渡しを拒否したため、Xは親権者変更を申し立て、子の引渡しを終えるまで金銭の支払を命じる旨の間接強制の決定がなされた。Yはこれにも応じず、執行官が出向き強制執行を試みたが、BがXに否定的態度を示し、引き渡されることを拒んだため、引渡し不能とされた。

Yは再婚し、Bが間もなく一〇歳に達することなどから、親権者変更の調停を申し立てた。原審は、YによるBの奪取態様を非難しつつも、Bの生活環境の維持を尊重し、Bの親権者をXからYに変更した。Xが即時抗告。

裁判所の見解　「自由意思を持たない子に対する離婚後の非親権者による監護が違法とされるのは、同人が親権を有していないからであり、その監護が子の福祉にとって害となるからではない。子の福祉の見地からは、引き続き非親権者に監護を委ねる方が望ましい場合があることも当然考えられるのであって、そのような場合には、むしろ親権者を変更して監護の違法状態を解消させるのが民法八一九条六項の趣旨に合致するというべきである。」

解説　八一九条六項は、裁判で親権者が指定された場合にも適用される規定であり、裁判確定後の事情の変化により親権者を変更することが子の福祉に合致すると認められる場合、家庭裁判所は親権者変更の審判をすることができる。本件では、父Yは実力行使により子を連れ出し、母Xを親権者とする旨の判決や間接強制の決定にも執行官による直接強制にも従わず、子の監護を強行的に継続させていることから、Yによる子の監護は明らかに違法性がある。本決定では、Yの子の奪取による監護開始と違法な子の監護状態を認めつつも、奪取後の約七年に及ぶ監護の継続性とそれに伴う父子間の結び付きや子の意向等、裁判確定後の事情の変化を考慮した上で、子の福祉の見地から、Yへの親権者変更を認めている。現監護状態における子の福祉の観点に力点を置いた事案だが、違法な監護下における子の意思に対する父母の一方の過度の影響や、非親権者となる母と子の将来的な交流がいかに図られるか等、検討の余地が残る。

親権と監護権の分属

62　仙台高決平成15・2・27家月五五巻一〇号七八頁

関連条文　七六六条三項・八一九条六項

親権者変更の申立には監護権者指定の申立が含まれると解するか。

事　実　妻X夫Yには子ABがいる。XはABを連れて実家に戻り、Yと別居した。後にXYは離婚を決意したが、YがABの親権を強く主張したため、Yを親権者としてXYは離婚の届出をした。YはXに対しABを直ちに引き渡すよう通知したがXが応じないため、子の引渡しを申し立てた。他方、Xは親権者変更を申し立てた。Xは、Yとの別居後、実家で両親らの協力を得てABを養育監護している。現在、ABはXやX両親らとの関係も良好であり、心身ともに健康である。他方、YはABの引渡しを受けた場合には、職場に近い実家に戻り、両親が養育監護に全面的に協力する意向である。原審判は、Xの申立を却下し、Yの申立を認容。Xが即時抗告。

裁判所の見解　XやX両親らとの良好な関係、年少児（A：六歳四ヶ月、B：三歳五ヶ月）に対する母親の継続的な養育監護の必要性、兄弟不分離、他方親との面会交流に対する期待等から、ABは、Xが引き続き養育監護するのが望ましい。

子の監護権は親権の機能の一部であると解されるところ、Xは、親権者をYと指定する際、監護を継続できると考えていたと主張しているから、本件親権者変更申立には監護者指定の申立も含まれているものと解する。

解　説　本決定では、監護者指定の審判申立がないものの、親権者変更申立を却下した上で、父を親権者としたまま母を監護者に指定している。学説（多数説）や裁判例では、親権者指定や変更の審判申立において監護者指定を行うことについては、監護権を親権の一機能として捉えることで、これらの審判申立には監護権のみを父母の一方に与えてその他の法的権限を他方に行使させることも含まれると解する旨を認めており、本件もこれに従うものと位置づけられる。父母間での親権と監護権の分属は、民法上、監護者指定の規定（七六六条）があることを根拠に実務上行われている。離婚後の子の奪い合いをめぐる紛争で父母を納得させるために利用されることもあるが、離婚後も子の福祉に沿う養育のために父母間で協力し合える場合にはこの分属を認めるとする事案もある（横浜家審平成5・3・31家月四六巻一二号五三頁（ただし抗告審（東京高決平成5・9・6同四五頁）では父母の協力への期待可能性から分属を否定））。なお、親権者と監護者の分属が父母間に新たな紛争を招きうることから活用を消極的に捉える学説もある一方で、子の監護に父母双方が関わることから離婚後の共同親権に代わるものとして積極的に評価する学説もある。

子の監護者指定と子の引渡請求

63 東京高決平成15・1・20家月五六巻四号一二七頁

関連条文　七六六条三項・八一九条六項

子の監護者指定および引渡請求において、どのような事情が考慮されるか。

事　実　夫Xと妻Yには子ABCがいる。XYは次第に不和となり、XによるYへの暴力、配慮を欠く言動等から、Yは離婚を決意し、単身、家を出た。別居期間中、XYは面会交流につき合意したものの、Xはその実施に非協力的態度を示し、その円滑な実施は困難となった。Yは子の引渡しを申し立てた。Yは子らを引き取った場合にはXとの面会交流を拒むつもりはなく、転校を避けるためにもX宅に近い住居を定めるつもりである。子らはXの下でともに生活しているが、AはXY間での面会交流に関する対立から精神的ストレスを強く感じていると窺われ、BCは、Yと生活したい意向を示している。原審は、Yの申立を認容し、Yへ子の引渡しを命じた。これに対しXが即時抗告。

裁判所の見解　子らへの愛情・監護意欲はXYともに十分で、子らは現在Xの下で安定して生活しているが、子らとYとの精神的結び付きや母への思慕の念の強さ、Yの下で生活したい旨のBCの意向、XのYに対する暴力の目撃体験と恐怖の記憶からXに対し違和感を払拭できないでいる。人格的な成長のためには、子にとって、父母双方との交流を維持できる監護環境が望ましいことは明らかであるが、XはYと子らの面会交流に非協力的な態度に終始している。Xとの面会交流について柔軟に対応する意向を示すYに子らを監護させ、Xに面会交流させることにより、子らの精神的負担を軽減し、父母との交流ができる監護環境を整え、子らの情緒安定、心身の健全な発達を図ることが望ましい。

解　説　60解説のとおり、別居中の夫婦による子の引渡請求の法的根拠として、子の監護者指定がなされることが多い。子の監護者指定および子の引渡請求においては、子の福祉に基づく判断が求められる。この判断要素として、監護者としての適格性、監護能力、監護の継続性、子の意思尊重などが挙げられる。本件では、子への愛情・監護意欲、養育環境と経済的能力等を比較考量しつつも格差がないことを確認している。その上で、出生時から主に母Yが子を監護養育してきた経緯を踏まえ、母との精神的結び付きと子の意向を考慮している。また、子の人格的成長に資する円滑な交流調整の可能性について比較考量し、父による母への暴力について子の目撃体験に基づく子の心理的状況にも配慮している。子の奪い合い紛争では、子の利益のために迅速な解決が必要なために、審判前の保全処分（家事一〇五条以下）の手続を利用して子の引渡請求がなされている。この処分には本案の審判申立が必要である。引渡しを認める具体的基準については、64解説を参照。

子の引渡請求と審判前の保全処分

64 東京高決平成24・10・18判時二一六四号五五頁

関連条文 家事一〇五条・一〇九条三項・一五七条

審判前の保全処分による子の引渡しでは、どのような事情が考慮されるか。

事実 妻Xと夫Yには子Aがいる。Xは署名押印した離婚届を残し、Aを連れて実家に帰り以後別居した。別居後、YはAとの面会の日にAを連れ自宅に帰って宿泊させたところ、AがYの下から帰りたくないと希望を述べたことから、Yは両親の助力を得てAを養育し、Y宅から保育園に通わせている。

Xは、監護者指定と子の引渡しを求める審判の申立ならびに審判前の保全処分として仮の監護者指定と子の引渡しを求めて申し立てた。原審判はXを仮の監護者に指定し、Yに対し、XへのAの引渡しを命じた。Yが抗告。

裁判所の見解 審判前の保全処分として未成年者の引渡しを命じる場合には、監護者が未成年者を監護するに至った原因が強制的な奪取またはそれに準じたものかどうか、虐待の防止、生育環境の急激な悪化の回避、その他の未成年者の福祉のために未成年者の引渡しを命じることが必要かどうか、および本案の審判確定を待つことで未成年者の福祉に反する事態を招くおそれがあるかどうかを審理し、これらの事情と未成年者をめぐるその他の事情とを総合的に検討した上で、なお未成年者の引渡しの強制執行がされてもやむをえないと考えられるような必要性があることを要するものというべきである。

解説 審判前の保全処分により未成年者の引渡しを命じる場合は、未成年者に大きな精神的緊張・苦痛を与えうる強制執行が複数回されるという事態を可能な限り回避するような慎重な配慮が必要であり、加えて、非訟手続である審判は、事案に応じて柔軟に審理し、即時抗告審の裁判により迅速に権利関係の確定が図られることも考慮する必要がある。本決定では、審判前の保全処分における子の引渡しを命じる必要性について、具体的な判断基準を列挙している。監護開始原因における違法性の有無、虐待防止や生育環境の悪化の回避、時間経過による子の福祉の危殆化の観点、子をめぐる他の事情等を総合的に検討し、その上で強制執行がされてもやむをえないと考えられるような必要性があるかを判断する。子の引渡命令において、審判前の保全処分の性質論を踏まえつつ、総合的な子の福祉の観点から、慎重な発令を要する旨について判示したものである。審判前の保全処分として子の引渡請求を認めるには、「子その他の利害関係人の急迫の危険を防止するため必要がある」ことが求められる（家事一五七条）。子の引渡しの執行方法については、66解説を参照。

人身保護法に基づく子の引渡請求

65 最3判平成5・10・19民集四七巻八号五〇九九頁

人身保護法に基づく子の引渡請求はどのような場合に認められるか。

事実　妻Xと夫Y_1には子ABがいるが、後にXY_1は円満を欠くようになり、Y_1はABを連れて伯母宅に墓参りに行ったまま、Y_1の実父Y_2宅でABとともに生活するようになった。そこで、XはY_2宅へ赴きABの引渡しを求めたが拒否されたためABを連れ出したが、Y_2Y_3（Y_1の母）と路上でABの奪い合いとなり、結局ABはY_2宅に連れ戻された。ABの健康状態は良好だが、ABは両親の微妙な関係を理解しているらしく、Yらの面前でXのことを口にはしない。Xは、ABの引渡しを求めて人身保護請求を提訴。原審は、Xの請求を認容。Yが上告。

裁判所の見解　人身保護法に基づく共同親権者たる夫婦間の子の引渡請求においては、夫婦いずれに監護させるのが子の幸福に適するかを主眼に、子に対する拘束状態の当不当を定め、その請求の許否を決すべきであり（最1判昭和43・7・4民集二二巻七号一四四一頁）、拘束者による幼児に対する監護・拘束が権限なしにされていることが顕著（人保規四条参照）といえるためには、拘束者による幼児の監護が子の幸福に反することが明白であることを要する（前記判決参照）。夫婦が子に対して共同親権を行使している場合には、夫婦の一方による監護は、親権に基づくものとして、特段の事情がない限り、適法というべきであるから、監護・拘束が人身保護規則四条にいう顕著な違法性があるというためには、監護が子の幸福に反することが明白であることを要するものといわなければならない。

関連条文　八一八条・八一九条、人保二条、人保規四条

解説　本判決は、人身保護法に基づく共同親権者間の子の引渡請求について夫婦の一方による子の監護は原則適法としたが、人身保護規則四条に基づく顕著な違法性があるというためには、拘束者たる夫婦の一方による子の監護が子の幸福に反することが明白であることを要するとし、違法性の判断を厳格に捉えている。明白性の要件を満たす場合として、具体的には、幼児引渡しの仮処分または審判に拘束者が従わない場合、拘束者の監護下では著しく子の健康が損なわれたり、満足な義務教育を受けることができないなど親権を濫用行使される場合が挙げられる（最3判平成6・4・26民集四八巻三号九九二頁）。

判例上、実際に違法性が認められた事案は、調停手続の中で形成された夫婦間の合意に背き、実力行使したものである（最2判平成6・7・8家月四七巻五号四三頁、最1判平成11・4・26家月五一巻一〇号一〇九頁など）。

子の引渡請求と直接強制・間接強制

66 東京高決平成24・6・6判時二一五二号四四頁

子が引渡しを拒んだ場合でも強制執行は可能か。

事　実　妻Xと夫Yには子ABがいる。Y親族との関係などから、XはYに相談せずABを連れて実家に転居した。Yは別居後ABと面会交流していたが、交流予定日に両親・親戚に協力を依頼し、Xらの抵抗を排除してABを無理矢理車に乗せて自宅に連れ去った。Xは、子らの監護者を自らと定め子の引渡しを求める審判を申し立て、審判前の保全処分の申立をした。原審は、保全処分として子の監護者をXと仮に定め、Xへの子の引渡しを命じたが、Aが執行官に対してY方から出たくない旨を述べたことから、執行不能により終了した。本案については、母Xの監護の継続性や、Yの違法な連れ去りなどから、Xを監護者と定め、ABをXに引き渡すように命じた。Yが抗告。

裁判所の見解　未成年者らの引渡しの強制執行が不能となったのは、未成年者らの意向を配慮した執行官の判断に基づくものであり、Yに妨害行為はなく、ABの連れ去りから強制執行の時間の経過等を考えると、仮に原審判確定後、未成年者らの引渡しの強制執行が再度行われたとしても、強制執行が再度執行不能となる可能性が相当程度あるといえる。強制執行が不能となった原因がYの妨害行為によるものではない場合には、Yが債務名義により命じられた義務の履行を怠っていると認めるのは困難であるから、債務者が不作為義務に反するおそれを欠くものとして間接強制は認められない。

関連条文　家事一〇九条三項・一五七条、民執一六九条・一七二条

解　説　本件は、審判前の保全処分として母Xを仮に子の監護者に指定し、子の引渡しを命じたが、子（九歳）の拒絶により執行不能に終わった事案で、本案において将来的な強制執行の可能性に言及しつつ、原審と同様に母Xを監護者と定め、子の引渡しをYに命じた事案である。子の引渡しについては、履行勧告（家事二八九条）によるほか、履行確保のため金銭の支払を命じる間接強制（民執一七二条）または執行官が直接に子を引き渡す直接強制（同一六九条）に基づき、子の引渡しがなされる。子の人格尊重の観点から直接強制に否定的な学説もある。実務上、意思能力のない子（小学校低学年程度）に行われるが、子の拒絶により執行が困難な場合も多い。本決定では、同居親による執行妨害がないこと、子の拒絶意思と時間の経過に伴う結び付きの形成過程を考慮して、間接強制を否定したが、子の引渡しにつき子の福祉を配慮した協力をYに要請している。父母間で子の面会交流が保障されることで、任意の引渡しが実現する可能性も高まる。

別居中の親と子の面会交流

67 最1決平成12・5・1民集五四巻五号一六〇七頁

別居中の親と子の面会交流について、家裁は相当な処分を命ずることができるか。

事　実　父Xと母Yには、子Aがいる。主にXの不貞が原因で、YがAを連れて家を出て、XYは別居した。離婚訴訟係属中に、Xは、月二回の頻度でAとの面会交流を続けていたが、離婚訴訟での和解協議で、XがYの和解案を拒否したことから、YはXのAとの面会交流を拒否した。そこで、Xは、家裁に面会交流の調停を申し立てたが不成立となり、審判に移行した。一審、原審は、Xに月一回のAとの面会交流を認めた。Yが、許可抗告をした。

裁判所の見解　父母の婚姻中は、父母が共同して親権を行い、親権者は、子の監護および教育をする権利を有し、義務を負うものであり、婚姻関係が破綻して父母が別居状態にある場合であっても、子と同居していない親が子と面会交流することは、子の監護の一内容であるということができる。別居状態にある父母の間で面会交流につき協議が調わない、または、協議をすることができないときは、家裁は、七六六条を類推適用し、面会交流について相当な処分を命ずることができる。

解　説　平成二三年の法改正で七六六条に面会交流が明文化された。それ以前、面会交流は、主に「面接交渉権」といわれ、七六六条を根拠に審判で認められて以降（東京家審昭和39・12・14家月一七巻四号五五頁）、実務・学説において、離婚の際あるいは離婚後の親と子の面会交流は、七六六条の子の「監護について必要な事項」または「監護について相当な処分」として、家事審判事項として扱われることが定着した（最2決昭和59・7・6家月三七巻五号三五頁）。

しかし、七六六条は、離婚法の領域に属する規定であり、婚姻関係が破綻して別居状態にあるが離婚には至っていない父母の面会交流の紛争にも類推適用しうるかは見解が分かれていた。裁判例では、肯定するものが多く（東京高決昭和49・6・19判時七四七号五九頁など）、学説も同様であった。しかし、少数ではあるが、否定する裁判例や学説もあった。本決定は、婚姻関係が破綻して別居状態にある父母の面会交流の紛争についても、七六六条を類推適用して、家裁が相当な処分を命ずることができることを、最高裁として初めて明らかにした。なお、法改正により、七六六条に面会交流が明文化されても、本決定の有効性は失われていない。

関連条文　七六六条・八一八条三項・八二〇条

面会交流の法的性質・権利性

68 大阪家審平成5・12・22家月四七巻四号四五頁

関連条文 七六六条

面接交渉権の法的性質は何か。

事実 父Xと母Yは、Xの前婚の解消前から同棲を始め、前婚の解消後に婚姻した。XY間には、婚姻後に生まれた子ABがいる。XYは、互いの性格や生活態度への不満から不仲となり、Yは、ABを伴ってYの両親もとに転居し、Xと別居した。Xは、Yの下からABを連れ出し、ABをそれぞれ養護施設と乳児院に預けた。XYは、ABの親権者をXと定めて協議離婚したが、Yから離婚無効確認訴訟が提起され、係属中である。その後、Xは、合意に基づきABをYに引き渡した。Xは、将来、ABを引き取って養育したいと考えているが、当面はABとの面会交流を希望し、審判を申し立てた。

裁判所の見解 「面接交渉権の性質は、子の監護義務を全うするために親に認められる権利である側面を有する一方、人格の円満な発達に不可欠な両親の愛育の享受を求める子の権利としての性質をも有する」。ABの年齢、Xの離婚歴やYとの別居・離婚に至った経過、XYの生活状況、XY間の離婚無効訴訟の係属、その他諸般の事情を考慮すると、今直ちにXがABと面会交流すること（電話による対話・物品の授受を含む）を認めるのはやや時期尚早であり、しばらく時を経て、ABがあと数年の成長後にXを慕って面会交流を望む時期を待たせることとするのが、ABの福祉のため適当である。

解説 面会交流は、平成二三年の法改正で明文化されるまでは、主に「面接交渉権」といわれ、七六六条を根拠に解釈で認められていた（67決定解説）。その法的性質、すなわち、誰の、どのような権利であるのかについて、実定法上の権利ではないとする説もあるが、多くは権利性を認めた上で、法的性質を検討する。法的性質に関する説には、①親子という身分関係から当然に発生する自然権的な権利、②監護に関連する権利、③親権の一権能、④子の権利、⑤子の権利かつ親の権利、などがある。④⑤は、子の権利に着目する説であるが、とりわけ、⑤は、面会交流に、親権を根拠にした親の義務の側面を観念するものである。本審判は、結論としては、子の福祉のために面会交流を認めなかったが、「面接交渉権」を親の権利でもあり、子の権利でもあるとした。なお、法改正により、七六六条に面会交流は明文化され、かつ、面会交流の協議で子の利益が最優先されるべきことが明記されたが、それ以外の具体的な記載はなく、面会交流の法的性質が規定上で明らかになったわけではない。

面会交流の原則的肯定

69 大阪高決平成18・2・3家月五八巻一一号四七頁

関連条文　七六六条

子が親権者の再婚相手と養子縁組をした場合でも、別居中の実親は子と面会交流できるか。

事　実　父Xと母Yは、子ABの親権者をXと定めて協議離婚した。離婚後、Yは、概ね月一回の割合でABとの面会交流をしていたが、Xが拒否するようになったため、面会交流を求める申立をした。原審は、Yに月一回（三月、七月は宿泊を伴う）の面会交流を認め、その方法を具体的に定めた。これに対して、Xは、原審判後、Xは再婚し、その妻とABは養子縁組をし、Xらは新たな家庭を築き始めており、YがABと面会交流をすれば、家庭生活の平穏を脅かすことになるため、Yの面会交流は控えるべきであり、また、仮に面会交流を実施するにしても、従来のように宿泊を伴うものは相当でないとして、抗告した。

裁判所の見解　非監護親の子に対する面会交流は、基本的には、子の健全育成に有益なものということができるから、子の福祉を害するおそれがある場合を除き、原則として認められるべきものである。XYの協議離婚に際し、ABの親権者をXとする合意にあたっては、YとABとの面会交流の機会が確保されることが重要な要素になったことが推認できること、および、ABはYに対して親和性を抱いていることから面会交流は認められるべきである。面会交流の回数は、従来の経緯から、月一回の割合で実施するのが適当である。宿泊を伴う面会交流は、Xとその妻は、その共同親権下でABとの新しい家族関係を確立する途上にあるから、生活感覚や躾の違いからABの心情や精神的安定に悪影響を及ぼす危惧が否定できないため、現段階においては避けるのが相当である。

解　説　面会交流の認否の判断基準は、子の福祉であるが、子の福祉の内容をいかに解するかは判断が分かれる。とりわけ、父母が離婚し、その後の事情で子が他人と養子縁組をし、養親の親権の下に子がいる場合、かつての裁判例では、親権者でない実親の子との面会交流は、新しい家庭における子の生活上および精神上の安定を乱すおそれがあり、子の福祉に適わないため、実親ならば陰ながら子の成長を見守るべきとして、否定されることが多かった（東京高決昭和40・12・8家月一八巻七号三一頁など）。しかし、近年は、実務でも学説でも、子の利益のために、面会交流を原則的に認め、子の福祉を害する場合に例外的に制限する傾向にある。本決定は、右の立場から、子が再婚家庭において親権者と養親の共同親権の下で暮らしていても、親権者でない実親の面会交流は認められるとした。ただし、子の生活や精神の安定への配慮から、当分の間は、宿泊を伴う面会交流を実施しないとした。

子からの面会交流の申立

70 さいたま家審平成19・7・19家月六〇巻二号一四九頁

関連条文　七六六条

子が非監護親との面会交流を望んでいる場合、監護親は子のために面会交流の申立を行うことはできるか。

事実　母Xと父Yは、子Aの親権者をXと定めて調停離婚したが、面会交流に関する条項は定められなかった。その後、Yは、再婚をし、子ももうけた。Xは、Yと離婚したものの、いまだ心理的清算ができていない。また、Xは、Aに、XYの離婚や感情的対立について、正確な事情は話していない。しかし、Aが、Yに会うことを希望したため、Xは、Yに対して、Aとの面会交流を申し立てた。

裁判所の見解　XYの離婚に至るまで、および、その後の過程における葛藤は、極めて根深いものがあり、YとAの直接の面会交流を早急に実施することは、XYの双方に精神的負担を与える可能性があり、必ずしもAの心情に良い影響を与えるとはいえず、消極的にならざるをえない。将来的には、環境を整えて、面会交流の円滑な実施の実現が期待されるが、当分の間は、Aの福祉のために、間接的に手紙のやり取りを通じて交流を図ることとするのが相当である。

解説　面会交流を子の権利と解した場合、面会交流の調停や審判を、七六六条に基づいて、子自身が申し立てることができるかということが問題となるが、否定的に解されてきた。家事事件手続法では、七六六条の子の監護に関する処分の調停および審判に関する子の手続行為能力が認められ（家事二五二条一項二号・一五一条二号）、さらに、子の手続代理人の制度が認められた（家事二三条）。しかし、これらは七六六条の申立を子に認めるものではなく、親の申立に子の手続参加が認められたことを前提とするものである。

子が望む非監護親との面会交流を実現するためには、子の監護親が、子に代わり、非監護親に対して面会交流の申立をする必要がある。本審判は、これを肯定しつつも、子の福祉の観点から、当面は間接的な面会交流に留めた。しかし、子が希望しても、非監護親が、面会交流に応じなければ、結局は実現されない。そこで、面会交流の法的性質を子の権利かつ親の権利と解し（68解説）、親権は義務的な権利であるとされることから、面会交流にも親の義務の側面を観念し、子の福祉に適うと思われる面会交流については、監護親の申立の義務と、非監護親の面会交流に応じる義務を認めるとする説がある。

DVがある場合の面会交流

71　東京家審平成14・5・21家月五四巻一一号七七頁　　関連条文　七六六条

DV加害者の親であっても、子との面会交流は認められるか。

事実　父Xと母Yには、XYの婚姻後に生まれた子Aと、Yの前婚から生まれた子Bがいる。Yは、婚姻後、Xから度々DV（ドメスティック・バイオレンス）を受けるようになったため、Yは、ABを連れて家を出て、母子生活支援施設に入所し、Xから身を隠して、Xと別居した。Yが、離婚訴訟を提起したが、XYは、訴訟上の和解により、YをABの親権者および監護者と定めて協議離婚した。右の和解では、当分の間はXがYに対してABとの面会交流を求めないことが合意されたが、その後、Xは、Aとの面会交流を申し立てた。

裁判所の見解　XYの離婚の原因は、XのYに対する暴力にあり、Xも反省し、治療も受けているが、現在でも加害者としての自覚は乏しい。他方、Yは、PTSD（心的外傷後ストレス障害）と診断され、心理的にも手当が必要な状況にあり、さらに、母子三人の生活の立直しと自立のために努力をしているところであり、面会交流の円滑な実現に向けて、Xと対等の立場で協力し合うことはできない状況にある。現時点でのXとAとの面会交流の実現は、Yに大きな心理的負担を与えることになり、その結果、母子三人の生活の安定を害し、Aの福祉を著しく害するおそれが大きいため、XとAとの面会交流を認めることは相当でない。

解説　親が離婚したとしても、子は監護者とならなかった親とも可能な限り関係を維持することが、子の健全な成長、円満な人格形成に資するという考えから、原則として、面会交流を認める裁判例は多い（69決定や東京家審平成18・7・31家月五九巻三号七三頁など）。しかし、面会交流が、子の生活上および精神上の安定を乱し、子の福祉を害するおそれがあれば、面会交流は部分的または全面的に制限される。近年は、面会交流の制限につながる原因があったとしても（監護親の再婚・子の養子縁組、父母の激しい感情的対立）、子の成熟度や年齢などを考慮しつつ、方法を工夫して、手紙や写真の送付だけの部分的なものにしたり、第三者の立会いにより、可能な限り面会交流を認めようとする。

しかし、面会交流が全面的に制限されることもある（DV、犯罪行為、監護親の教育方針への著しい干渉）。本審判は、DVがあった場合の面会交流を、DV被害者である監護親の現状の考慮と子らとの生活の安定への配慮から、全面的に制限した。なお、児童虐待防止法では、児童が同居する家庭でのDVも児童への虐待と定義されるため（児童虐待二条四号）、この観点からも、DV加害者である親の子との面会交流の実施には慎重さが求められる。DV被害者である親が面会交流に合意しても、第三者が立ち会うなどの配慮が必要である。

面会交流の間接強制

72 最1決平成25・3・28民集六七巻三号八六四頁

関連条文 七六六条、家事七五条、民執一七二条

面会交流が義務者により任意に履行されない場合、間接強制をすることができるか。

事実 母Xと父Yは、子Aの親権者をXとして離婚した。その後、審判で、Xに対して、YがAと面会交流をすることを許さなければならないとされ、面会交流の日時、頻度、場所、Aの受渡しの場所と方法などが具体的に定められた。審判に基づき、Yは、XにAとの面会交流を求めたが、Xは、Aが面会交流に応じないため、Aに悪影響を及ぼすとして、Yの面会交流を許さなかった。そこで、Yは、面会交流の義務の履行と、その義務の不履行の場合の間接強制を求めて、申立を行った。原審は、Xに対して、面会交流の内容は審判で具体的に特定して定められており、面会交流を許さねばならないとし、その義務の不履行につき、一回五万円の間接強制を認めた。Xが、許可抗告をした。

裁判所の見解 面会交流の審判は、受渡しの場所における子の引渡しなどの給付を内容とするものが一般であり、性質上、間接強制をすることができないものではない。したがって、非監護親が子と面会交流をすることを許さなければならないと命ずる審判において、面会交流の日時または頻度、各回の面会交流時間の長さ、子の引渡しの方法などが具体的に定められているなど、監護親がすべき給付の特定に欠けるところがない場合は、審判に基づき、監護親に対して、間接強制を決定することができる。

解説 面会交流は、子の福祉のために、継続的に行われるべきものであり、また、子が幼い場合には監護親の協力が不可欠である。こうした面会交流の特質から、面会交流は、強制執行に馴染まないとする説がある。他方で、調停調書や審判書で、給付を命ずるものは、執行力のある債務名義と同一の効力を有するため（家事二六八条・七五条）、強制執行が可能であるとする説がある。後者が実務および学説の多数であるが、給付の特定性については、見解が分かれていた。本決定は、最高裁として初めて間接強制を認め（民執一七二条）、給付の特定の基準を示した。本決定と同じ日に、間接強制に関する別の二つの最高裁決定が下された。いずれも、本決定と基準は同じだが、結論としては、間接強制を認めなかった。一つは（最1決平成25・3・28判時二一九一号四六頁）、子の引渡しの方法が何ら定められていないとして、一つは（最1決平成25・3・28判時二一九一号四八頁）、面会交流の頻度と長さが特定されていないとして、給付の特定の不十分さを理由とする。本決定および二つの最高裁決定により、給付の特定の基準が明確になった。

医療ネグレクトと親権職務代行者の選任

73 津家審平成20・1・25家月六二巻八号八三頁

子に対して緊急に必要な治療を行うことに親権者が同意しない場合に、親権者の職務執行停止・職務代行者選任の審判前の保全処分が認められるか。

事実　共同親権者ABは、医師等から、子C（生後三ヶ月）の病状と手術・治療の必要性（緊急に手術・治療を施さなければ死亡を免れない状況）の説明を再三受けたが、障害を持つ子供を育てていく自信がないとの理由から、それに同意しなかった。そこで、児童相談所長は、親権濫用としてABに対する親権喪失審判申立事件を本案として、親権者の職務執行停止、職務代行者選任の審判前の保全処分（現・家事一七四条）を求めた。

裁判所の見解　児童相談所長が申し立てた親権喪失宣告申立事件を本案とする親権者の職務執行停止・職務代行者選任の審判前の保全処分申立事件において、Cが緊急に手術・治療を受けなければ死亡を免れない状況にあるにもかかわらず、手術・治療に必要な同意を行わないABの行為は、親権を濫用し、未成年者の福祉を著しく損なっていると解される可能性が高いことから、親権者の職務執行を停止し、職務代行者を選任するのが相当である。

関連条文　八三四条、家事一〇五条・一七四条

解説　同意能力のない未成年の子に対して医療行為を行うには、原則として、親権者の同意が必要とされる。本件は、親権者が同意を拒否するなど、子に必要な医療を受けさせない、いわゆる医療ネグレクトの事案である。本審判は、このような場合に、親権喪失申立事件を本案とする、親権者の職務執行停止および職務代行者選任の審判前の保全処分を認めたものであり、それまでの下級審裁判例を踏襲するものである（大阪家岸和田支審平成17・2・15家月五九巻四号一三五頁、名古屋家審平成18・7・25家月五九巻四号一二七頁）。ただし、右の二つの裁判例は、親権者が宗教上の理由から同意を拒否したケースであるのに対し、本件は、障害を持つ子の養育への不安を理由に同意を拒否している点に事案としての特徴がある。

平成二三年の民法改正により、親権喪失原因が二年以内に消滅する見込みがあるときは、親権喪失審判はすることができないとされたため（八三四条ただし書）、医療ネグレクトの事案では、今後は原則として親権停止の審判（八三四条の二）で対応することになった。また、児童の生命身体の安全確保のため緊急の必要があると認めるときは、児童相談所長等が医療行為に同意できるようになった（児福三三条の二第四項）。

なお、親権者の同意権の根拠については争いがあり、法定代理人としての権限に由来するという説、身上監護権に基づくとする説などがある。

児童養護施設への入所の承認と父母への指導

74 大阪高決平成21・9・7家月六二巻七号六一頁

関連条文　児福二八条一項

児童福祉施設等への入所措置が承認されるのは、どのような場合か。

事実　ABは超未熟児として出生し、乳児院に同意入所後、児童養護施設へ措置変更となった。親権者母CがAの引取りを要求したため、X（児童相談所長）は、親権者父D（当時は非親権者）によるE（ABの異父姉）に対する性的虐待を疑い躊躇したものの、引取りに応じた。しかし、AがDから性的虐待を受けている疑いが生じたことから、Aは一時保護され、Cの同意により施設に入所した。その後、Dは、Eに対する強制わいせつ等については有罪、Aに対する強制わいせつ致傷については無罪が確定した。これを受けて、CDがABの引取りを主張してきたため、XはABを一時保護に切り替えた上で、Aを児童養護施設に、Bを乳児院または児童養護施設に、それぞれ入所させることの承認の申立を行った。原審はXの申立却下。X抗告。

裁判所の見解　親権者CDは自らABの育児をした経験に乏しいことや、CがDによるEに対する性的虐待を防止できなかったこと等を考慮すると、CDの監護能力および監護者としての適格性には疑問があり、ABを監護養育するに先立ち、一定期間、XにおいてCDに対する適切な指導を実施する必要がある。しかし、その実施に至っていないことに鑑みれば、ABを直ちにCDに監護させることはABの福祉を著しく害するおそれがあり、Xによる指導実施等に一年程度の準備期間を確保するため、XがABを児童養護施設等に入所させることを承認するのが相当である。

解説　児童福祉施設等への入所措置は、原則として、親権を行う者等の意に反してとることができない（児福二七条四項）。しかしながら、保護者である親権者等が、児童を虐待し、著しく監護を怠り、その他、保護者に監護させることが著しく児童の福祉を侵害する場合には、親権を行う者等の意に反しても、家庭裁判所の承認（審判）を得て施設への入所措置等をとることができる（児福二八条一項一号）。この児童福祉法二八条事件の申立件数は、毎年二〇〇件を超えている。本決定は、「その他保護者に監護させることが著しく当該児童の福祉を害する場合」を認めた一事例である。児童の福祉の著しい侵害に当たるかは、個別具体的に判断することになるが、本件のように、これまで子自身が直接、虐待を受けていなくても、現状を維持した場合に、将来児童の福祉が害される可能性が高いか否かも含めて判断される。なお、本決定は、父母への指導を実施する期間を確保するための入所措置である点に特徴がある。

親権者の一方との利益相反

75　最1判昭和35・2・25民集一四巻二号二七九頁

未成年の子と共同親権者の一方とのみに利益相反関係がある場合に、誰が、どのように子を代理するのか。

事実　子Xの親権者である父Aは、Y_1に債務を負ったため、その代物弁済としてX所有の不動産をY_1に譲渡することにし、妻B（Xの母）とともにXを代理して、表面上は売買の書面を作成し、所有権移転登記を行った。Y_2銀行は、Y_1名義となった本件不動産に根抵当権を設定し、その旨の登記をした。そこで、Xは、本件不動産のY_1に対する所有権移転はAとXとの利益相反行為であり、また、利益相反関係にない親権者Bも特別代理人と共同してしなかったため無権代理であるとして、Y_1Y_2に対し、各登記の抹消登記手続を請求した。一審、原審はXの請求認容。ただし、一審は特別代理人が単独で代理するのが相当としたが、原審は特別代理人とBが共同して代理すべきとした。Yら上告。

裁判所の見解　親権者の一方が、その子と利益相反し、他の親権者が利益相反関係にない場合にも八二六条の適用があり、利益相反の関係にある親権者は特別代理人の選任を求め、特別代理人と利益相反の関係にない親権者とが共同して代理行為をなすべきである。

関連条文　八二六条一項・八一八条三項

解説　親権者には、子の財産を管理し、かつ、その財産に関する法律行為についてその子を代理する包括的な権限が認められている（八二四条）。しかし、子の利益保護の観点から、親権者にとって利益となり、子にとって不利益となるような、いわゆる利益相反行為については、親権を行う者は、その子のために、特別代理人を選任することを家庭裁判所に請求しなければならない（八二六条一項）。

しかしながら、子と共同親権者の一方のみに利益相反関係がある場合の代理方法については、民法に特に定めがなく、次の三つの説に分かれている。①他方親権者が単独で代理する説（東京高決昭和33・1・23家月一〇巻二号五〇頁）、②特別代理人が単独で代理する説（本件一審）、③特別代理人と他方親権者が共同で代理する説（本件原審）である。①説は、八一八条三項ただし書を根拠とするが、形式的な根拠からの立論であるとの指摘や、通常、夫婦の利害関係は共通するため適切ではないとの批判がある。②説については、他方親権者の代理権を否定する法的根拠はなく、また、親権者の「影武者」とも呼ばれる特別代理人に多くを期待できないとの指摘がある。本判決は、③説をとることを最高裁として初めて明らかにした点に意義がある。③説は、親権者の一方の権利を奪うべきではないという要請と、子の利益もできるだけ保護すべきであるとの要請とを調整する点において妥当であるといわれている。

親権者による子の連帯保証と利益相反

76 最3判昭和43・10・8民集二二巻一〇号二一七二頁

関連条文 八二六条

第三者の金銭債務について、親権者が自ら連帯保証をするとともに、子の法定代理人として同一債務について連帯保証をし、かつ、親権者と子の共有不動産に抵当権を設定する行為は八二六条にいう利益相反行為に当たるか。

事実　Aと妻X_1が離婚するにあたり、A所有の不動産がX_1および四名の子X_2～X_5に贈与され、各自五分の一ずつの共有持分を取得した。X_1は、知人Bから懇願されたため、Bが開業資金の一部をCから借り入れるにあたり、自らは共有者の一員として、また、X_3～X_5の親権者としてこれらを代理し、さらに長男X_2（成年者）の代理人名義で、各連帯保証契約を締結するとともに同一債務を担保するため、本件不動産について抵当権を設定し、登記がなされた。その後、抵当権が実行され、競落許可決定を受けたYのために所有権移転登記がなされた。そこで、Xらは、本件連帯保証契約・抵当権設定契約はX_3～X_5については利益相反行為、また、X_2については無権代理を理由に無効であるとして、Yに対し所有権移転登記抹消手続を請求。一審はXらの請求棄却。原審は利益相反行為・無権代理に該当するとしてX_2～X_5の請求認容。Y上告。

裁判所の見解　債権者が抵当権の実行を選択するときは、本件不動産における子らの持分の競売代金が弁済に充当される限度において親権者の責任が軽減され、その意味で親権者が子らの不利益において利益を受けること、また、債権者が親権者に対する保証責任の追及を選択して、親権者から弁済を受けるときは、親権者と子らとの間の求償関係および子の持分の上の抵当権について親権者による代位の問題が生ずる等のことが、行為自体の外形からも当然予想されることから、本件連帯保証債務負担行為および抵当権設定行為は、八二六条の利益相反行為に当たる。

解説　八二六条の利益相反性の判断基準について、実質説（77解説参照）も有力に主張されてはいるが、判例・通説は、取引の安全を重視し、行為自体または外形から判断すべきとする（外形説）。つまり、親権者が自己の債務のために、その子の不動産に抵当権を設定する行為は、借受金を子の養育費に供する意図でも利益相反行為に当たるが、子を債務者として借財し、子の不動産に抵当権を設定する行為は、親権者が自己の用に供する場合でも、利益相反行為に当たらない（77判決）。この点、本判決の特徴は、親権者が子を代理して行った連帯保証契約および抵当権設定行為は、第三者の債務のためではあるが、親権者自身も連帯保証人となり、また、抵当不動産の共有者の一人であるという点にある。本判決は、判例の立場（外形説）を踏襲し、このような場合にも利益相反行為に当たると最高裁として初めて判断した点に意義がある。

親権者の行為の意図・動機と利益相反

77 最3判昭和37・10・2民集一六巻一〇号二〇五九頁

関連条文 八二六条

親権者が自己の債務につき、未成年の子の所有する不動産に抵当権を設定する行為は、借受金を子の養育費に供する意図であっても、八二六条にいう利益相反行為に当たるか。

事実　Xら未成年者三名の親権者Aは、法定代理人としてXらを代理するとともに、自らも共同債務者となってB社より金銭を借り受け、同時に、その債務の担保のために、共有する本件不動産の各持分（Xら各九分の二、Aは九分の三）の上に抵当権を設定し、登記を行った。その後、抵当権が実行され、競落人であるYに本件不動産の所有権移転登記がされた。そこで、Xらは、本件抵当権設定契約はAX間の利益相反行為であり、Xらの持分については無効であるとして、Yに対して更正登記手続を求めた。一審はXらの請求認容。原審は、本件借財の目的が、Aの経営する飲食店の営業資金に充てるためとはいえ、その営業収益は生活資金としてXらの共同利益のために使われるものであること等を理由に、利益相反行為とはいえないとして一審取消し。Xら上告。

裁判所の見解　親権者が子の法定代理人として、子の名において金員を借り受け、その債務につき子の所有不動産の上に抵当権を設定することは、仮に借受金を親権者自身の用途に充当する意図であっても、そのような意図のあることのみでは八二六条の利益相反行為とはいえないが、親権者自身が金員を借り受けるにあたり、右債務につき子の所有不動産の上に抵当権を設定することは、仮に右借受金を子の養育費に充当する意図であったとしても、利益相反行為に当たる。

解説　親権者と子との間で利益が相反する場合には、子の利益が害される可能性があるため、親権者は特別代理人の選任を家庭裁判所に請求しなければならない（八二六条）。利益相反行為に当たるか否かについて、判例（76判決）・通説は、行為自体ないし行為の外形から判断すべきとする（外形説）。利益相反行為には、親権者と子が当事者となる行為のみならず、第三者と子との間の法律行為も含まれると解されており（判例）、外形説は、これを前提に取引の安全を重視する考え方である。これに対し、実質説も有力に主張されている。実質説は、未成年者の利益保護を重視し、親権者の意図、動機、行為の結果等の具体的事情に照らして実質的に判断すべきとする立場である。この立場では、例えば、親権者が法定代理人として子の名義で借金し、子の不動産に抵当権を設定した場合でも、親権者が借入金を自己のために使う目的であれば利益相反行為に当たり、親権者が自己名義で借金し、子の不動産に抵当権を設定しても、子の養育費に充てる目的であれば、利益相反行為には当たらない。しかし、本判決は、大審院の立場を踏襲し、最高裁として初めて外形説の立場を明確にしたものとして意義を有する。

親権者の代理権濫用

78 最1判平成4・12・10民集四六巻九号二七二七頁

関連条文　九三条ただし書・八二六条

親権者が子を代理して、子の所有する不動産を第三者の債務の担保に供する行為は、代理権の濫用に当たるか。

事実　未成年者Xの母Aは、親権者としてXを代理し、Y信用保証協会との間で、X所有の本件土地（Xの父死亡により相続取得）につき、YがB社（Xの叔父が経営する会社）に対して保証委託取引に基づき取得する債権を担保するため、根抵当権設定契約を締結した。なお、Yは本件根抵当権設定当時、借受金の使途はBの事業資金であってXの利益のために使用されるものではないことを知っていた。成年に達したXは、本件根抵当権設定契約は法定代理権の濫用に当たり無効であるとして、Yに対し、根抵当権設定登記抹消手続を求めた。一審はXの請求棄却。原審は親権濫用に当たるとして、九三条ただし書を類推適用してXの請求認容。Y上告。

裁判所の見解　親権者が子を代理する権限を濫用して法律行為をした場合、その行為の相手方が濫用の事実を知り、または知ることができたときは、九三条ただし書の類推適用により、その行為の効果は子には及ばない。しかし、親権者の代理行為は利益相反行為に当たらない限り、それをするか否かは親権者が諸般の事情を考慮してする広範な裁量に委ねられている。そして、親権者が子を代理して子の所有する不動産を第三者の債務の担保に供する行為は、利益相反行為に当たらないものであるから、それが子の利益を無視して自己または第三者の利益を図ることのみを目的としてされるなど、親権者に子を代理する権限を授与した法の趣旨に著しく反すると認められる特段の事情が存しない限り、親権者による代理権の濫用に当たると解することはできない。

解説　八二六条の利益相反行為に当たるか否かの判断基準について、判例（76判決）・通説は行為の外形から判断すべきとする（外形説）。本判決も従来の外形説を踏襲し、親権者が子を代理して、子の所有不動産を第三者の債務の担保に供する行為は利益相反行為に当たらないとした。しかし、本判決は、利益相反行為に当たらないとしても、親権者が法定代理権を濫用した場合には九三条ただし書を類推適用し、未成年者を保護するとの法理を採用した。この代理権濫用法理（九三条ただし書類推適用）は、法人の代表機関や任意代理人等の場合につきすでに判例上、確立し（最1判昭和42・4・20民集二一巻三号六九七頁等）、学説でも有力に主張されていたが、本判決は、法定代理人である親権者の権限濫用の場合にも同様の法理を採用することを明らかにした点に意義がある。ただし、本判決では、「親権者に子を代理する権限を授与した法の趣旨に著しく反すると認められる特段の事情」を要件として付加しており、濫用の基準は厳格である。

相続放棄と後見人の利益相反

79 最2判昭和53・2・24民集三二巻一号九八頁

共同相続人の一人である後見人が、他の共同相続人である被後見人を代理してする相続放棄は利益相反行為に当たるか。

事実 被相続人Aの相続人は、亡先妻との間のBCを含む七人の子（いずれも成年者）と亡後妻との間のX_1～X_4（いずれも未成年者）の計一一名であった。A死亡後、長男Bが、病弱の二男と未成年者Xらの面倒をみる代わりに、B以外の共同相続人全員が相続放棄をすることになった。そのため、共同相続人の一人である三男CがXらの後見人となり、Xらを代理して相続放棄の手続を行った。その後、Aの全遺産を相続したBが死亡し、その妻YがBの財産を単独相続した。しかし、YはXらの世話を満足にみず、傍目には、虐待しているようにみえるなど不和が生じたことから、XらがYに対して相続回復請求の訴えを提起した。一審はXらの請求棄却。原審は、後見人がその共同相続人である被後見人を代理してする相続放棄は、自己および被後見人全員について相続放棄をするときであっても、常に利益相反行為に当たり、Xら全員の追認がない限り無効であるとして、Xらの請求をほぼ認容。Y上告。

裁判所の見解 相続放棄をする者と相続分が増加する者とは利益相反関係にあり、また、八二六条（八六〇条）は一〇八条とは異なり、相手方のある行為に限定されないため、相続放棄も利益相反行為に当たる余地がある。しかし、共同相続人の一人が他の共同相続人の全部または一部の者を後見している場合において、後見人が被後見人を代理してする相続放棄は、必ずしも常に利益相反行為に当たるとはいえず、後見人がまず自らの相続の放棄をした後に被後見人全員を代理して相続放棄をしたときはもとより、同時にされたときもまた、その行為の客観的性質からみて、利益相反行為に当たらない。

関連条文　八六〇条・八二六条・九三八条

解説 本判決の意義は、第一に、相続放棄が相手方のない単独行為であることを理由に利益相反行為とはいえないとしていた判例（大判明治44・7・10民録一七輯四六八頁〔親権者のケース〕）を変更し、相続放棄も利益相反行為になりうると判示した点である。第二に、相続放棄が必ずしも常に利益相反行為に当たるとはいえず、共同相続人の一人である後見人が、まず、自らの相続放棄をした後（先行放棄）はもとより、自らの相続放棄と同時に、被後見人全員を代理して相続放棄をした場合（同時放棄）には、行為の客観的性質からみて、利益相反行為には当たらないと判示した点である。これに対して、学説からは、「行為の客観的性質からみて」という理由が必ずしも明確ではないとの批判や、先行放棄や同時放棄の場合でも利益相反行為の可能性があることから、相続放棄の場合にも、特別代理人を選任すべきとの見解が主張されている。

任意後見と法定後見の重複

80 大阪高決平成14・6・5家月五四巻一一号五四頁

任意後見契約が存在する場合でも、家庭裁判所は保佐開始の審判をすることができるか。

事　実　高齢となり認知症の症状も出てきたＡＢ夫婦の間には、長男Ｘと二男Ｙがいた。当初、ＡＢ夫婦の不動産や預貯金の管理はＹが行っていたが、その後、Ｘが家庭裁判所に対してＡＢについての保佐開始の審判を申し立て、その際、保佐人としてはＸが適任である旨を述べた。他方、その審判が下るまでの間に、ＹとＡＢは、ＡＢを任意後見委任者とし、Ｙを任意後見人受任者とする任意後見契約を締結し、この契約は登記された。しかし、その後、保佐開始の審判が下され、弁護士Ｃが保佐人に選任された。これに対して、Ｙは、任意後見契約が締結されているにもかかわらず、特段の理由を示さないで保佐を開始した原審判は違法であるとして、抗告した。

裁判所の見解　任意後見契約が登記されている場合には、「本人の利益のため特に必要がある」と認めるときに限り、保佐開始の審判をすることができる（任意後見一〇条一項・四条二項）。ここでいう「本人の利益のため特に必要がある」というのは、諸事情に照らし、任意後見契約所定の代理権の範囲が不十分である、合意された任意後見人の報酬額があまりにも高額である、任意後見契約法四条一項三号ロ・ハ所定の任意後見を妨げる事由がある等、任意後見契約によることが本人保護に欠ける結果となる場合を意味する（原審はこの点を審理していないので、原審判を取り消し差し戻した）。

解　説　任意後見と法定後見との関係については、本人の自己決定を尊重する趣旨から、原則において任意後見が優先する。したがって、任意後見契約が登記されている場合、本人について法定後見開始の申立がなされても、家庭裁判所は原則としてその申立を却下する。ただし、例外的に、「本人の利益のため特に必要がある」ときは、法定後見開始の審判をすることができる。仮にこの必要性が認められた場合、①すでに任意後見契約の効力が発生しているときは（任意後見監督人選任後）、任意後見契約は当然に終了するが（任意後見一〇条三項）、②任意後見契約の効力が発生していないときは（任意後見監督人選任前）、既存の任意後見契約はなお存続する（同一〇条三項の反対解釈）。②において、その後、任意後見監督人選任の申立がなされた場合も、原則において任意後見が優先され、「本人の利益のため特に必要である」ときを除き、家庭裁判所は任意後見監督人を選任して法定後見の開始の審判を取り消す（同四条一項二号・二項）。なお、本件におけるように、任意後見契約が、法定後見開始の申立に対する対抗措置として締結されている場合は、任意後見契約における本人の意思能力の有無にも留意する必要がある。

関連条文　任意後見一〇条一項

本人が代理権付与に同意しない場合の保佐開始

81 大阪高決平成18・7・28家月五九巻四号一一一頁

関連条文 一一条・一三条一項

代理権を有しない保佐人を選任する必要性があるか。

事実 本人A男（昭和四九年生）は、統合失調症の慢性期にあり、傷害事件を起こすなど社会的逸脱行為を繰り返し、金銭に関する判断力は低下している。Aには、五一六万円余の預金と月額九万円余の障害年金があるが、衝動的に浪費することがある。Aの母Xは、Aについての保佐開始の審判を申し立てた。なお、Xを含めてAの家族は、Aを敬遠しており、保佐人候補者になることを拒否している。原審は、Aが代理権付与を拒否している本件では保佐人を選任しても本人による出費の予防や抑止の効果は期待できないこと、むしろXの申立の真意がAに社会的・心理的制裁を加えることにあることなどから、本件申立は本来の保佐制度の目的に適合せず、申立権の濫用であるとして、Xの申立を却下した。Xが抗告。

裁判所の見解 本人Aは、自己の財産を管理処分するには常に援助が必要であることから、一一条の「精神上の障害により事理を弁識する能力が著しく不十分である者」に該当する。本人は財産として預金ならびに年金を有するところ、たとえ保佐人に対する代理権授与について本人の同意が得られなくとも、保佐が開始されれば、預金の払戻しは、元本の領収として保佐人の同意を要する行為となるから（一三条一項一号）、保佐の開始は、本人の衝動的な浪費を防止し、本人の保護に資する有効な手立てになる。Xが、保佐人に対し、本人と親族の間をとりもつなど保佐人本来の役割を超えるものを期待しているとしても、上記のような必要性がある以上、申立権の濫用とまで判断すべきではない。本件では、C弁護士を本人の保佐人に選任することとする。

解説 保佐人に代理権を付与するためには、本人以外の申立による場合は、本人の同意が必要である（八七六条の四第二項）。被保佐人は、判断能力が著しく不十分であるとはいえ、意思能力は有するからである。したがって、本人の同意が得られない場合は、保佐人は同意権・取消権のみを有することになる。このような代理権を有しない保佐人を選任することの必要性の判断については、本人の財産の多寡や親族が事実上保護を行っていることなどの事情も考慮すべきとの見解もある（東京高決平成3・5・31家月四四巻九号六九頁）。しかし、立法担当者は、事理を弁識する能力が著しく不十分であると認定される以上は、同意権付与の必要性があると考えられるので、代理権付与による保護の必要性について別途審査を要することなく、保佐開始の審判をすべきとする（保佐開始の審判の義務性）。新制度においては、本人の財産管理のみならず、身上配慮も保佐人の重要な職務であり（八七六条の五第一項）、代理権を有しない保佐人を選任する意義は小さくない。

別居中の監護費用の請求

82 最2判平成19・3・30家月五九巻七号一二〇頁

別居中の監護費用の分担を離婚の訴えに付帯して申し立てることができるか。

事実　妻Xと夫Yは、平成一二年一〇月二日に婚姻の届出をしたが、平成一三年七月一六日から別居している。Xは、同年一〇月三日にYとの子であるAを出産し、単独でその監護をしている。Xは、本訴としてYに対し離婚を請求するとともに、平成一四年一〇月からAが成年に達する日の属する月までの間のAの監護費用の分担の申立などをした。一審は、離婚請求を認容し、Aの親権者をXと定め、Yの支払うべき監護費用分担額につき、Aの出生後の未払分一五〇万円とAが成年に達するまで、月額八万円と定め、これらの支払を命じた。Yが控訴。原審は、過去の監護費用について却下し、離婚判決確定の日から毎月八万円の支払を命じた。Xが上告。

裁判所の見解　離婚の訴えにおいて、別居後単独で子の監護にあたっている当事者から他方の当事者に対し、別居後離婚までの期間における子の監護費用の支払を求める旨の申立てがあった場合には、七七一条・七六六条一項が類推適用されるものと解するのが相当である。そうすると、当該申立は、人事訴訟法三二条一項所定の子の監護に関する処分を求める申立として適法なものであるということができるから、裁判所は、離婚請求を認容する際には、当該申立の当否について審理判断しなければならない。

関連条文　七七一条・七六六条、人訴三二条

解説　婚姻中の子の監護費用は通常、夫婦の「婚姻費用」の問題（七六六条）として処理されるが、本件では、離婚訴訟の中で、過去の子の監護費用の問題として申し立てられていた。子自身も扶養請求できるが（七六六条一項・三項）、未成年者のため法定代理人が行わなければならない。監護費用として請求する場合には、監護者自身が自らの権利として請求でき、かつ離婚訴訟に付帯して請求できる。本判決は、七七一条・七六六条を類推適用して、婚姻中の過去の子の監護費用を認め、離婚訴訟においてもこの申立は人事訴訟法三二条一項所定の子の監護に関する処分に必要な事項として、父母の離婚後の子の監護費用と過去の費用をあわせて一回的に解決することで、より子の保護が図られたところに意味がある。

また算出の根拠をどこに求めるかについては、本件では、子のみの監護費用のみの請求であったため、算出の考え方が異なる婚姻費用分担ではなく、離婚後の子の監護費用の算出方法に依拠したものといえる。

なお、人事訴訟法の改正により当事者の収入の把握や養育費の算定など、家裁調査官が調査できるようになり、実行性が高まった。

自然血縁関係にない子の監護費用の分担請求と権利濫用

83 最2判平成23・3・18家月六三巻九号五八頁

関連条文　一条三項・七六六条、人訴三二条

自然血縁関係にない子の監護費用を、離婚後子の監護費用として妻が夫に請求することは認められるか。

事実

夫Xと妻Yは、平成三年に婚姻し、Yは、Xとの間にB（平成三年生）と三男（平成一一年生）、平成九年頃X以外の男性との間に二男A（平成一〇年生）を出産した。XとAには自然血縁関係はなく、Yはそのことを平成一〇年〇月頃までには知ったが、Xにそれを告げなかった。Xが、平成一七年四月にAとの間に自然血縁関係がないことを知り、出訴期間を経過していたため同年七月に親子関係不存在確認の訴え等を提起したが、Aの懐胎時XYは事実上の離婚状態ではなかったことから、同訴えを却下する判決が言い渡され、確定した。XとYとの関係は平成一六年頃に破綻し別居している。Xは、同年九月に離婚、財産分与、慰謝料を求める訴えを提起し、Yは、離婚、子の親権者をYと指定すること、養育費の支払、財産分与、年金分割、慰謝料等の反訴を提起した。一審、原審において、Aを含む養育費の支払が命じられたため、Xが上告。

裁判所の見解

Xは、Aにつき、七七七条所定の出訴期間内に嫡出否認の訴えを提起することができず、親子関係不存在確認の訴えは、却下され、もはやXがAとの親子関係を否定する法的手段は残されていない。XはこれまでにAの養育・監護のための費用を十分に分担してきており、離婚後もAの監護費用を分担させることは、過大な負担を課するものというべきである。Yは、相当多額の財産分与を受けることになり、Aの監護費用をもっぱらYに分担させたとしても、子の福祉に反するとはいえない。以上、総合考慮すると、YのXに対し離婚後のAの監護費用の分担を求めることは、権利の濫用に当たる。

解説

本件は、法的親子関係が否定できず、しかし自然血縁関係がない父子関係において、父母の離婚後、母が父に対して行った子の監護費用の請求を権利濫用の法理に従い否定する旨の判断をしたものである。しかしながら、法的親子関係がある以上、子自ら扶養請求をした場合、この請求を否定する法的根拠は見出し難く、養育費は、親の子に対する扶養義務を前提として親の扶養能力に応じて分担するものである。自然的血縁関係がないことを理由に監護費用の分担を否定した本件には批判も多い。これに対し、親子不存在の審判がされた後に、すでに支払った子の養育費を夫が妻に不当利得であるとして返還請求した事案では、夫が「親子関係」に基づき行った費用であり不当利得に当たらないとの判断がされている（東京高判平成21・12・21判時二一〇〇号四三頁）。

成年子の高等教育費と親の扶養義務

84　東京高決平成12・12・5家月五三巻五号一八七頁

関連条文　八七七条・八七九条

大学に進学し成年に達した後も、父母に学費等を扶養料として請求できるのか。

事　実　X（昭和五四年四月生）の父Yと母Aは、平成七年三月に判決により離婚し、AがXとXの妹Bの親権者となった。Aは、XとBの養育費分担の調停を申し立てそれぞれが満一八歳になるまでYが支払う旨の合意がされ、Xの分については履行済みである。その後、Xが四年制の私立大学に進学したため、Aは再度Yに対して学費・生活費について養育費分担を申し立て、Yに養育費の支払が命じられたが、これも履行済みであるが、Xは、成年到達後大学卒業までの生活費と授業料を求めて扶養の申立をした。Xは、一人暮らしを始めたが、奨学金を受給せず、アルバイトもせずAが就学費用を負担している。他方、Yは、再婚し、妻とその子と生活し、その生活状態、経済状態に変化はない。

原審は、親の子に対する扶養は、原則として未成年者である間に留まり、病気等で自活能力がないなど特段事情がない限り、親は成人後の子の養育費を負担しないとした。Xが抗告。

裁判所の見解　子が四年制大学に進学している場合、その学費・生活費に不足を生ずることがありうるのはやむをえない。このような場合、子の卒業すべき年齢までの不足額の調達をどのようにするかは、その不足する額、不足するに至った経緯、受けることができる奨学金の種類・金額等、アルバイトによる収入の有無、見込み、その金額等、奨学団体以外からその学費の貸与を受ける可能性の有無、親の資力、親の当該子の四年制大学進学に関する意向その他の当該子の学業継続に関連する諸般の事情を考慮して論ずるべきものであって、その子が成人に達し、かつ健康であることの一事をもってただちに、その子が要扶養状態にないと断定することは相当でない。

解　説　通説は、親は未成年子に対して、自己の生活と同程度の扶養義務を負うのに対し（生活保持義務）、成年者間での扶養義務は、権利者が要扶養状態にあり、義務者に扶養能力がある場合に最低限の扶養義務を負うとする（生活扶助義務）。本決定は、アルバイト等による調達可能等の扶養権利者の「自助」と親の資力、意向等を同列に考慮し、大学在学中の成年子の生活費と高等教育費についても親に扶養義務があると判断しており、生活扶助義務より高い義務を親に課している。成年子の自助を本件より強調し、権利の発生の基準をより厳格に判断する決定例もある（東京高決平成22・7・30家月六三巻二号一四五頁）。

老親の老人ホームでの生活費用と子の扶養能力

85 新潟家審平成18・11・15家月五九巻九号二八頁

関連条文 八七七条

住宅ローンを負担する扶養義務者が老親の老人ホームの入居費用につき扶養義務を負うか。

事実

Aには、子XYBがいる。Aは、有料老人ホームCと入居契約を締結した。入居一時金二七〇万円と月々の諸経費を支払う必要があり、入居一時金は、Xが一八〇万円、Bが九〇万円を負担している。Aの月々の諸経費は、約一七万円で、Aの年金をもとに支払える額（毎月一〇万円）を超えており、未払分が五八万円余となっている。Xは、年金生活者で、平成一七年中に年約三〇〇万円受給し、亡父が所有していた不動産をAとともに相続し、その後Aからその持分の贈与を受けている。Yは、同年中に八八〇万円余の給与等を得ているが、妻は障害者等級二級で、治療費等がかかる状況の中、住宅ローンに毎月約一五万円を返済している。Bは、同年中に約八七〇万円の給与を得ているが、高校生と小学生の息子がいる。Xが、Yに対して、入居一時金の分担九〇万円と月額の三万五〇〇〇円の負担を求めた。

裁判所の見解

XYBは、Aの本件老人ホームでの生活に異議がない以上、Aが同所で生活を送る上で必要となる生活費を応分で負担するのが望ましい。

子の老親に対する扶養義務は、生活扶助義務である。総務省統計局の家計調査年報平成一六年《家計収支編》第一四表（住宅ローン返済世帯）世帯主の年齢階級・年間収入五分位階級一世帯当たり平均一ヶ月間の収入と支出と比較すると、住宅ローンの返済額と医療費の支出は多いが、世帯人員および扶養家族が少ないから、Yには相応の扶養能力を認めるのが相当である。

解説

老親に対する子の扶養義務は、生活扶助義務であり、自らの社会的身分にふさわしい生活を維持してなお余力（扶養能力）がある限りにおいて負う義務である。

住宅ローンを組む際に、収入や配偶者・子の有無は考慮されても老親に対する将来の扶養は通常考慮されない。本審判では、老人ホームの入居費用等を扶養権利者の収入等でまかなえない場合にその不足額を複数の扶養義務者が扶養能力に応じて負担すること、さらに、扶養義務者が住宅ローン等を負担していたとしても「総務省統計局家計調査年報」という客観的データに従い、右年報の同程度の経済状況にある世帯と比較して、扶養義務者Yの扶養能力を判断し扶養能力を肯定した。

なお、本審判は、扶養義務者が老親の老人ホームでの生活に異議を述べなかったことから義務者に応分負担をさせてもよいと判断しているが、扶養義務は扶養義務者の意思とは関係なく負担する義務であり、老人ホームの入居費用が通常の範囲を超えているのであればこの費用負担は扶養の範疇を超えている。

兄弟姉妹間での過去の扶養料の求償

86 東京高決昭和61・9・10判時一二一〇号五六頁

過去の扶養料を求償できるか。

事実　AX_1X_2Yは兄弟姉妹である。X_1X_2は、昭和三六年七月から同五五年一月までAのために国民年金の掛金を各二分の一を負担している。Aは長期入院を繰り返しており、この間医療費のうち自己負担分の費用、入院雑費等もほぼX_1X_2が各二分の一を負担している。さらに、X_1は入院中のAのために衣類等も負担している。同五七年七月にX_1は、X_2およびYを相手方として、Aの扶養料の分担を申し立てた。原審は、その調停申立より五年遡った昭和五二年六月以降分の扶養料のYの負担部分について、XらからYに対する求償を認めた。Yは、審判手続において扶養料の求償ができるのは、請求時以降の分に限られるべきとして抗告した。

裁判所の見解　要扶養者の扶養料のうち本来他の扶養義務者が負担すべき額を現実に支出した扶養義務者は、その扶養料を負担すべき扶養義務者に対しこれを求償することができ、この求償請求に関し審判の申立があった場合どの程度遡って求償を認めるかは、家庭裁判所が関係当事者間の負担の衡平を図る見地から扶養の期間、程度、各当事者の出費額、資力等の事情を考慮して定めることができる。

関連条文　八七八条・八七九条

解説　扶養は要扶養者の現実の生活を維持するための経済的給付だから、扶養請求権は時の経過とともに目的を失い、順次消滅していくものであり、過去の扶養料を事後的に請求することは、扶養の性質上ありえないことである（絶対的定期性）。しかし、この原則を貫くことは、①扶養権利者が最低生活を下回る生活をしていても過去の扶養料の請求ができない、②複数の扶養義務者の一人が先行して権利者の需要を満たした場合に、他の義務者に求償することもできないという問題が起こる。本件は、②の問題につき、家庭裁判所が当事者の衡平の観点から、遡及的に、扶養義務者間での求償請求を認める旨の判断をした事例である。では、いつまで遡って求償請求をできるかは、絶対的定期性を肯定する①請求可能時説、②認識可能時説、それを否定する③対抗要件具備時説、④扶養義務類型説、⑤短期消滅時効説に学説は分かれるが、本決定は、いずれかではなく家庭裁判所が諸事情を考慮して定めるとした。

扶養義務者間での過去の扶養料の求償と管轄

87 最2判昭和42・2・17民集二一巻一号一三三頁

関連条文 八七八条・八七九条

扶養義務者間で過去の扶養料の求償請求をする場合の管轄権が通常裁判所にあるか。

事実 Xと夫Yは、事実上の夫婦となり、昭和二七年に長男Aをもうけ、同三〇年に婚姻届とYのAに対する認知届がされたが、その七ヶ月後に協議離婚をした。Xは、Aを連れて実家に帰り、工場で就労したが、その収入は自身を養う程度であったため、Xの父BがAのために必要な費用を支出してきた。Xは、再婚し、AはBの下で事実上の扶養を受けている。

Xは、Aの養育費として（BがXに代わって）Yが負担すべきものを立て替えたとして、その返還請求を提起したが、一審は棄却した。原審は、Aに対する扶養を家庭裁判所の審判で定めていなくても、Yは三分の二、Xが三分の一で負担するのが相当であり、YはXに対して三分の二の限度で償還義務があるとした。Yが上告。

裁判所の見解 八七八条・八七九条によれば、扶養義務者が複数である場合に各人の扶養義務の分担の割合は、協議が調わない限り、家庭裁判所が審判によって定めるべきである。扶養義務者の一人のみが扶養権利者を扶養してきた場合に、過去の扶養料を他の扶養義務者に求償する場合においても同様であって、各自の分担額は、協議が調わない限り、家庭裁判所が、各自の資力その他一切の事情を考慮して審判で決定すべきであって、通常裁判所が裁判手続で判定すべきではない。

解説 民法上、一定の親族関係にある者の間（八七七条一項。二〇一一年の家事事件手続法の改正により、八七七条二項の扶養は、当事者間の調停を経ることなく家庭裁判所が義務の設定をすることが明確に示された〔家事別表第一第八四項・八五項〕）の扶養は、その順位、方法・程度について当事者の協議が調わない場合には、家庭裁判所が審判で定めるとする（八七八条・八七九条）。しかしながら、複数の扶養義務者の一人が先行して扶養義務を履行した場合に、他の扶養義務者に対して、家庭裁判所の審判を経ずに、不当利得等を根拠として、通常裁判所に訴えることができるかが問題となる。本判決は、扶養の権利義務は、当事者の協議、（調停）審判によって初めて具体的権利義務が確定するという通説的理解に従い、扶養義務者間の求償の場面でも通常裁判所の判決手続によるべきではないとの判断をしたものである。これに対して、扶養義務者ではない者が不当利得に基づく請求を通常裁判所にした場合には、この請求は認められている（神戸地判昭和56・4・28家月三四巻九号九三頁）。

氏名の法的性質

88 最3判昭和63・2・16民集四二巻二号二七頁

関連条文 七〇九条・七一〇条

氏名の法的性質は何か。

事実 X（在日韓国人）の氏名「崔昌華」が、昭和五〇年九月一日と二日、Y（日本放送協会）によりテレビニュース番組において、民族語読みによれば「チォエ・チャン・ホア」であるのに、Xの意思に反して、日本語読みによって「サイ・ショウ・カ」と呼称された。これに対し、Xは、氏名は個人の人格と民族主体性の象徴であり、外国人は、その属している母国語音で呼ばれるべきであるから、Xの氏名を日本語音読みで呼んだことは基本的人権としての人格権を侵害するものであるとして、謝罪広告および損害賠償の支払等を請求した。一審、原審ともにXの請求を棄却。Xが上告。

裁判所の見解 氏名は、社会的にみれば、個人を他人から識別し特定する機能を有するのと同時に、その個人からみれば、人が個人として尊重される基礎であり、その個人の人格の象徴であって、人格権の一内容を構成するものというべきであるから、人は、他人からその氏名を正確に呼称されることについて、不法行為法上の保護を受けうる人格的な利益を有する。しかし、氏名を正確に呼称される利益は、氏名を他人に冒用されない権利・利益と異なり、その性質上不法行為法上の利益として必ずしも十分に強固なものとはいえないから、不正確に呼称した行為であっても、当該個人の明示的な意思に反して殊更に不正確な呼称をしたか、または害意を持って不正確な呼称をした等の特段の事情がない限り、違法性のない行為として容認される。

解説 氏は出生により定まり、婚姻・離婚・縁組・離縁等によって変動する。名は氏と結合して個人を識別し、その同一性を示す個人の呼称であり、命名によって定まる。氏名は個人の同一性を示す個人の呼称であると同時に、個人の人格を象徴するものであるから、人格権の一つ（氏名権）として保護されるとして、古くから学説および下級審裁判例において承認されてきた。本最判が初めてこれを明示したものである。すなわち、氏名の有する個人の識別・特定機能、個人尊重の基礎、個人人格の象徴の各属性のゆえに、氏名権が人格権の一つとされることを認めたものである。氏名権が具体的に問題となるのは、氏名の冒用や夫婦同氏の強制（七五〇条）などである。本件は氏名の正確な呼称が問題とされた点で特徴があり、最高裁は氏名を正確に呼称される利益を認めるものの、氏名を冒用されない権利・利益ほど強固でないため、日本語読みによるとの慣用的方法で呼称することもできるとした。慣用的方法自体は変容するから、過渡的な判断といえる。

婚外子の氏の変更

89 大阪高決平成9・4・25家月四九巻九号一一六頁

重婚的内縁において生まれた婚外子の氏の変更を許可するに際してどのような要素が考慮されるのか。

事実 A男は、B女と平成元年頃から同居を始めた。Aには、妻Cと二人の子（本件申立時に二九歳の女子と二六歳の男子）がある。平成三年にBは、Aの子である申立人Xを産んだ。その一〇日ほど後にAはXを認知し、親権者となった。Xは、AとBとともに生活し、戸籍上は母の氏甲であるが、通称として父の氏乙を使用してきた。通称と戸籍上の氏が異なることで不便が生じるので、Xが小学校に入学するのを機会に、Aの戸籍にXを入籍させるため、Xの氏を乙に変更する申立を行った。この申立に、その当時Aと離婚訴訟で争っていた妻Cは反対した。原審は、Xの申立を却下した。

裁判所の見解 AとCの別居の原因がAの不貞行為にあり、Cの反対が単なる主観的感情に基づくものではないとしても、AとCの関係が修復される可能性が期待できず、AとBとXの共同生活関係がさらに定着することが推認される。また、AとCの離婚が早晩決着する見込みが乏しく、本件申立を認容しても、離婚訴訟などに影響を与える可能性も大きくない。そのため、子の福祉、利益を尊重する観点から、Xの氏をAの氏に変更することを許可するのが相当である。

解説 婚外子Xは、原則として母の氏を称し（七九〇条二項）、七九一条により家庭裁判所の許可を得て、父の氏を称する。その際には、同氏同戸籍の原則（戸六条）から、本件でのXの氏の変更により、XはAの戸籍、つまりAの妻Cとその子と同じ戸籍に入る。七九一条による子の氏の変更は民法上の氏の変更であり、戸籍法一〇七条による氏の変更（90決定）とは異なる。これら氏の変更についての許可は、当事者が対立して争う性質の事件ではないとして、ともに家事事件手続法別表第一に分類されている。そして、重婚的内縁において生まれた子の氏の変更の許可では、一方では申立人である子の利益を、他方では法律婚の家族の利益を考慮して判断されてきた。子の利益として、七九一条は申立人を子としていることから、氏の変更を求める子の意思を尊重しなければならない。それに対して、法律婚の家族の利益として、妻子の状況のみならず、父（夫）の態様も考慮されている。嫡出でない子と嫡出子の平等が進む中で、考慮要素のバランスは、変わっていく可能性がある。

事実婚の父母の間の子が父の氏に変更する場合には、法律婚の家族の利益を考慮する必要はない。母が親権者であり、兄の氏が父の氏に変更されていた事案に札幌高決平成20・1・11家月六〇巻一二号四二頁がある。あえて父の氏に変更する合理的な事情がないとして氏の変更を認めなかった原審を取り消した。

関連条文　七九一条

婚氏続称と氏の変更

90 大阪高決平成3・9・4判時一四〇九号七五頁

離婚後に続称した婚氏から、婚姻前の氏へ変更することができるか。

事実　Xは、昭和五十二年に婚姻し、昭和五十五年に離婚した時に婚氏続称の届出をした。しかし、離婚後に同居している父母と違う氏であることで不都合が生じたため、父母と同じとなる婚姻前の氏へ復氏する許可を、離婚から一〇年以上経過してから申し立てた。原審は、やむをえない事由（戸一〇七条）がないとして許可しなかった。

裁判所の見解　戸籍法一〇七条所定の氏の変更は、民法上の氏の変更をするものではなく、単に、名とともに個人を特定するための呼称上の氏を変更するに留まるものであって、七六七条二項に基づく戸籍法七七条の二の婚氏続称届をした場合も同様であり、離婚によって、民法上の氏は婚姻前の氏に復し、ただ、呼称上婚氏を続称することが許されるにすぎない。このような見地からは、離婚をして婚氏の続称を選択した者が、その後に婚姻前の氏への変更を求める場合に、戸籍法一〇七条所定の「やむを得ない事由」の存在を一般の場合ほど厳格に解する必要はない。

解説　婚姻によって氏を改めた者は、離婚によって婚姻前の氏に復する（七六七条一項）。これは、離婚という身分行為の効果により法律上当然に氏が婚氏（乙）から婚姻前の氏（甲）に民法上の氏が変更されることを意味する。離婚から三ヶ月以内に届け出ることによって婚氏（乙）を続称することとは（同条二項）、復氏した婚姻前の氏の「呼称」（甲）を、離婚時に称していた氏の呼称と同じ呼称（乙）に変えるものと実務では理解されている。さらに、続称する婚氏から婚姻前の氏に変更するには、戸籍法一〇七条一項により、再度、民法上の氏の呼称を（甲）へ変更することになる。民法上の氏の変更である子の氏の変更（89決定参照）とは異なり、呼称の変更という点で、婚氏続称も、その後の婚姻前の氏への変更も、内縁配偶者の氏の変更と同じ性質を有する。

戸籍法一〇七条一項の「やむを得ない事由」を、婚氏続称後に婚姻前の氏へ変更する場合には、他の場合と比較して緩やかに認めるのが判例の傾向とされる。日常生活の煩わしさを顧慮することなく婚氏続称を選択した軽率さ、離婚以来一〇年以上の日時の経過により婚氏がXの姓としてある程度社会生活上定着している点は、本決定では、指摘するに留めている。そのほかに、判例では、恣意的なものでないこと、社会的弊害が発生するおそれがないこと、続称した氏の社会的定着度、個人の意思の尊重などを判断要素に組み込んでいる。

関連条文　七六七条、戸一〇七条

性同一性障がい者の名の変更

91　大阪高決平成21・11・10家月六二巻八号七五頁

関連条文　戸一〇七条の二

性同一性障がいであることは名の変更において、どのように考慮されるのか。

事　実　申立人X（昭和三二年生）は、昭和五八年にA女と婚姻し、両者の間に子はない。Xは、平成一八年に病院で性同一性障がいである旨の確定診断を受けた。平成一九年から二一年にはホルモン治療を受け、平成一九年にはホルモンバランスのために精巣を摘出した。妻Aは、夫Xの性同一性障がいを理解しており、本件申立についても支援している。教員であるXは、性同一性障がいであることを校長、同僚、職員には説明したが、保護者にはしていない。Xは、名の変更の許可を受けてから女性名甲を使用しようと考えていたが、使用実績があった方がよいと原審において聞いたので、公共料金の請求先氏名などで甲という名を使用し始めた。しかし、原審は、Xが婚姻しており同性婚の外観を呈することと、使用実績から名の変更を許可しなかった。

裁判所の見解　戸籍法一〇七条の二の法意は公益と個人の利益の調和を図ることにあり、当該名の使用を強いることが社会観念上不当である場合にも名の変更を認める。本件でXは戸籍上の名を使用することに精神的苦痛を感じており、責めに帰すべき事由のないXがその苦痛を甘受するのは相当ではない。変更する名が女性の名であるとも断定できないから、名の変更によってただちに同性婚の外観を呈するといえるか疑問である上、戸籍上の性別が男性であることは変わりがなく、そのような外観を呈したことにより一般社会に影響を及ぼすとはいえない。

解　説　平成一六年に施行された性同一性障害者の性別の取扱いの特例に関する法律は、性別の変更のみを対象としている。そこに至る過程で、性同一性障がい者が自認する性別で生活するために名を変更することは、一般的な戸籍法一〇七条の二による名の変更として特例法の施行前から認められていた。長年の使用実績は認められない本件では、名の変更が許可される正当な事由として、性同一性障がいの当事者に自認する性別と一致しない名の使用を強いることの不当性を考慮して、原審を取り消し、Xの名の変更を許可した。また、本件当事者が婚姻していることから同性婚の外観を呈するとして、原審は名の変更を許可しなかったが、本決定は考慮要素から外している。

婚姻しており、未成年の子がある当事者についても、高松高決平成22・10・12家月六三巻八号五八頁は、未成年の子らの福祉に悪影響が生ずる具体的なおそれがあるとは窺われないことから、性別変更の要件より緩和された要件の下で名の変更を認めた。

同居審判の合憲性

92 最大決昭和40・6・30民集一九巻四号一〇八九頁

関連条文　七五二条、家事三九条別表第二第一項、憲三二条・八二条

家庭裁判所の審判により同居義務を負担させることは合憲か。

事実　夫婦仲が悪化して実家に帰った妻Xは、夫Yと夫婦生活をやり直したいと思い、Y方に戻ることを希望したが、Yは離婚を主張し同居を拒んだので、XはYに対して同居を求める調停を申し立てた。不調のため審判に移行し、家裁はY方での同居を命ずる審判をした。Yは即時抗告をしたが、棄却された。そこでYは、原審判は対審公開の原則に反しており、憲法違反であるとして特別抗告をした。

裁判所の見解　法律上の実体的権利義務を確定するには、公開の法廷における対審および判決によるべきだが、本件審判は、同居義務の存在を前提として、同居の時期、場所、態様等について具体的内容を定める処分である。民法は右記の事項について基準を定めていないため、家庭裁判所が後見的な立場から、合目的的な見地に立って、裁量権を行使して具体的な内容を形成することが必要であり、本質的に非訟事件の裁判だから、公開・対審の判決手続による必要はない。審判確定後は、審判の形成的効力は争えないが、同居義務等自体については、公開の法廷における対審および判決を求める途が閉ざされているわけではないから、憲法八二条・三二条に抵触するものではない。

解説　家事審判は、非公開であり、対審（口頭弁論）ではないことから、憲法三二・八二条に違反しないかが争われた。最高裁は、①本件の同居命令のほか、②婚姻費用分担、③遺産分割、④推定相続人廃除、⑤寄与分の審判について、本件と同じ論理で合憲とする。すなわち、裁判をⓐ実体的権利義務（同居義務、婚姻費用分担義務、相続財産の範囲、相続権の有無など）の確定と、ⓑ権利義務を前提として具体的な内容を形成する処分に二分し、ⓑは非訟事件であり、具体的な同居命令等の審判がなされても、別途、同居義務等を訴訟手続で争うことができるから、審判手続は合憲だとする。

しかし、この論理では、当事者が同居義務不存在確認請求や同居請求を権利濫用として争う場合には、訴訟となり、義務の不存在や権利濫用の主張が認められたときには、同居命令審判が覆り、審判をした意味がなくなる。そこで個々の紛争の性質から、訴訟以外の手続で解決することに合理性があれば、合憲とする説がある。家事事件でも、夫婦の同居、離婚後の子の監護（面会交流、養育費の分担）等の場合、プライバシーの尊重や、任意の履行を促すためには、当事者の話合いを保障して合意による解決を目指すべきこと等を考慮すると、要件事実を定めて主張・立証を尽くし、証明責任で決着をつける訴訟手続よりも、非訟事件とすることに合理性がある。したがって、合憲と結論づけるのである。

相続回復請求の相手方

93 最大判昭53・12・20民集三二巻九号一六七四頁

関連条文 八八四条

共同相続人間の相続回復請求にも八八四条が適用されるか。

事実 Aが死亡してA所有の甲土地をXYなど数名が共同相続したが、Yは、Xらの同意を得ることなく、甲土地につき相続を原因とする単独名義の所有権移転登記をした。Xは、甲土地につきAから相続した自己の共有持分権に基づき、Yに対し、右記所有権移転登記の抹消を請求した。これに対し、Yは、Xの請求は相続回復請求権の行使に当たるところ、XがYの右記所有権移転登記の事実を知った時から五年を経過したため、八八四条によりXの請求権は時効消滅したと反論した。原審は、共同相続人が遺産分割の前提として相続財産につき他の共同相続人に対して共有関係の回復を求める請求は、共有持分権に基づく妨害排除請求であり、相続回復請求ではないから八八四条は適用されないとして、Xの持分に応じた更正登記手続を求める限度でXの請求を認めた。Yが上告。

裁判所の見解 共同相続人の一人が、相続財産のうち自己の本来の相続持分を超える部分について、当該部分の真正共同相続人の相続権を否定して自己の相続持分であると主張し、これを占有管理して真正共同相続人の相続権を侵害している場合も、八八四条の適用を否定すべき理由はない。しかし、自らが相続人でないこと（自己の相続持分を超えること）を知りながら、または、相続人である（自己の相続持分がある）と信ずべき合理的事由がないにもかかわらず、相続財産を占有管理して相続権を侵害している者は、相続回復請求制度の対象とならず、相続回復請求権の消滅時効を援用することができない。YはXの存在を知っており、右記合理的事由もないため、消滅時効の援用は認められない。

解説 共同相続人間で本件のような争いが起きた場合に八八四条を適用すると、Xの請求が認められない結果、共同相続人間における相続財産の公平な分配が実現されなくなる。そこで、共同相続人間で相続権が侵害された場合、八八四条は適用されないとも考えられる。しかし、本判決は、共同相続人間での相続権侵害にも八八四条が適用されるとし、その理由として、①Xの相続権に対するYの侵害は、Yの相続持分を超える部分に関する限り、非相続人がそれを侵害する場合と異ならないこと、②相続権の帰属をめぐる争いを早期に確定させる必要があるという八八四条の趣旨は、共同相続人間の争いにも当てはまることなどを挙げる。

以上によると、Yのような共同相続人でも、八八四条による消滅時効を援用してXの請求を否定できてしまう。そこで、本判決は、悪意者または合理的事由を有さない者は八八四条による消滅時効を援用しえないとした。これにより八八四条の適用範囲はかなり限定され、真正共同相続人の保護が図られた。

「善意かつ合理的事由の存在」の立証責任

94 最1判平成11・7・19民集五三巻六号一一三八頁

関連条文 八八四条

「善意かつ合理的事由の存在」は誰が立証責任を負うか。

事実　Aが死亡し、甲土地をXとYらが共同相続した。その後、土地区画整理事業の関係で甲土地につき職権で所有権保存登記がなされた際、共有持分権者たるXを脱漏し、Yらだけが共有持分を有する旨の登記がなされた。Yらは、甲土地を五〇〇〇万円余りで売却し、その代金を登記簿上の持分割合に応じてYらのみで分配した。Xは、このような売却・分配により自己の相続権を侵害されたとして、Yらに対し、不当利得の返還を求めた。これに対し、Yらは、A死亡後二〇年が経過したため、八八四条によりXの請求権は時効消滅したと反論した。原審は、右記登記の時点で、YらはXの相続権侵害部分がXの相続持分に属することを知っていたこと、または、侵害部分についてYらに相続持分があると信ずべき合理的事由がなかったことをそれぞれ認めるに足りる証拠がないとして、Yの反論を認めた。Xが上告。

裁判所の見解　93判決を前提として、相続回復請求権の消滅時効を援用しようとする者は、真正共同相続人の相続権を侵害している共同相続人が、相続権侵害の開始時点において、他に真正共同相続人がいることを知らず、かつ、これを知らなかったことにつき合理的事由があったこと（以下「善意かつ合理的事由の存在」という）を主張・立証しなければならない。

解説　93判決は、共同相続人間の相続権侵害にも八八四条が適用されるとした上で、自らが相続人でないこと（自己の相続持分を超えること）を知りながら、または、相続人である（自己の相続持分がある）と信ずべき合理的事由がないにもかかわらず、相続財産を占有管理して相続権を侵害している者は八八四条による消滅時効を援用しえないとした。これを受けて、本判決は、真正共同相続人（本件のX）の相続権を侵害している共同相続人（本件のYら）における「善意かつ合理的事由の存在」は、八八四条による消滅時効を援用しようとする者（本件のYら）に主張・立証責任があることを明らかにした。真正共同相続人Xがいることは一般にわかるはずだから、Yらは通常、悪意者または合理的事由を有さない者に当たり、消滅時効を援用できない（八八四条が適用されない）のが原則となるため、その例外に当たる事実はYらが主張・立証すべきだと解したといえる。

さらに本判決は、相続権侵害の開始時は上記登記時であり、その時点を基準として「善意かつ合理的事由の存在」の有無を判断するとした。しかし、上述のように共同相続人間の相続権侵害に八八四条が適用されるのは例外だとすると、この点をもっと厳格に解して八八四条の適用を一層狭める有力説もある。

第三取得者による相続回復請求権の消滅時効の援用

95 最3判平成7・12・5家月四八巻七号五二頁

関連条文　八八四条・一四五条

表見相続人からの転得者は八八四条による消滅時効を援用できるか。

事　実　Aが死亡してA所有の甲土地をBXなど数名が共同相続したが、Bは、Xら他の共同相続人に無断で遺産分割協議書を作成し、相続を原因とするB単独名義の所有権移転登記をした後、甲土地をYに譲渡した。Xは、甲土地につきAから相続した自己の共有持分権に基づき、Yに対し、XY各自の持分に応じた登記に改める旨の更正登記手続を請求した。これに対し、Yは、XがB単独名義の右記登記の事実を知った時から五年が経過したため、八八四条によりXの請求権は時効消滅したなどと反論した。

裁判所の見解　共同相続人間で相続権が侵害された場合も八八四条は適用されるが、自己の相続持分を超えることを知りながら（悪意）、または、自己の相続持分があると信ずべき合理的事由がないにもかかわらず、相続財産を占有管理して相続権を侵害している者は八八四条による消滅時効を援用することができない（93判決）。ここでいう悪意または合理的事由の存否は、相続財産を譲り受けた第三者がいるときでも、相続権を侵害した共同相続人について判断すべきである。したがって、Bが、本来の相続持分を超える部分がXなど他の共同相続人に属することを知っていたか、または上記部分を含めて自分が単独相続したと信ずるにつき合理的事由がないために、Xに対して相続回復請求権の消滅時効を援用しえない場合には、Bから甲土地を譲り受けたYも上記時効を援用することはできない。

解　説　93判決とは異なり、本件で八八四条による消滅時効を援用したのは、真正共同相続人（本件のX）の相続権を侵害した共同相続人（本件のB）ではなく、その共同相続人から相続財産中の個別財産を譲り受けた者（転得者＝本件のY）である点に特徴を有する。

93判決は、共同相続人間の相続権侵害にも八八四条が適用されるとしつつ、相続権を侵害した共同相続人が悪意者または合理的事由を有しない者である場合（ほとんどの事案はこれに該当するだろう）には同条による消滅時効を援用できないとして、同条の適用範囲をかなり限定した（93判決参照）。そうすると、仮に転得者が善意かつ合理的事由を有していても、共同相続人が悪意者または合理的事由を有しない者である限り、消滅時効の援用を認めないのが同条の適用範囲を限定した趣旨と整合する。そこで、本判決は、悪意または合理的事由の存否を、転得者Yではなく、相続権を侵害した共同相続人Bについて判断することにしたと解される。これによると、Bが消滅時効を援用しうる場合（94判決参照）はYも援用しうることになろう。

遺言書の方式を具備させる行為

96 最2判昭和56・4・3民集三五巻三号四三一頁

関連条文　八九一条五号

押印や訂正印を欠く自筆証書遺言について、被相続人の死後、相続人が押印して遺言書の方式を具備させる行為は相続欠格事由にあたるか。

事　実　妻Xは、被相続人である夫Aの自筆証書遺言書に押印や訂正印がなかったため、自ら押印し有効な遺言に変え、遺言検認手続を行った。しかし、その内容が自分に不利であることが判明したため、遺言無効の確認を訴えた。一審は遺言の無効を認めたところ、自らに有利な遺言を残された先妻の子Yが、Xの行為は相続欠格にあたり無効を求める資格がないと主張した。

裁判所の見解　遺言書の偽造・変造による相続欠格は、遺言に関し著しく不当な干渉行為をしたことの民事上の制裁であって、相続人がその方式を具備させることにより有効な遺言書として外形を作出する行為は、偽造または変造にあたるが、相続人が被相続人の意思を実現させるためにその法形式を整える趣旨で行為した場合は、相続欠格にはあたらない。

解　説　八九一条は、相続人に非行や不正があった場合に、相続権を当然に剥奪するという相続欠格事由を一号から五号に置いている。本件はその五号のうちの偽造・変造が問題となったものであり、本判決は、遺言に対し全ての偽造・変造が欠格にあたるわけではないと示したものである。

従来学説は、八九一条五号の欠格事由に該当するためには、遺言書であることを認識して偽造・変造・破棄・隠匿したことのほかに、相続上の利益を得るという認識を持ってなすという「二重の故意」が必要であると主張してきた。この説に従うと、Xの行為の意思が不当な利益を得るつもりがあったかを問うた上で、その効果を判断することになる。しかし本判決は、二重の故意には言及せず、被相続人の意思を実現させるためのものであるかを要件とし、欠格を否定した。これに対し、反対意見は、遺言者の意思を実現させるために行為したかどうかには関わりなく、相続による財産取得の秩序を乱し相続的協働関係を破壊する行為は、相続欠格にあたるとして、いわゆる二重の故意を不要とする立場を示している。

本号の根拠は、相続人と被相続人間の相続的協同関係の侵害に対する制裁か、あるいは他の共同相続人との関係で非行にあたるための制裁であろうか。本判決は前者の立場から、被相続人の意思を実現するためのものであれば欠格にはならないとしているが、学説は後者の立場から、結果的に他の相続人との間で本人に利得をもたらしたものかを総合的にみるべきとするものや、偽造・変造者の意思を問うまでもなく共同相続人の法益が害されると判断する説が主張されている。

遺言書を破棄・隠匿する行為と相続欠格

97 最3判平成9・1・28民集五一巻一号一八四頁

関連条文　八九一条五号

相続に関する不当な利益を目的としない遺言書の破棄隠匿行為は相続欠格事由に当たるか。

事実　被相続人Aの死亡後、多数の遺産を長男Yが取得し、Yが他の相続人Xらに金銭を支払う遺産分割協議が成立した。Aは生前、会社の債務のための土地の売却を含めYが全て相続する旨の遺言書を作成してYに預けていたが、遺産分割協議時Yは遺言を提出しえなかった。そこで共同相続人Xらが、Yが遺言書を破棄・隠匿したとして相続欠格を訴えた。一審はYによる故意の破棄・隠匿した事実を推認できないとし、原審は破棄・隠匿の事実の存否については判断せず、遺言がYに有利な内容であり欠格には当たらないとした。

裁判所の見解　「相続人が相続に関する被相続人の遺言書を破棄又は隠匿した場合において、相続人の右行為が相続に関して不当な利益を目的とするものでなかったときは、右相続人は、民法八九一条五号所定の相続欠格者には当たらない」。

解説　本判決は、八九一条五号の相続欠格の要件として、当該行為についての故意のほかに、相続に関して不当な利益を得る動機や目的を要するという「二重の故意」が必要であると最高裁で初めて明示したものである。

学説において「二重の故意」説が支持されるのは、八九一条各号に挙げられている欠格事由の程度の違いが理由にある。同条一号および二号が殺害やその告発の不作為という当該行為それ自体に強い違法性があるのと比べ、同条三号～五号の行為が常に相続人となる資格を失わせるものか否かは、他の相続人との関係や結果において相対的に異なってくる。そのため相続権を失わせる行為とはどの程度著しく不当なのかが問われなければならない。したがって、相続人欠格とされるためには、自己に有利になる、または不利になることを避ける動機ないし目的がさらに必要であると考えられるのである。

ただし、本件の特徴として次のことを指摘することができる。まず、本件では提示されなかった被相続人の遺言について、一審が証人の証言によりその内容を認定しているが、一般に、現に存在しない遺言と不当な利益を目的とするものではないとする当事者の主張の正当性がどのように判断されるかは疑問である。また、一審では破棄または隠匿した事実認定は留保されており、原審でもその存否は判断されず、Yが遺言書を故意に破棄・隠匿したか否かは不明である。第一の故意が存在しなければ、第二の故意は登場しようはずがない。本件は、実際遺言書の紛失ではあったが、それが破棄・隠匿したものではないというためには、そこに自らの利益になる故意がないことが必要とされた事例といえよう。

「重大な侮辱」と廃除原因

98 東京高決平成4・12・11判時一四四八号一三〇頁

関連条文 八九二条

暴力団員と婚姻し父の名で披露宴の招待状を出した娘を推定相続人から廃除できるか。

事実 被相続人X_1は数社の代表取締役・会長の職にある。妻X_2との間の娘Yは幼少の頃より問題行動を起こし、少女期に非行歴があり、その都度XらはYをスイスの寄宿学校へ入れたり戸塚ヨットスクールへ通わせたり情緒障害の通院治療を受けさせたりしていた。しかしYは家出を繰り返し、その後キャバレー勤めをして暴力団員A（後に脱退）との婚姻届を出した。そしてXらが反対する中、YがX_1の名で披露宴の招待状を出したことで、XらはYについて相続人廃除の申立を行った。原審はYが脳機能障害に由来する微細胞機能障害症候群の症状の可能性があったこと、非行の原因は家庭環境にも相当の問題があったこと等を理由にXらの申立を却下した。

裁判所の見解 Yの一連の行為によりXらが多大な精神的苦痛を受け、その名誉が毀損され、XらとYの家族的協同生活が全く破壊されるに至り、今後もその修復が著しく困難となっていることから、本件廃除の申立は理由がある。

解説 相続廃除の制度は、推定相続人による虐待や非行があった場合に、被相続人の意思でその者の遺留分を剥奪することを認めたものであるが、家庭裁判所がその廃除原因を客観的に評価したときに限り認められる。この場合の考慮要件の一つを本件は「家族的協同生活の破壊」とするが、それは、相続の根拠が、身分関係による信頼関係により生まれる家族的協同関係の維持にあるからであり、関係が破壊された以上、相続人の相続利益を保障する根拠は失われるからである。しかし、法が実親子関係の解消を認めていないところで、被相続人はしばしば親子関係の断絶を図る目的で、親側の立場から相続廃除請求を行うこともある。そこで、そのような私的制裁がまかり通らないためにも、その判断には裁判所による客観性が要求されるのである。

本件は、娘の元暴力団員との婚姻のみならず、披露宴の招待状に親の名を出したことが廃除請求の一つの理由となっている。被相続人である父X_1は、その財力が娘を通し暴力団へ流れることや、その関係性についての社会的影響を懸念したのかもしれない。しかし原審は、Y本人が最も苦しんだであろう幼少からの奇行・非行が、当時の研究では解明されていなかった学習障害という病からくる可能性があることを示唆し、その非行原因がXらの家庭環境にも存していたことを指摘し、訴えを却下している。学説でも本件の判断については議論の多いところであるが、単に婚姻反対を理由とした廃除認定の例としてよりも、廃除によりもたらされる親子関係、相続の効果の面からも検討が可能である。

生存配偶者の姻族関係終了と祭祀財産の承継

99 東京高判昭和62・10・8家月四〇巻三号四五頁

姻族関係を終了した妻に亡夫の遺骨の所有権が帰属するか。

関連条文 八九七条・七六九条・七二八条二項・七五一条

事実 Xの夫Aは、長男として甲家の家督を相続し祖先の祭祀を主宰してきたが死亡し、XがAの喪主として葬儀をとり行い、Aの焼骨は甲家の墓に収蔵された。しかしその後Xは甲家と折合いが悪くなったため、Xは姻族関係終了の意思表示をし、以後甲家の祭祀は甲家次男Yが主宰している。Xは新たに墳墓を建立し、Aの焼骨を改葬しようとしてYにAの焼骨の所有権に基づき妨害差止の請求をし、Yは祭祀主宰者である確認を求める反訴を提起した。

裁判所の見解 夫の死亡後生存配偶者が原始的にその祭祀を主宰することは、婚姻夫婦やその間の子をもって家族関係形成の一つの原初形態（核家族）としている民法の法意および近時のわが国の慣習である。亡夫の遺体ないし遺骨が祭祀財産に属するのは条理上当然であり、その祭祀を主宰する生存配偶者に原始的に帰属する。Xが姻族関係終了の意思表示をした後に甲家の墳墓からAの焼骨を引き取り改葬することも格別これを不当視すべきいわれはない。

解説 本件は、死亡した配偶者の遺骨は誰が所有するのか、遺骨は祭祀財産に含まれるのか、また、姻族関係終了により祭祀財産はどう承継されるのか、が問題となった。特に祭祀の承継において、一人の遺骨だけを別に帰属させることが争われた点で、先祖代々の家としての祭祀と核家族における祭祀の観念の違いが明らかになったものである。

現行八九七条は、祭祀承継を相続の対象から切り離しているが、明治民法は、祭祀財産の承継を家督相続人の特権とし、祖先祭祀が家存続の象徴であった。その感覚は現代でも一部の人々の間に残っているようであり、本件でYはあくまでもその家の長男の祭祀を甲家で主宰することを主張している。しかし本判決は、生存配偶者が亡配偶者の祭祀を原始的に主宰し、その遺骨の所有権は生存配偶者に原始的に帰属すると述べたのであり、その根拠を核家族という家族関係に置いた。遺骨が祭祀財産に属するかについては、学説は肯定しているが、誰に属すかについては、祭祀承継者か喪主かについて議論があったところである。また民法は、祭祀承継に関し、氏の同一性とともに、姻族関係終了後は、承継した祭祀財産の所有権を保持することができないと規定している（七六九条・七二八条二項・七五一条）。本件では甲家の祭祀はYが主宰することと協議で解決しているが、甲家の墓にいるAの祭祀についても、Xは主宰することができないのであろうか。これに関しては本判決が、生存配偶者が亡夫の祭祀を原始的に主宰することを認めているところからすれば、家の祭祀というより、配偶者の祭祀として捉えているようである。

相続と無権代理(1)：無権代理人が本人を単独相続した場合

100 最2判昭和40・6・18民集一九巻四号九八六頁

関連条文　一一三条・一一六条・八九六条

無権代理行為がなされた後、本人が死亡し無権代理人がこれを単独相続した場合、無権代理行為はどうなるか。

事実　Xは、父Aから代理権を与えられた事実はなかったにもかかわらず、Aの代理人と称して、Aの印鑑を無断で使用してAの所有する本件土地の売渡証書にAの名を記名押印をした上、Aに無断でA名義の委任状を作成してAの印鑑証明書の交付を受け、これらの書類を一括して訴外Bに交付し、本件土地を担保に他から金融を受ける旨の依頼をした。ところが、Bはこの書類を使用して、本件土地をY_1に売却し、昭和三三年八月一一日付でAからY_1への所有権移転登記をした。さらに同月一三日付でY_1からY_2への売買を原因とする所有権移転登記がなされた。その後、昭和三五年三月一九日にAが死亡し、Xら八名がAを相続しが、Xを除く他の全ての相続人全員が相続を放棄したため、Xは相続開始の時に遡ってAを単独で相続したのと同様の結果となった。Xは、AからY_1への売買の事実はなく、本件土地の所有権は相続人である自分にあると主張して、Y_1Y_2に対して登記の抹消を求めた。

裁判所の見解　「無権代理人が本人を相続し本人と代理人との資格が同一人に帰するにいたった場合においては、本人が自ら法律行為をしたのと同様な法律上の地位を生じたものと解するのが相当であり」、「この理は、無権代理人が本人の共同相続人の一人であって他の相続人の相続放棄により単独で本人を相続した場合においても妥当すると解すべきである」。

解説　無権代理行為が行われた後に、本人が死亡し、相続によって本人としての法的地位を無権代理人が相続した場合、無権代理行為の効力についてどのように考えるべきか。この問題については、二つのアプローチがありうる。一つは、二つの法的地位が一つに融合する結果、あたかも本人自身が自ら法律行為をしたのと同様な法律上の地位を生じ、無権代理行為は当然に有効になるというものである（資格融合説）。本判決は、無権代理人が単独相続した場合（無権代理人相続型）にこのような考え方を採用した。もう一つの考え方は、同一人の中に本人たる地位と無権代理人たる地位が別々に併存するというアプローチである（資格併存説）。最高裁は、本人相続型では、本判決とは逆に、資格併存説に従って無権代理行為が当然に有効となるものではないと判示しており（101判決）、さらに、無権代理人相続型でも、共同相続であった場合には、資格が併存することを認める一方で、無権代理人の追認拒絶を信義則によって封ずるという立場を示している（103判決）。

相続と無権代理(2)：本人が無権代理人を相続した場合の追認拒絶権

101 最2判昭和37・4・20民集一六巻四号九五五頁　関連条文　一一三条・一一六条・一一七条・八九六条

本人が無権代理人を相続した場合、本人は追認を拒絶できるか。

事　実　Yの父親Aは、昭和一三年末に、Yを代理する権限がないにもかかわらず、Yの代理人と称して、Xに対して、Y所有の本件家屋を売り渡し、所有権移転登記をした。その後昭和一五年にAが死亡して、Yがその家督を相続したが、同二二年に、YがXに対して所有権移転登記の抹消を求めて訴えを提起したところ、Aのした本件家屋売買契約は無効であるという理由で、Y勝訴の判決が出され確定した。そのため、所有権移転登記も抹消された。そこで、今度はXがYに対して反訴を提起し、YはAの無権代理人の責任を相続によって承継しているから、その履行を請求、それが認められない場合もYはAを相続したのだから、Aの行った無権代理行為は当然に有効になることを主張して所有権移転登記と本件家屋の明渡しを求めた。原審は、Yの前訴の既判力に抵触するとの主張を退けた上で、本人たる地位と無権代理人たる地位が同一人に帰属した場合、無権代理行為は有効となることを理由に、無権代理人の責任は生じず、本件売買契約が有効であることを理由に、Xの請求を認容した。

裁判所の見解　「無権代理人が本人を相続した場合においては、自らした無権代理行為につき本人の資格において追認を拒絶する余地を認めるのは信義則に反するから、右無権代理行為は相続と共に当然有効となると解するのが相当であるけれども、本人が無権代理人を相続した場合は、これと同様に論ずることはできない。後者の場合においては、相続人たる本人が被相続人の無権代理行為の追認を拒絶しても、何ら信義に反するところはないから、被相続人の無権代理行為は一般に本人の相続により当然有効となるものではないと解するのが相当である。」

解　説　無権代理人が本人たる地位を単独相続した場合（無権代理人相続型）、最高裁は本人としての法的地位と無権代理人としての法的地位が、同一人に帰属した結果、両者の法的資格が融合し、無権代理行為が当然に有効になることを認めた（100判決）。ところが、本判決は、これとは対照的に、無権代理人の法的地位を本人が単独で相続した場合、本人が無権代理行為の追認を拒絶しても、「信義に反するところはない」ことを実質的な理由として、本人としての法的地位が相続によって承継した無権代理人としての法的地位と併存することを認め、本人としての法的地位に依拠して、無権代理行為の追認を拒絶することを承認している。したがって、判例は、資格融合かそれとも資格併存かという問題点については、無権代理人相続型と本人相続型で分裂した理解を示している。

相続と無権代理(3)：本人が無権代理人を相続した場合の無権代理人として地位

102　最3判昭和48・7・3民集二七巻七号七五一頁

関連条文　一一三条・一一六条・一一七条・八九六条

無権代理人を本人が相続し、本人が無権代理行為の追認を拒絶した場合、無権代理人の責任を相続によって承継するか。

事実　X信用金庫は、昭和三一年Aに九九万円を貸し付けたが、その際Bは、代理権がないにもかかわらずY_1を代理して、Y_1の名においてAのXに対する債務について連帯保証した。同三二年にこの貸金債務の弁済期が到来したが、Aが債務を弁済しなかったため、XはY_1に対して連帯保証債務の履行を求めたところ、Y_1は本件連帯保証契約がBの無権代理行為によるものであるといって、追認を拒絶した。そこで、XはBに対して無権代理人の責任としてその履行を求めていたところ、同三四年Bが死亡し、その子であるY_1〜Y_8の八名がBを共同で相続した。XはY_1らに無権代理人の責任の履行を求めて訴えを提起した。Y_1らは、Xに一一七条の悪意または有過失があることを主張したが、一審、原審ともにこれを認めなかった。

裁判所の見解　「民法一一七条による無権代理人の債務が相続の対象となることは明らかであって、このことは本人が無権代理人を相続した場合でも異ならないから、本人は相続により無権代理人の右債務を承継するのであり、本人として無権代理行為の追認を拒絶できる地位にあったからといって右債務を免れることはできないと解すべきである。まして、無権代理人を相続した共同相続人のうちの一人が本人であるからといって、本人以外の相続人が無権代理人の債務を相続しないとか債務を免れうると解すべき理由はない。」

解説　無権代理行為を本人が追認しないとき、無権代理人は相手方に対して履行義務または損害賠償義務を負う（一一七条一項）。最高裁は、本人相続型につき、資格併存説に立って、本人たる地位に基づき無権代理行為の追認を拒絶できるとした（101判決）。本判決は、本人が無権代理行為の追認を拒絶した後に、無権代理人が死亡したという事案であるが、本人が追認を拒絶して無権代理行為の無効が確定したとしても、一一七条による無権代理人の責任は、相続によって承継されることを明らかにした。無権代理と相続に関する資格併存説的理解からは当然の帰結である。ただし、一一七条は、相手方の選択によって「履行又は損害賠償」を無権代理人が負うことを規定している。保証債務のように金銭債務が問題となる場合には、履行責任であれ損害賠償責任であれ、その責任内容はほとんど異ならない。しかし、特定物債務の引渡しが履行の内容である場合には、両者の内容には大きな違いがある。この点に関して判例の立場は明らかではないが、他人物売買について売主たる地位を相続した場合は、買主の履行請求を拒絶できるとした判例（104判決）が、あることに注意を要する。

相続と無権代理(4)：無権代理人が本人を共同相続した場合

103　最1判平成5・1・21民集四七巻一号二六五頁

関連条文　一一三条・一一六条・一一七条・八九六条

無権代理人が本人を共同相続した場合、無権代理行為はどうなるか。

事　実　Yは、父親Cから代理権を授与されていなかったにもかかわらず、その了解を得ないで、本件貸金債務の債務者であるBの依頼を受けて、Aを債権者、貸金額八五〇万円、遅延損害金年三割等を内容とする借用証書に、連帯保証人としてCの名を記載して、Cから預かっていた実印を押捺し、Cが本件貸金債務について連帯保証をする旨の契約を締結した。本件貸金債権の弁済期到来後、Xは、Aから本件貸金債権の譲渡を受けた。その後Cが死亡し、Cの妻でYの母親であるDとYがCを各二分の一の割合で共同相続した。

そこで、XはYを被告として八五〇万円と弁済期翌日からの遅延損害金を求めて訴えを提起し、主位的にYがCの本件連帯保証債務のうち相続した二分の一の部分については無権代理人が本人を相続したのだから、当然に有効になると主張して、その履行を請求し、残る二分の一については一一七条の無権代理人の責任の履行を求めた。

裁判所の見解　「無権代理人が本人を他の相続人と共に共同相続した場合において、無権代理行為を追認する権利は、その性質上相続人全員に不可分的に帰属するところ、無権代理行為の追認は、本人に対して効力を生じていなかった法律行為を本人に対する関係において有効なものにするという効果を生じさせるものであるから、共同相続人全員が共同してこれを行使しない限り、無権代理行為が有効となるものではないと解すべきである。そうすると、他の共同相続人全員が無権代理行為の追認をしている場合に無権代理人が追認を拒絶することは信義則上許されないとしても、他の共同相続人全員の追認がない限り、無権代理行為は、無権代理人の相続分に相当する部分においても、当然に有効となるものではない。そして、以上のことは、無権代理行為が金銭債務の連帯保証契約についてされた場合においても同様である。」

解　説　本判決は、無権代理人が本人の法的地位を、他の共同相続人とともに共同で相続した場合、本人が有していた追認権は相続人に帰属することを認めた（資格併存説）。ただし、この追認権は共同相続人全員に不可分的に帰属する（追認不可分説）から、無権代理行為を追認する場合、共同相続人全員が共同でこれを行使しなければならない。もっとも、無権代理人自身が追認を拒絶することは信義則に反し許されないから（信義則説）、他の共同相続人が追認を拒絶する場合には、無権代理行為は全員の同意がない以上無効となり、無権代理人の責任のみが問題として残る。

相続と他人物売買：権利者が他人物売主を相続した場合

104 最大判昭和49・9・4民集二八巻六号一一六九頁

関連条文 五六〇条・八九六条

他人の権利の売主をその権利者が相続した場合、売主としての履行義務を拒絶できるか。

事実 昭和三九年、XはAに八〇万円を貸し付け、その担保としてAとその家族が居住していた本件土地建物に抵当権を設定するとともに、Aが債務を期日までに弁済できなかった場合は、本件土地建物の所有権をXに移転する旨の代物弁済予約を締結し、その登記をした。Aが弁済期を徒過したので、Xは代物弁済予約完結権を行使して、Xへの所有権移転登記をした。同四〇年になって、Xは、期日までに本件貸付債務の弁済ができなかったAを被告として本件土地建物の明渡しを求めた。訴訟係属中の同四一年にAが死亡し、Aの夫であるY_1およびAの子Y_2～Y_5が、Aを相続して訴訟を承継した。Y_1らは、本件土地建物の所有権が登記名義はAとされていたものの、真実にはY_1に帰属することを主張して、Xは代物弁済によって所有権を取得することはできないと反論したが、一審ならびに原審は、本件土地建物の所有権がY_1に帰属するとしても、YらはAがXに対して負っていた所有権移転義務を相続によって承継するから、Xが所有者であることを認めた。

裁判所の見解 「他人の権利の売主が死亡し、その権利者において売主を相続した場合には、権利者は相続により売主の売買契約上の義務ないし地位を承継するが」、「他面において、権利者としてその権利の移転につき諾否の自由を保有しているのであって、それが相続による売主の義務の承継という偶然の事由によって左右されるべき理由はなく、また権利者がその権利の移転を拒否したからといって買主が不測の不利益を受けるというわけでもない。」したがって「信義則に反すると認められるような特別の事情のないかぎり、右売買契約上の売主としての履行義務を拒否することができるものと解するのが、相当である。」

解説 最高裁は、売主およびその相続人たるべき者の共有不動産が売買の目的とされた場合において、売主が死亡してその地位を権利者が相続した場合、相続人はその持分についても、他人物売買契約における売主の義務の履行を拒みえないと解していた（最2判昭和38・12・27民集一七巻一二号一八五四頁）。この先例は、実質的に他人の権利の売主としての地位を権利者が相続によって承継した場合、その法的地位が融合し、当然に権利が移転することを認めたものであった。本判決は、本人相続型における資格併存説を他人物売買の場合にも及ぼして、他人物売主の相続人には、売主たる地位と権利者としての地位が併存し、後者に基づいて権利移転を拒絶することを認め、昭和38年判決を変更したものである。

他主占有者の相続人と新権原による自主占有

105 最3判昭和46・11・30民集二五巻八号一四三七頁

関連条文　一六二条・一八五条・八九六条

相続は一八五条にいう「新たな権原」となるか。

事実　Aは、兄であるYから、本件土地建物の管理を委託された。Aは本件土地および建物の南半分に居住し、建物の北半分を他人に貸し、賃料を受領していた。Aは、昭和二四年六月一五日に死亡し、Aの妻子であるXらが相続人となった。その後も、Xらは引き続き本件土地および建物の南半分に居住していた。それとともに、Xらは建物の北半分の賃料を受領し、これを取得していた。Yもこの事実を了知していた。なお、Xらは Yに対して、同三二年から三七年まで建物の南半分の家賃を支払っていた。その後、Xらは、相続開始時から善意無過失で本件土地建物の占有を始め、一〇年間占有を継続したなどとして、Yに対して所有権移転登記手続を請求した。原審は、Xらが自主占有を開始した旨の立証がないこと、Xらが賃料を支払っていた点からも自主占有とはいえないことなどを理由として、Xらの請求を棄却した。

裁判所の見解　本件の事実関係においては、Xらは、Aの死亡により、本件土地建物に対するAの占有を相続により承継したばかりでなく、新たに本件土地建物を事実上支配することによりこれに対する占有を開始したものというべきである。したがって、仮にXらに所有の意思があるとみられる場合においては、XらはAの死亡後、一八五条にいう「新たな権原により」本件土地建物の自主占有をするに至ったと解するのが相当である。しかしながら、XらはYに対して賃料を支払っていることから、自主占有とはいえず、時効取得することはできない。

解説　不動産を時効取得するためには、「所有の意思」をもって占有すること（自主占有）が必要とされる（一六二条）。ところで、相続人は、被相続人の占有をそのまま承継すると考えられている。このことからすると、本件において、被相続人Aには所有の意思がない（他主占有である）ため、占有を承継した相続人Xらにも、所有の意思がないとも考えられる。従来の判例（大判昭和6・8・7民集一〇巻七六三頁）はこのような考え方を採用していた。

これに対して、本判決は、従来の判例を変更して、相続が一八五条にいう「新たな権原」に当たりうることを示した。ただ、相続が常に「新たな権原」となるわけではない。相続人が、新たに不動産を事実上支配し、その占有の態様が、外形的客観的にみて独自の所有の意思に基づくものと解される場合に限り、「新たな権原」となると解される（106判決参照）。

106 他主占有者の相続人による取得時効の主張と所有の意思の立証責任

最3判平成8・11・12民集五〇巻一〇号二五九一頁

関連条文　一六二条・一八五条・一八六条

他主占有者の相続人が独自の占有に基づく取得時効の成立を主張する場合、所有の意思の立証責任は誰が負うか。

事実　Aの所有する本件土地建物を、Bが占有管理していた。Bは昭和三二年に死亡し、Bの妻子であるXらが本件土地建物の占有を承継し、管理を続けた。Aは同三六年に死亡し、Yらが相続人となった。その後、Xらは、昭和三二年の占有開始後、一〇年または二〇年間が経過したことにより、取得時効が成立したなどとして、Yらに対して所有権移転登記を請求した。原審は、①A死亡に伴い提出された相続税の修正申告書に本件土地建物が相続財産として記載されており、Xらはこの写しを受け取りながら格別の対応をしなかったこと、②Xらが昭和四七年になって初めて所有権移転登記手続を求めたことなどから、昭和三二年の相続を境にXらの自主占有に変更されたとは認められないとして、Xらの請求を棄却した。

裁判所の見解　「他主占有者の相続人が独自の占有に基づく取得時効の成立を主張する場合において、右占有が所有の意思に基づくものであるといいうるためには、取得時効の成立を争う相手方ではなく、占有者である当該相続人において、その事実的支配が外形的客観的にみて独自の所有の意思に基づくものと解される事情を自ら証明すべきものと解するのが相当である。けだし、右の場合には、相続人が新たな事実的支配を開始したことによって、従来の占有の性質が変更されたものであるから、右変更の事実は取得時効の成立を主張する者において立証を要するものと解すべきであり、また、この場合には、相続人の所有の意思の有無を相続という占有取得原因事実によって決することはできないからである。」本件の事実関係においては、Xらの本件土地建物の占有は所有の意思に基づくものであり、取得時効が完成しているから、請求が認められる。

解説　不動産を時効取得するには、自主占有（所有の意思をもって占有すること）が必要である（一六二条）。105判決は、他主占有者からの相続人が、相続によって自主占有者となり、時効取得しうることを示した。ここで問題となるのは、相続人が独自の占有に基づいて取得時効を主張する場合の「所有の意思」の立証責任である。一八六条一項は、占有者に「所有の意思」があることを推定している。本判決は、他主占有者の相続人の占有の場合に、この規定が適用されないと考え、占有者である相続人自身が、所有の意思に基づく占有であることの立証責任があることを示したものである。

生命侵害による慰謝料請求権の相続性

107 最大判昭和42・11・1民集二一巻九号二二四九頁

関連条文 七一〇条・七一一条・八九六条

慰謝料請求権は相続の対象となるか。

事実　Xの兄Aは、昭和三六年八月一六日にYの運転する自動車に轢かれ、同月二八日に死亡した。Aは事故に遭ってから死亡するまでの間、Yに対する慰謝料請求の意思を表明しておらず、また、これを表明したというような状況にもなかった。Aの相続人であるXが、Yに対して慰謝料の支払を請求した。原審は、財産上の損害賠償請求権と異なり、生命侵害等による慰謝料請求権の行使が被害者の一身専属の権利であることは、大審院の判例の示すとおりであるとして、Xの請求を棄却した。

裁判所の見解　ある者が他人の故意過失によって財産以外の損害を被った場合、その者は、財産上の損害を被った場合と同様、損害の発生と同時にその賠償を請求する権利すなわち慰謝料請求権を取得する。この請求権の行使にあたって、損害の賠償を請求する意思を表明するなど格別の行為は必要ない。そして、被害者が死亡したとき、その相続人は当然に慰謝料請求権を相続する。その理由は次のとおりである。損害賠償請求権発生の時点について、民法は、財産上の損害とそれ以外の損害を区別して取り扱っていない。慰謝料請求権そのものは、被害者の一身に専属するものではなく、財産上の損害賠償請求権と同様、単純な金銭債権であり、相続の対象となりえないと解すべき法的根拠はない。七一一条によれば、生命を侵害された被害者と一定の身分関係にある者は、被害者の取得する慰謝料請求権とは別に、固有の慰謝料請求権を取得しうるが、この両者の請求権は被害法益を異にし、併存しうるものである。かつ、被害者の相続人は、必ずしも、同条の規定により慰謝料請求権を取得しうるものとは限らないから、同条があるからといって、慰謝料請求権が相続の対象となりえないと解すべきではない。

解説　慰謝料は、精神的・肉体的苦痛に対する賠償として支払われる金銭である。被害者が死亡したとき、相続人が当然に慰謝料請求権を相続するかは、長年にわたって争われてきた問題であった。大審院は、慰謝料請求権には一身専属性があるとして、行使の意思表示により初めて相続の対象となるとしていた（大判明治43・10・3民録一六輯六二一頁）。ところが、意思表示の有無によって相続の有無が決まるとすると、意識不明後の死亡や即死のように被害が甚大なときに相続を肯定する余地がないとして、強い批判が加えられた。この批判を受け、本判決は、相続人が当然に慰謝料請求権を相続することを認めた。ただ、相続を否定する見解も根強く存在している。

生命保険金請求権の相続性

108　最3判昭和40・2・2民集一九巻一号一頁

関連条文　五三七条・八九六条、保険四二条

生命保険金請求権は相続の対象となるか。

事　実　AはYとの間で、被保険者をA、保険金受取人を「保険期間満了の場合は被保険者、被保険者死亡の場合は相続人」とする生命保険契約を締結した。Aは、所有財産の全部を包括名義でXに遺贈する旨遺言し、約四ヶ月後に死亡した。Aの相続人は、姉、弟であった。Xが、Aの死亡により保険金請求権を取得したとして、Yに対して保険金の支払を請求した。原審は、保険契約において被保険者死亡の場合の保険金受取人を単に「相続人」と定めた場合、ほかに特段の事情がない限り、保険金請求権発生当時の相続人個人を保険金受取人に指定したものと認めるのが相当であるなどとして、Xの請求を棄却した。

裁判所の見解　本件保険契約において保険金受取人を単に「被保険者またはその死亡の場合はその相続人」と約定し、被保険者死亡の場合の受取人を特定人の氏名を挙げることなく抽象的に指定している場合でも、保険契約者の意思を合理的に推測して、保険事故発生の時において被指定者を特定しうる以上、右のような指定も有効であり、特段の事情のない限り、右指定は、被保険者死亡の時における、すなわち保険金請求権発生当時の相続人たるべき者個人を受取人として特に指定したいわゆる他人のための保険契約と解するのが相当である。そして右のように保険金受取人としてその請求権発生当時の相続人たるべき個人を特に指定した場合には、右請求権は、保険契約の効力発生と同時に右相続人の固有財産となり、被保険者（兼保険契約者）の遺産より離脱しているものといわねばならない。本件においては、特段の事情が認められないので、Aの財産は相続人に帰属するため、Xの請求を棄却する。

解　説　保険金の受取人として「相続人」が指定されている場合、保険金は被保険者の相続財産となり、受取人である相続人は被保険者の権利を承継取得するようにも思える。しかしながら、受取人である相続人は、当初から自己固有の権利として保険金請求権を取得する、と考えるのが一般的見解である。本判決はこの点を確認したものとしての意義がある。上記のように考える理由は、保険契約が、第三者のためにする契約（五三七条）の一種であることに求められる。保険金受取人は保険契約そのものに基づいて保険金請求権を取得するのであって、受取人が抽象的に「相続人」とされていても、相続人の固有の財産となると考えられるのである。

遺産たる不動産から生じる賃料債権の帰属関係

109 最1判平成17・9・8民集五九巻七号一九三一頁

関連条文 四二七条・八九八条・九〇九条

遺産である不動産から生じた賃料債権は誰に帰属するか、また、その帰属は遺産分割により影響を受けるか。

事　実　Aが死亡し、妻Xと子のYらが法定相続分の割合で共同相続した。Aの遺産には、本件各不動産があり、X、Yらは、本件各不動産から生ずる賃料・管理費等を遺産分割により本件各不動産の帰属後に清算することとした。それまでの賃料等の管理のため本件口座が開設された。そして、本件不動産についての遺産分割がなされ、本件各不動産の帰属が確定した。その後、本件口座の残金二億円をめぐって紛争が生じた。この預金についてのXの取り分は、法定相続分に従って分割すると一億円となるのに対し、遺産分割によって帰属した不動産から生じた賃料相当額だとすると一億九〇〇〇万円となる。X、Yらは争いのない金額の範囲で分配し、争いのある金員をYらが保管し、その帰属を訴訟で確定することとした。そこで、XはYらに対して、九〇〇〇万円の支払を求めた。原審はXの請求を認容した。

裁判所の見解　「遺産は、相続人が数人あるときは、相続開始から遺産分割までの間、共同相続人の共有に属するものであるから、この間に遺産である賃貸不動産を使用管理した結果生ずる金銭債権たる賃料債権は、遺産とは別個の財産というべきであって、各共同相続人がその相続分に応じて分割単独債権として確定的に取得するものと解するのが相当である。遺産分割は、相続開始の時にさかのぼってその効力を生ずるものであるが、各共同相続人がその相続分に応じて分割単独債権として確定的に取得した上記賃料債権の帰属は、後にされた遺産分割の影響を受けないものというべきである。」本件各不動産から生じた賃料債権は、法定相続分に従って分割され、本件口座の残金は、これを前提として清算されるべきである。

解　説　遺産の分割は、相続開始に遡ってその効力を生じる（九〇九条）。相続財産から生じた果実については、元物である財産を遺産分割によって取得した相続人に当然帰属するようにも思える。しかしながら、遺産から生じた賃料債権は、各共同相続人がその相続分に応じて分割単独債権として取得する、と本判決は示した。遺産から生じた賃料債権は、遺産を構成せず、遺産とは別個の財産となる。遺産分割によって、それまで遺産が共有であったという事実までが否定されるわけではないからである。その結果、可分債権である賃料債権は、四二七条によって、法定相続分に応じて単独分割債権として取得されることになる。

包括的信用保証債務の相続性

110 最2判昭和37・11・9民集一六巻一一号二二七〇頁

関連条文 四四六条・四六五条の二・四六五条の四・八九六条

包括的信用保証債務は相続の対象となるか。

事実　X会社は、昭和二五年一二月一日から、Aとの売買取引を開始した。この取引から生じるAの債務を、BZが連帯保証した。同三二年六月七日、Bが死亡し、Yが遺産の三分の一を相続した。その後もXAの取引は継続し、同年九月一一日から同三三年三月一〇日までの取引により、AがXに負う債務は三〇〇万円余りとなった。そこで、XがYおよびZに対して、一〇〇万円についての保証債務の履行を請求した。原審は、Xの請求を認容した。

裁判所の見解　本件の連帯保証契約は、継続的取引について、将来負担する可能性のある債務について行われたものであり、責任の限度額ならびに期間について定めがない。このような連帯保証契約においては、特定の債務についてした通常の連帯保証の場合と異なり、その責任の及ぶ範囲が極めて広範となり、もっぱら契約締結の当事者の人的信用関係を基礎とするものである。したがって、このような保証人たる地位は、特段の事由のない限り、当事者その人と終始するものであって、連帯保証人の死亡後生じた主債務については、その相続人が保証債務を承継負担するものではないと解するのが相当である。

解説　継続的取引に基づき、一定の時期において確定する主たる債務のための継続的保証は、根保証と呼ばれる。この根保証は、責任の限度額や期間の定めがない場合（包括根保証）でも有効とされてきた。ただ、根保証が相続されるかということについては争いがあった。なぜなら、八九六条ただし書は、被相続人の一身に専属したものは相続の対象とならないとしており、根保証がこれに含まれるとも考えられるからである。本判決は、包括根保証に基づく債務が、相続されないことを示したものである。ただ、その根拠は、根保証が一身に専属したものであることには求められていない。包括根保証においては、保証人の責任の範囲が広範であること、また、当事者の人的信用関係を基礎とすることに、相続がなされない理由が求められている点に特徴がある。

現在、貸金等債務についての包括根保証は無効とされている（四六五条の二第二項）。また、主たる債務者・保証人の死亡は、保証債務の元本確定事由とされている（四六五条の四第三号）。ただ、これらの規定は、本件のような貸金等の債務ではない保証には適用されない。そのため、本判決は現在でも意義を有していることになる。

遺骨所有権の相続性

111 最3判平成元・7・18家月四一巻一〇号一二八頁

関連条文 八五条・八九六条

遺骨は相続の対象となるか。

事実 Aは宗教研究クラブを主宰しており、その構成員としてX、Yらなどがいた。Aとその妻Bは、昭和三八年二月、Xを養子とする縁組をし、同居していた。Xは婚姻後もAB夫婦と同居していたが、長距離通勤で健康を損ねがちであったことを心配したAB夫婦の勧めで、同四九年頃別居するに至った。他方、Yらは A B と血縁関係はないが、昭和三八年三月頃からABと同居をし、AB夫婦の身辺の世話や、A主宰のクラブ活動の行事に携わるなどしていた。Bが同五七年七月死亡したが、Aはその遺骨を埋葬せず仏壇に安置していた。同五九年一月にはAが死亡し、その後、YらがABの遺骨を保管していた。X夫婦とAB夫婦の間には別居後も行き来があった。XはA家の菩提寺にある墓を建て直し、慣習に従ってABの遺骨を埋葬するため、Yらに遺骨の引渡しを求めた。原審は、本件遺骨の所有権については、特段の事情あるいは被相続人である亡B、亡Aの指定がない限り慣習に従って祭祀を主宰すべき者とみられる相続人たるXに帰属したものというべきであるとして、Xの請求を認容した。

裁判所の見解 本件の事実関係の下では、本件遺骨は慣習に従って祭祀を主催すべき者であるXに帰属したものと解される。

解説 遺骨に対して、どのような権利が成立し、その権利が誰に帰属するのかが問題となる。遺骨は、埋葬・祭祀・供養などのためのものであり、特別な存在であるから、所有権の客体とはならないとも考えられる。しかし、遺骨は有体物であることから、所有権の客体となる「物」（八五条）であるとの考え方が一般的である。ただ、遺骨が所有権の客体となるとしても、直ちに、相続人に帰属することにはならない。なぜなら、遺骨の性質上、その所有は目的による制限を受ける、すなわち、埋葬・祭祀・供養の範囲においてのみ所有が認められると解されるからである。

それでは、遺骨の所有権は具体的に誰に帰属するのか。慣習上定まる喪主に帰属するという考え方と、被相続人の祭祀を主催すべき者に帰属するという考え方がある。従来の下級審裁判例および学説では、祭祀を主催すべき者に帰属するという見解が多かった。本判決は、従来の支配的な見解に従い、遺骨が祭祀を主催すべき者に帰属することを明らかにした。ただ、本判決はあくまで事例判決にすぎない。

遺産建物の相続開始後の使用関係(1)：明渡請求

112　最1判昭和41・5・19民集二〇巻五号九四七頁

関連条文　二四九条・八九八条

共同相続人の一人が遺産建物を占有している場合に、持分の過半数を持つ他の共同相続人が、その明渡請求をできるか。

事実　Yは、その父Aの所有する土地建物を無償で借り受けて、夫婦で使用していた。この使用貸借契約については解約がされたが、Y夫婦は引き続きそこに居住している。その後、Aの死亡により、Aの妻X_1と、Aの直系卑属であるYおよびX_2～X_8が相続人となった。Xらは、遺産に関するXらの持分権の価格の合計が、Yの持分権の価格を上回ることから、Yに対して建物の明渡しを求めた。

裁判所の見解　共同相続に基づく共有者の一人について、その持分権の価格が共有物の価格の過半数に満たない場合、そのような「少数持分権者」は、他の共有者との協議を経ずに当然に共有物を単独で占有できるわけではない。しかし、他方で、他の共同相続人らも、持分権を合計した価格が共有物の価格の過半数を超える「多数持分権者」だからといって、共有物を現に占有している少数持分権者に対して、当然にその明渡しを請求できるわけではない。なぜならば、少数持分権者は、自己の持分権により共有物を使用収益する権限を有しており、これに基づいて共有物を占有しているからである。多数持分権者が共有物の明渡しを求めるならば、その明渡しを求める理由を主張し、立証しなければならない。

解説　共同相続では、遺産分割終了までの間、遺産は共同相続人間での共有となる（八九八条）。各共有者には持分権が認められるところ、遺産共有における持分の割合は相続分によって決まる（八九九条）。共有者は、その持分割合に応じて、共有物から利益を得ることができる。その際、共有者の使用収益権は、持分割合の大きさにかかわらず、共有物の全体に及ぶ（二四九条）。以上のことから、多数持分権者は、遺産を占有する共同相続人の一人に対して、自分たちにもそれを使用させるよう求めることはできるが、明渡しを請求することまではできない。これが認められると、逆に、少数持分権者の使用収益権が害されてしまうためである。

他方で、本判決は、多数持分権者が明渡請求することのできる「理由」とは何であるのか、具体的に述べていない。一般論としては、共有物の管理の問題として、共有者間の協議により、管理者を現在の占有者とは別の者に決める方法が考えられる。そこでは、持分権の価格の過半数の決定に従わなければならない（二五二条本文）。しかし、本件のような遺産共有の場合には、一般的な共有と異なり、最終的には遺産分割の手続が用意されている。そのため、共同相続人の意見が一致しない限りは、遺産分割終了までは現時点での遺産の占有状態を維持すべきだとする見解が強い。

遺産建物の相続開始後の使用関係(2)：不当利得返還請求

113 最3判平成8・12・17民集五〇巻一〇号二七七八頁

関連条文 七〇三条・八九八条

共同相続人の一人が遺産建物を占有している場合に、他の共同相続人が、賃料相当額の不当利得の返還を請求できるか。

事実

Y_1とY_2は、Aが所有する建物にAと同居していた。Aの死亡により、YらのほかX_1～X_5が共同相続人となったため、この建物は遺産としてYらとXらの共有物となった。しかし、その後も、Yらはそこに住み続けている。Xらは、遺産に対するYらの持分権の価格の合計が遺産の価格の過半数に満たないのに、Yらが遺産の全部を使用しているとして、不当利得に基づき、Yらに対して、Xらの持分に応じた賃料相当額の支払を請求した。

裁判所の見解

共同相続人の一人が、相続開始前から、被相続人の許諾を得て遺産建物において被相続人と同居してきた場合、特段の事情のない限り、被相続人と同居の相続人との間で、次のような合意があったと推認される。すなわち、被相続人が死亡して相続が開始した後も、遺産分割によって建物の所有関係が最終的に確定するまでの間は、引き続き同居の相続人にこれを無償で使用させる旨の合意である。そうすると、被相続人が死亡した場合、この時から少なくとも遺産分割終了までの間は、被相続人の地位を承継した他の相続人等が貸主となり同居の相続人を借主とする、建物の使用貸借契約関係が存続することになる。このように解すべき理由は、建物が同居の相続人の居住の場であって同人の居住について被相続人が許諾していたことからすると、遺産分割までは同居の相続人に建物全部の使用権原を与えて、それまでどおりの無償での使用を認めることが、被相続人および同居の相続人の通常の意思に合致するといえるからである。したがって、建物の使用には法律上の原因があり、不当利得とはならない。

解説

共同相続では、遺産分割終了までの間、遺産は共同相続人間での共有となる（八九八条）。各共有者は、その持分の割合に応じて共有物の全部から利益を得ることができるため（二四九条）、本来、全ての相続人には遺産を使用する権利が認められる（112判決も参照）。したがって、一部の相続人だけが遺産の全部を使用している場合には、この者は、他の相続人が受けるべき利益までも享受していることになる。このような利益は、原則として不当利得となる（七〇三条）。

しかし、これを認めると同居の相続人の居住状況は極めて悪化してしまう。その是非について本判決は、遺産分割終了までの居住権を一般的に論じることはせず、被相続人と同居の相続人との合意の問題として処理した。このような判断手法は事案に即した穏当な結論を導きやすいためか、その後、最高裁は、同居者が相続人ではなく内縁の妻である場合にも同じ方法を用いている（35判決）。

現金の相続

114 最2判平成4・4・10家月四四巻八号一六頁

相続財産中の現金は、遺産分割を要するか。

事実　被相続人Aは昭和五七年五月に死亡し、相続人はXらおよびYである。Aは、死亡時に、七五〇〇万円余の現金を所有していた。当該現金は、Aの死亡後、Yによって、「A遺産管理人Y」の名義で銀行に預金された。遺産分割協議が成立していない段階で、Xらは、現金は金銭債権と同様、遺産分割を経ることなく相続分に応じて当然に分割帰属するとして、Yに対し、当該現金のうち各自の法定相続分に相当する金額の支払を請求した。

一審は、Xらの主張を採用し請求を認容した。しかし、原審は、現金は他の動産・不動産と同様に相続人らの遺産共有に属するとして、一審判決を取り消し、請求を棄却した。これに対し、Xらが上告した。

裁判所の見解　「相続人は、遺産の分割までの間は、相続開始時に存した金銭を相続財産として保管している他の相続人に対して、自己の相続分に相当する金銭の支払を求めることはできないと解するのが相当である」。

解説　相続人が数人ある場合、相続財産は一旦その者らの共有に属し（遺産共有。八九八条）、遺産分割の手続を経て初めて最終的な帰属が決まるのが原則である。もっとも、金銭債権については、115判決によって、遺産分割手続を経ずに当然分割されるとして、この例外が認められている。そして、その判決文では、「金銭その他の可分債権」とされていたため、相続財産中の現金についても遺産分割を要しないかのようであった。本件におけるXらの主張は、まさにそうした理解に基づくものである（なお、本件でYが当該現金を預金したのはその管理の手段であるにすぎず、これによってその性質が金銭債権に転化するものではないと考えられる）。

これにつき、本判決は、そうした理解を明確に否定し、現金は通常の動産・不動産と同様、先述の原則に服するとの解釈を示したものである。金銭については、特段の事情がない限り占有者と所有者が一致するとされるところ（最2判昭和39・1・24判時三六五号二六頁）、本判決はその「特段の事情」を認めたものと位置づけられる。

その理由については特に述べられていないが、学説では、現金は金銭債権と異なり債務者が存在しないため、もっぱら共同相続人間の問題として処理できること、可分性の高い現金につき当然分割を認めると遺産分割において相続人間の公平を図ることが困難になることなどが指摘されている。もっとも、後者の点については、現金と金銭債権とで異なるところはない。その意味で、本判決は、実務上の難点が指摘される115判決の射程を縮小する動きの一環と位置づけることもできる。

関連条文　八九八条・八九九条・九〇七条

可分債権の共同相続

115 最1判昭和29・4・8民集八巻四号八一九頁

関連条文　二六四条・四二七条・八九八条・八九九条

相続財産中の可分債権は、遺産分割を要するか。

事　実　Aは、昭和一八年、その所有する山林地上の立木二五〇本をBに譲渡し、そのうち一七五本をYが取得するに至った。そこでYは、その被用者Dにその伐採をさせたところ、DはYの取得した一七五本を超えてさらに四五本の立木を伐採してしまった。そこで、AはYに対し損害賠償を求めて訴えを提起した。その後、一審継続中の昭和二五年三月にAは死亡し、その相続人Xらが訴訟を受継したが、遺産分割の事実は認定されていない。

原審がYの使用者責任を認め、Xらに対しそれぞれの相続分に応じた金額の支払を命じたのに対し、Yは上告し、相続人が複数人の場合、たとえ可分債権であってもただちに分割されるものではなく、遺産分割の事実を認定しないまま分割支払を命じた原審は不当であるなどと主張した。

裁判所の見解　「相続人数人ある場合において、その相続財産中に金銭その他の可分債権あるときは、その債権は法律上当然分割され各共同相続人がその相続分に応じて権利を承継するものと解するを相当とする」。

解　説　相続財産中の金銭債権については、大判大正9・12・12民録二六巻三〇六二頁が、「四二七条の法意」に照らし法律上当然の分割を認めていた。本判決は、最高裁としてこれを維持するものである。

これは、遺産共有の法的性質につき、判例が一貫して共有説をとっていることと関わる。これによると、遺産共有は物権編に定める共有と異ならず、それと同様の扱いを受ける。そして、その対象が所有権以外の財産権である場合（準共有）については二六四条が定めるところ、債権については四二七条以下がそこでいう「特別の定め」に当たる。そして、金銭債権は可分債権であるため、四二七条の原則に従い、遺産分割を待つことなく当然に分割されるというわけである。なお、その基準とされる「相続分」とは、外部から認識できない具体的相続分ではなく、法定相続分を指すと理解されている。

これに対しては、相続財産の一体性を重視する見解（合有説）からの批判も強いが、債務者との法律関係を簡明にし債権を迅速に実現できることや、債務者の無資力リスクを相続人間で平等に分担させることができるといった利点も指摘される。

本判決は、相続人と債務者との関係につき当然分割法理を宣言したものだが、それを共同相続人間においても貫くならば、遺産分割において相続人間の柔軟な利益調整が難しくなる。そのため、学説や審判実務においては、金銭債権についても遺産分割の対象に含めるための様々な工夫がなされている。また、本判決の射程については、114判決・116判決も参照。

定額郵便貯金の共同相続

116 最2判平成22・10・8民集六四巻七号一七一九頁

相続財産中の定額郵便貯金債権は、遺産分割を要するか。

事実　被相続人Aは平成一五年三月に死亡し、相続人はXらおよびYらである。Aの死後、XY間で亡Aの遺産の範囲につき争いが生じたため、Xらは、不動産・預貯金等につき、それが亡Aの遺産に属することの確認を求める訴えを提起した。そのうち、本件で問題となったのは、A名義の定額郵便貯金債権であり、確認の利益の判断の前提として、それが遺産分割を要する相続財産に当たるかどうかが争われた。

定額郵便貯金とは、郵便貯金法（二〇〇七年廃止）に基づき、一定の据置期間（六ヶ月）内は払戻しがされず、その後も一〇年間は分割払戻しをしない等の制限を付された貯金であり、利率の有利さゆえに広く利用されていた。

原審は、定額郵便貯金は、分割払戻しができないという契約上の制限が法律の定めにより付されているので、可分債権の例外として当然には分割されないとし、確認の利益を肯定した。これに対し、Yらが上告した。

裁判所の見解　郵便貯金法が定額郵便貯金につき各種の制限を設ける趣旨は、多数の預金者を対象とした大量の事務処理を迅速かつ画一的に処理する必要上、預入金額を一定額に限定し、貯金の管理を容易にして、定額郵便貯金に係る事務の定型化、簡素化を図ることにある。ところが、定額郵便貯金債権が相続により分割されると解すると、それに応じた利子を含めた債権額の計算が必要になる事態を生じかねず、上述の趣旨に反する。他方、同債権が相続により分割されると解したとしても、同債権には上記条件が付されている以上、共同相続人は共同して全額の払戻しを求めざるをえないから、そのように解する意義は乏しい。これらの点に鑑みれば、同法は同債権の分割を許容するものではなく、同債権は、その預金者が死亡したからといって、相続開始と同時に当然に相続分に応じて分割されることはないものというべきである。

解説　115判決以来、相続財産中の金銭債権は相続分に応じて当然に分割されるというのが判例法理であるが、本判決は、同法理自体はおそらく前提としつつ、定額郵便貯金債権についてはその射程が及ばないとしたものである。そもそも通常の金銭債権についても同法理には実務上の難点が指摘されるところであり、本判決の結論自体にはほぼ異論がない。

もっとも、その理由づけにおいては、原判決のように「契約上の制限」への言及はなく、むしろ旧郵便貯金法が、その趣旨に鑑みて、定額郵便貯金債権の分割を許容するものではないとの法解釈が決定的な論拠とされる。このことから、一般の金融機関等が定額郵便貯金と同様の制限を契約上定めた場合については、本判決の射程は及ばないと考えられる。

関連条文　八九八条・九〇七条、旧郵貯七条一項三号

預金債権の共同相続と取引経過開示義務

117 最1判平成21・1・22民集六三巻一号二二八頁

関連条文　二五二条・二六四条・六四五条・六五六条・八九八条

預金者の共同相続人は、預金契約に基づく取引経過開示請求権を単独で行使することができるか。

事実　Aが死亡し、X、Bらがこれを相続した。亡AはY信用金庫に対し預金債権を有しており、生前はBがこれを管理していたが、Xはその管理に不自然な点があると感じた。そこで、真相を確かめるべく、Yに対し単独で、A名義の預金口座につき取引経過の開示を求めて訴えを提起した。

原審は、信義則に基づき預金者の取引経過開示請求権を認めた上で、各相続人はそれぞれ単独の預金者として当該請求権を有するところ、そこで開示されるべき取引経過には相続開始前の取引経過が当然に含まれるから、結局、各相続人は、金融機関に対し、被相続人名義の預金について取引経過の開示を求める請求権を有するとして、請求を認容した。Y上告。

裁判所の見解　預金契約に基づき金融機関の処理すべき事務には、委任事務ないし準委任事務の性質を有するものも含まれているところ、委任契約・準委任契約において受任者は委任事務等の処理状況を報告すべき義務を負う（六四五条・六五六条）。したがって、金融機関は、預金契約に基づき、預金者の求めに応じて預金口座の取引経過を開示すべき義務を負うと解するのが相当である。

そして、預金者が死亡した場合、その共同相続人の一人は、預金債権の一部を相続により取得するに留まるが、これとは別に、共同相続人全員に帰属する預金契約上の地位に基づき、被相続人名義の預金口座についてその取引経過の開示を求める権利を単独で行使することができる（二六四条・二五二条ただし書）というべきであり、他の共同相続人全員の同意がないことは上記権利行使を妨げる理由となるものではない。

解説　本件では、①預金者の取引経過開示請求権の有無と、②預金者の共同相続人によるその行使の方法が問題となった。①につき、信義則を根拠とする原判決と異なり、本判決は委任契約の規定を根拠に開示請求権を認めた。②についても、原判決は各相続人自らの預金契約上の地位に基づく請求と構成したのに対し、本判決は、当然分割される預金債権（115判決参照）とは別に、預金契約上の地位の承継を観念し、これが共同相続人全員に帰属するとする（準共有）。そして、その行使は相続財産の維持に資するものであることから、保存行為（二五二条ただし書）として単独行使を認めている。

いずれの理解によっても本件の結論に違いは生じないが、原判決の論理によると取引経過開示請求ができるのは預金債権を取得した相続人に限られるのに対し、本判決の論理によると、その他の相続人にもそれを認める余地が出てくる。もっとも、その点や開示義務の範囲など、今後に残された問題は多い。

連帯債務の共同相続

118 最2判昭和34・6・19民集一三巻六号七五七頁

関連条文 二六四条・四二七条・八九八条

相続財産中の連帯債務は、遺産分割を要するか。

事実　Aは、Bに対し数回にわたり金銭を貸し付けたが、昭和二六年一二月、それを一口にまとめ、B、子のCおよびその妻Y_1を連帯債務者とする旨の借用証書を交付した。その後、Cは昭和二九年三月に死亡し、妻Y_1および子Y_2～Y_4がこれを相続した。一方、Aはその債権を子のXに譲渡し、対抗要件を具備した。Xは、Y_1～Y_4に対し、貸金全額を連帯して支払うよう求めて訴えを提起した。

原審は、「本件債務は連帯債務であって分別の利益を有しないから、未だ相続財産の分割のあったことの認められない本件の場合にあっては、その全額につき支払義務あるものと解すべき」だとして、その範囲内での支払を命じた一審判決を結論において支持した。Yらが上告。

裁判所の見解　①連帯債務は、数人の債務者が、同一内容の給付について、各独立に、全部の給付をなすべき債務を負担しているのであり、各債務は、債権の確保と満足という共同の目的を達する手段として相互に関連結合しているが、なお可分なことは通常の金銭債務と同様である。②ところで、債務者が死亡し、相続人が数人ある場合に、被相続人の金銭債務その他の可分債務は、法律上当然に分割され、共同相続人がその相続分に応じてこれを承継するものと解すべきであるから、③連帯債務者の一人が死亡した場合にも、その相続人らは、被相続人の債務の分割されたものを承継し、各自その承継した範囲において、本来の債務者とともに連帯債務者となると解するのが相当である。

解説　本判決は、115判決などを引用しつつ、可分債権についての当然分割の法理が可分債務にも及ぶとする②。そして、連帯債務といえど個々の債務が可分であることは通常の金銭債務と同様であるとの理解から①、連帯債務についても同法理が妥当するとの結論を導く③。債権と同様、具体的相続分ではなく法定相続分による。ただし、その分割された範囲においては、他の連帯債務者との（共同相続人間ではない）連帯性が維持されるとする（不等額連帯）。

もっとも、これについては、判例と同じ共有説の立場からも批判が強い。そもそも当然分割の法理を可分債務にも及ぼすことは、債権者の無資力リスクおよび取立てコストを増大させる点で適切でないとされる。また、仮に可分債務に同法理が及ぶとしても、連帯債務については、その分割を認めるとその担保的機能が害されることから、例外とすべきだと説かれる。

これに対し、各相続人が全額につき連帯債務を負うとすれば、債権者に過大な担保を与えることになるとの理由で、判例の考え方を擁護する見解も存在する。

遺産共有の法的性質

119 最3判昭和30・5・31民集九巻六号七九三頁

関連条文 二五八条・八九八条・九〇六条

遺産共有は、物権法上の共有と異なる性質を持つものか。

事実 Aの死亡により、共同相続人BとCが遺産を共有する状態となった。Bは、遺産中の不動産の持分権を義妹Xに譲渡した。そこでXは、Cの相続人Yに対してこの不動産の分割を求めたが、協議は調わず訴訟となった。Xは、分割には二五八条二項が適用され、現物分割か競売による価格分割をすべきと主張した。他方Yは、適用されるのは九〇六条であり、Y一家がこの不動産を用いて農業に従事していること等を顧慮して、不動産はYが取得すべきであり、Xには半額を金銭で支払うと主張した。原審は、①九〇六条は遺産分割方法についての規定ではなく、②遺産共有も物権法上の共有であり、遺産分割には二五八条二項が適用されるとした。

裁判所の見解 遺産共有は、物権法上の共有（二四九条以下）と同じ性質と解すべきである（115判決も、このような解釈を前提としている）。それゆえ、遺産の共有および分割に関しては、二五六条以下が第一次的に適用される。その結果、遺産分割は現物分割を原則とし、また、分割によって著しくその価格を損なうおそれがあるときは、競売を命じて価格分割を行うことになる（二五八条二項）。九〇六条は、その場合にとるべき方針を明らかにしたものにすぎない。

解説 遺産共有（八九八条）が相続を契機とした過渡的な状態であることから、これを物権法上の共有（二四九条以下）と同視してよいか議論がある。民法制定当初は、これも物権法上の共有の一種であり、各相続人は遺産中の個々の財産上に持分権を持つと理解されていた（共有説）。これによれば、例えば特定財産の持分権の譲渡も認められる。これに対して、各相続人は遺産全体に抽象的な持分を持つにすぎないとの見解も有力となった（合有説）。これによれば、物権法上の共有に関する規定は基本的に適用されないことになる。本判決の意義は、この遺産共有の性質に関する対立について、最高裁として初めて共有説に立つことを明言した点にある。

他方で遺産分割への二五八条二項適用の意義は小さい。現在、本件のような相続人と特定財産上の持分権の譲受人での分割は、遺産分割ではなく共有物分割として扱われ（最2判昭和50・11・7民集二九巻一〇号一五二五頁）、共同相続人間での分割は、二五八条二項ではなく家事事件手続法上の審判による（最3判昭和62・9・4家月四〇巻一号一六一頁）（本件提訴時、家事審判法〔現家事事件手続法〕は未施行）。なお、本判決が認めなかった判決での全面的価格賠償（一人が共有物全部を取得し金銭で調整）も容認されている（最1判平成8・10・31民集五〇巻九号二五六三頁）。

遺産分割前の遺産に対する共同相続人の権利

120　最3決平成17・10・11民集五九巻八号二二四三頁

関連条文　八九八条・九〇三条・九〇六条

遺産分割前の共同相続人の持分権が、遺産分割の対象となるか。

事実

XY_1Y_2は、AB夫婦の子である。Aが死亡し、BXY_1Y_2が共同相続人となったが、その遺産分割が終わる前にBが死亡した。Bの相続人はXY_1Y_2であり、Xが、ABの各遺産について遺産分割審判を申し立てた（訴えは併合された）。Aには不動産等の遺産があったが、Bには分割の対象となる固有の遺産はない。この状況で、Y_2がBから受けた贈与が特別受益として扱われるかが問題となった。

原審は、Bが有する相続分について、それはAの遺産を取得することができるという「抽象的な法的地位」であり、遺産分割の対象ではないから遺産分割審判は生じず、したがってY_2の特別受益を考慮する余地もないとした。

裁判所の見解

遺産共有の性質は、基本的には二四九条以下に規定する共有と性質を異にするものではない（119判決）。そうすると、共同相続人が取得する遺産の共有持分権は、実体上の権利であって遺産分割の対象になるというべきである。本件でBは、Aの相続の開始と同時に、Aの遺産について相続分に応じた共有持分権を取得しており、これはBの遺産を構成する。これをBの共同相続人に分属させるには、遺産分割手続を経る必要があり、共同相続人の中にBから特別受益に当たる贈与を受けた者があるときは、その持戻しをして各共同相続人の具体的相続分を算定しなければならない。

解説

共同相続人の中に被相続人から一定の贈与を受けた者がいる場合、その額を遺産の価額に加えて具体的相続分を算定する必要がある（九〇三条）。これを特別受益の持戻しという。この処理は遺産分割の中で行われるため、贈与をした被相続人に遺産がなければ問題とならない。しかし、第一次相続の開始後から遺産分割未了の間、各共同相続人が遺産上に実体上の権利を持つとすれば、この権利が第二次相続での遺産分割の対象となりうる。それゆえ、そこで特別受益の持戻しも行われることになる。本決定はこのような考えをとった。

この考え方に対しては、原審のように、共同相続人が取得するのは抽象的な地位にすぎないとの理解もありうる。これによれば、第二次相続では、その地位の承継が生じるだけで遺産分割は行われず、特別受益の持戻しも生じない。しかし、そのような理解は、遺産共有の性質を物権法上の共有であるとする従来の最高裁の立場（119判決）と整合的ではない。したがって、学説は本決定に賛同するものが多い。

なお、最終的に審判で遺産分割をする際には、生存している第一次相続の相続人と、第二次相続の相続人との相続分の割合を先に計算し、一括して分割を行うことが多いとされる。

共同相続と登記

121　最2判昭和38・2・22民集一七巻一号二三五頁

関連条文　一七七条・八九八条

共同相続による持分権取得を登記なく第三者に対抗できるか。

事実　$X_1X_2X_3Y_1$は、共同相続により複数の不動産の所有権を取得した。ところがY_1の夫Aが、書類を偽造してY₁の単独相続を原因とする所有権移転登記をし、これらの不動産を担保としてY_2Y_3から金銭を借り入れた（なお、Y_1の同意が認定されている）。担保の方法は、AとY_2Y_3の間で不動産の売買予約をし、それに基づくY_2Y_3の所有権移転請求権保全の仮登記をするというものである。これに対してXらが、Y_1には単独での所有権移転登記の抹消を、Y_2Y_3には仮登記の抹消を求めた。原審が登記の全部抹消ではなく一部抹消を命じたことについてXが上告（一審でY_1の敗訴が確定している）。

裁判所の見解　遺産中の不動産について単独で所有権移転登記をした共同相続人（乙）や、乙から所有権移転登記を受けた第三取得者（丙）に対して、他の共同相続人（甲）は、登記がなくても自己の持分権を対抗できると解すべきである。なぜならば、乙の登記は甲の持分権に関しては無権利の登記であり、登記に公信力がない以上、丙が甲の持分権を取得する理由はないからである。そして、この場合に甲が丙に対して請求できるのは、登記の全部抹消ではなく、自己の持分権についてのみの一部抹消でなければならない。丙への移転登記は、乙の持分権に関しては実体に合っているからである。抹消範囲を判断する前提として、Xらの持分権取得の対抗の可否について、重要な判断が示された。

解説　不動産の物権変動を第三者に対抗するには、登記を必要とする（一七七条）。判例によれば、この「第三者」は、例えばその物権変動によって自己の権利が脅かされるなど、「登記の欠缺を主張する正当な利益」を持つ者でなければならない。

本判決のように、もともとY_2Y_3がY_1から取得できるのはY_1の持分権に限られるとみれば、Y_2Y_3はXらの持分権取得によって自己の権利を否定されるわけではなく、一七七条の「第三者」には当たらないことになる。したがって、Xらは登記なしにY_2Y_3に対抗できる。持分権も物権であることを理由に、学説の多くもこれを支持する。

他方、持分権も一個の所有権であり、ただ、他の持分権と制限し合っているのだと捉える見解も有力である。それによれば、Y_2Y_3は完全な所有権を取得するため、Xらの持分権と衝突する。Y_2Y_3は一七七条の「第三者」となり、登記のないXらは対抗できない。この見解の背後には、共同相続人が登記を怠ったことへの非難と、取引の安全への配慮がある。しかし、遺産分割を前にした共同相続人らに登記を要求するのは現実には難しい。それゆえ、譲受人の保護については、九四条二項の類推適用などの別の法理によるべきとするのが近時の趨勢である。

婚外子の相続分規定の合憲性(1)

122 最大決平成7・7・5民集四九巻七号一七八九頁

関連条文 九〇〇条四号ただし書前段、憲一四条一項

婚外子（非嫡出子、嫡出でない子）の相続分を婚内子（嫡出子）の相続分の二分の一と規定する九〇〇条四号ただし書前段は憲法一四条一項に違反するか。

事実 甲家の長男が生後まもなく死亡したため、長女Aが婿養子を迎えて甲家の後継者となることとされ、四回の試婚が繰り返され、二人目の試婚相手Bとの間にCが生まれたが、甲家戸主の強い反対によってAと法律婚をするに至らなかった。Aの死亡により相続開始。先死したCを代襲したCの子XがAの嫡出子およびその代襲相続人等に対して遺産分割審判を申し立て、九〇〇条四号ただし書前段は憲法一四条一項に違反すると主張した。

裁判所の見解 相続制度の形態には「歴史的、社会的にみて種々のものがあり、また、相続制度を定めるに当たっては、それぞれの国の伝統、社会事情、国民感情なども考慮されなければなら」ない。「さらに、現在の相続制度は、……その国における婚姻ないし親子関係に対する規律等を離れてこれを定めることはできない。これらを総合的に考慮した上で、相続制度をどのように定めるかは、立法府の合理的な裁量判断にゆだねられている」。法定相続分の定めが補充的規定であることをも考慮すれば、本件区別は「その立法理由に合理的な根拠があり、かつ、その区別が右立法理由との関連で著しく不合理なものでなく、いまだ立法府に与えられた合理的な裁量判断の限界を超えていないと認められる限り、合理的理由のない差別とはいえ」ない。「本件規定の立法理由は、法律上の配偶者との間に出生した嫡出子の立場を尊重するとともに、他方、被相続人の子である非嫡出子の立場にも配慮して、非嫡出子に嫡出子の二分の一の法定相続分を認めることにより、非嫡出子を保護しようとしたものであ」る。「現行民法は法律婚主義を採用しているのであるから、……本件規定の立法理由にも合理的な根拠があるというべきであり、本件規定が非嫡出子の法定相続分を嫡出子の二分の一としたことが、右立法理由との関連において著しく不合理であり、立法府に与えられた合理的な裁量判断の限界を超えたものということはできない」。

解説 多数意見は、①立法裁量を前提として、②民法が法律婚主義を採用している以上、法律婚の間に生まれたか否かによって差別が生じるのは当然であり、③その差別が著しく不合理でないならば違憲ではないと述べている。ただし、多数意見一〇人中四人は立法による改正を示唆する補足意見を述べており、違憲とする少数意見五人に加えると、大法廷を構成する裁判官一五人中九人が何らかの形で現行規定の不合理さを指摘していることには注意を要する。

婚外子の相続分規定の合憲性(2)

123 最大決平成25・9・4判時二一九七号一〇頁

関連条文 九〇〇条四号ただし書前段、憲一四条一項

婚外子の相続分を婚内子の相続分の二分の一と規定する九〇〇条四号ただし書前段は憲法一四条一項に違反するか。

事実　A死亡。相続人は配偶者B、嫡出子X_1X_2、嫡出子Cの代襲相続人X_3X_4、D女との間の婚外子Y_1Y_2。Xらが申し立てた遺産分割手続において、Yらが九〇〇条四号ただし書前段は憲法一四条一項に反し無効である旨主張したが、一審はこの主張を採用しなかった。Yらが抗告したが原審は棄却したのでYらが特別抗告をした。

裁判所の見解　本件規定の補充性からすれば両者の法定相続分を平等とすることも不合理ではないといえる上、遺留分につき本件規定は明確な法律上の差別規定であるとともに、本件規定の存在自体が嫡出でない子に対する差別意識を生じさせかねないことをも考慮すれば、この補充性は合理性判断において重要性を有しない。戦後改正から現在に至るまでの間の社会の動向、家族形態の多様化、これに伴う国民意識の変化、諸外国の立法の趨勢および日本が批准した条約の内容とこれに基づき設置された委員会からの指摘、両者の区別に関わる法制等の変化、従来の判例への度重なる問題の指摘等を総合的に考察すれば、家族における個人の尊重がより明確に認識されてきたことは明らかである。法律婚制度は日本に定着しているが、父母が婚姻関係になかったという、子にとって自ら選択ないし修正の余地のない事柄を理由として不利益を及ぼすことは許されない。以上を総合すれば、立法府の裁量権を考慮しても、遅くともAの相続が開始した平成一三年七月当時においては両者の法定相続分を区別する合理的根拠は失われており、その当時において憲法一四条一項に違反していた。本決定の違憲判断は、この時点から本決定までの間に開始された他の相続につき、本件規定を前提としてされた遺産分割その他の裁判、遺産分割協議その他の合意等により確定的なものとなった法律関係に影響を及ぼさない。

解説　本決定は婚外子の相続分を差別する九〇〇条四号ただし書前段は憲法一四条一項に反すると判断した点で画期的であるが、その理由は122決定の補足意見と反対意見を整理したものにすぎず、かつ、各理由が単独で決定的根拠とはなりえていない。むしろ、法律婚の尊重という理由では差別を正当化しえず、そもそも不合理な差別であったことが判断の基礎にあるといえる。さらに、遺言によっても変更されない遺留分が平等であること、違憲判断の効果が遡及する時期を限定することで122決定との矛盾を回避しつつ本決定が122決定の反対意見等が躊躇した違憲判決の遡及効を認めていることの二点も重要である。なお、本決定を受けて、平成二五年一二月一一日に九〇〇条四号ただし書前段は削除された。

特定の財産が特別受益であることの確認の利益

124 最3判平成7・3・7民集四九巻三号八九三頁

関連条文 九〇三条

特定の財産が特別受益財産であることの確認を求める訴えを提起することができるか。

事 実 被相続人A死亡。相続人はX Y_1～Y_7の計八名。遺産分割審判が係属中に、それとは別個独立に、Yらは生計の資本としてAから生前贈与を受けているのにこれを争っているとして、AからYらへの生前贈与財産が九〇三条一項に定めるみなし相続財産すなわち特別受益財産であることの確認を求める訴えをXが提起した。一審、原審ともに審判説（遺産分割分説）を採ってこの訴えを不適法であるとした。X上告。

裁判所の見解 九〇三条一項によって持戻義務が生じるわけではなく、特別受益財産が相続財産に含まれることになるわけでもないから、特定の財産が特別受益であることの確認を求める訴えは現在の権利または法律関係の確認を求めるものではない。しかし、過去の法律関係であっても、それを確定することが現在の法律上の紛争の直接かつ抜本的解決のために最も適切かつ必要と認められる場合には確認の利益があるとして許容されるところ、①ある財産が特別受益財産であるかの確定は、具体的相続分または遺留分の算定過程で必要となる事項にすぎず、しかも特定の財産が特別受益であることが確定しても、その価額、被相続人が相続開始時において有した財産の全範囲およびその価額等が定まらなければ具体的相続分または遺留分は定まらないので、この点を確認することは相続分または遺留分をめぐる紛争を直接かつ抜本的に解決することにはならない。それに、②特定の財産が特別受益に当たるかという問題は、遺産分割申立事件、遺留分減殺請求に関する訴訟など具体的相続分または遺留分の確定を必要とする審判事件または訴訟事件における前提問題として審理判断されるのであり、これらの事件を離れてその点のみを別個独立に判決によって確認する必要もない。以上二つの理由から、特定の財産が特別受益であることの確認を求める訴えは確認の利益を欠くものである。

解 説 この問題に関して、訴訟説（相続分説）と審判説（遺産分割分説）が対立している。本判決は、一方ではこの訴えは現在の権利または法律関係の確認を求めるものではないとして訴訟説に立つことを否定し、他方で、過去の法律関係の確認を求めるものであるとして審判説にも立っていない。本判決は、過去の法律関係の確認を求めるものであることを肯定した上で、確認の利益に関する従来の判例法理を厳格に適用することによって、この訴えにおける確認の利益を否定して不適法と結論づけるという、いわば両説の折衷説的見解をとったものと位置づけることができよう。

生命保険金請求権と特別受益

125 最2決平成16・10・29民集五八巻七号一九七九号

関連条文 九〇三条、保険二条八号・四二条

共同相続人を受取人とする生命保険金請求権は持戻しの対象となりうるか。

事実 A死亡。相続人は配偶者B、Xら三名およびY。その九ヶ月後にB死亡。相続人はXら三名およびY。Yは、AまたはBの死亡を原因として生じた死亡保険金等計約七九三万円を受領した。XらおよびYの間で土地以外の遺産につき遺産分割協議・調停が成立し、XらがA所有の土地を対象に遺産分割審判を申し立てた。一審は右記死亡保険金等を特別受益と認めたが、原審は否定した。この結果を不服としてXらが許可抗告。

裁判所の見解 生命保険金請求権は被相続人から承継取得するものではない上、この請求権は被相続人が死亡した時に初めて発生するものであり、被相続人が払った保険料と等価関係に立つものでもなく、被相続人の稼働能力に代わる給付でもないため、形式上も実質上も被相続人の財産に属していたとみることは原則としてできない。しかし、受取人である共同相続人とその他の共同相続人との間に生ずる不公平が到底是認できないほど著しいと評価すべき特段の事情が存する場合は九〇三条の類推適用によって特別受益に準じて持戻しの対象となると解するのが相当である。その特段の事情の有無については、保険金の額、この額の遺産の総額に対する比率のほか、同居の有無、被相続人の介護等に対する貢献の度合い等の保険金受取人である共同相続人および他の共同相続人と被相続人との関係、各相続人の生活実態等の諸般の事情を総合考慮して判断すべきである。

解説 判例は従来から生命保険金請求権の相続財産性・特別受益性を否定してきた。その理由は、①生命保険金請求権の「固有性」、②この請求権は被相続人死亡時に発生したものであるという「発生時期」、③支払われた保険料と保険金の等価関係の不存在の三点であり、この結論を支持する学説も少なくない。しかし、被相続人が支払った保険料は死亡保険金請求権の実質的対価と構成することも不可能ではないとして特別受益性を肯定する学説も有力に主張されている。下級審は本決定までは特別受益性を肯定するものと否定するものに分かれていたが、本決定以降は本決定が示した特段の事情の存否の判断要素に照らして判断がなされていくものと予想される。本決定が示した要素は①保険金額と遺産総額に対する比率、②受取人である共同相続人および他の共同相続人と被相続人との関係、③各相続人の生活実態の三点に分類でき、本決定はその優先度等につき言及していないが、①を中心にして判断するものと思われ、実際に本決定以降の下級審もそのような判断を下しているようである。

具体的相続分の確認の利益

126 最1判平成12・2・24民集五四巻二号五二三頁

特別受益財産の確定につき遺産分割審判とは別個独立に具体的相続分の価額または遺産総額に対する割合の確認を求める訴えを提起できるか。

事実　被相続人A死亡。相続人は子XYの二名。Yが申し立てた遺産分割に対し、一審は次のとおり審判した。Yへの特別受益額を相続開始時四〇〇〇万円と算定した。また、XがAの借地をAの勧めで購入資金の一部贈与を受けて購入した土地をXへの特別受益とし、相続開始時の価額を約一億七三〇〇万円と算定した。その上で、XからYへ具体的相続分との差額約二億二三一二万円を支払うように命じた。XYともに抗告したが二審は棄却。Xは最高裁にも抗告したが最高裁は却下した。

そこで、Xは、本件審判は特別受益の存否と評価に関する判断および土地借地権の評価に関する判断を誤っていること、そして、これらの事項は訴訟事項であってAの総遺産に対する具体的相続分の確認の訴えも許されると主張して、Yに対し具体的相続分の価額と同相続分率が一定限度を超えないことの確認を求めた。一審は却下。Xは控訴したが、原審は棄却。これを不服としてX上告。

裁判所の見解　具体的相続分は遺産分割手続における分配の前提となるべき計算上の価額またはその価額の遺産の総額に対する割合を意味するものであって、それ自体を実体法上の権利関係ということはできず、遺産分割審判事件における遺産の分割や遺留分減殺請求に関する訴訟事件における遺留分の確定等のための前提問題として審理判断される事項であり、これらの事件を離れて別個独立に判決によって確認することが紛争の直接かつ抜本的解決のため適切かつ必要であるということはできないため、このような確認を求める訴えは確認の利益を欠くものとして不適法であると解すべきである。

解説　この論点についての判断のポイントは、具体的相続分の法的性質の理解にある。具体的相続分は相続財産に対する観念的な権利として実在すると解するならば、まさに権利として実在する以上、その確認の利益がある限りその確認を求める訴えは許されることになる。これに対し、具体的相続分は具体的権利や法的関係ではなく、単に遺産分割プロセスにおいて設定される一種の分割基準であると解するならば、これは遺産分割手続を離れて民事訴訟において確認を求めて確定することは許されないことになる。本判決は、この点につき後者をとることを明らかにした上で、具体的相続分の遺産分割審判事件における位置づけと確認の必要性にも言及して確認の利益を否定したものと位置づけることができる。

関連条文　九〇三条

寄与分と遺留分の関係

127 東京高決平成3・12・24判タ七九四号二一五頁

関連条文 九〇四条の二・一〇二八条

寄与分は遺留分による制約を受けるか。

事実 被相続人A死亡。相続人はX Y_1～Y_3の四名。Y_1はAの農業の後継者として農地等の維持管理に努めるとともに晩年のAの療養看護を行っていた。原審はこの事実関係をもとにしてY_1の寄与分が遺産総額の七割を下らないものと判断し、遺産総額の三割に相当する額を共同相続人の人数で割った額にほぼ等しい価格の遺産中の土地をXに取得させ、Y_2とY_3については何ら遺産を取得しなくてもよいと述べていることを考慮してY_1に両名に対して各五〇万円を支払うことを命じて残りの遺産を全てY_1に取得させた。これに対して、Y_1に七割の寄与分を認めるのは著しく不当であるとしてXが抗告。

裁判所の見解 「寄与分の制度は、相続人間の衡平を図るために設けられた制度であるから、遺留分によって当然に制限されるものではない。しかし、民法が、兄弟姉妹以外の相続人について遺留分の制度を設け、これを侵害する遺贈及び生前贈与については遺留分権利者及びその承継人に減殺請求権を認めている（一〇三一条）一方、寄与分について、家庭裁判所は寄与の時期、方法及び程度、相続財産の額その他一切の事情を考慮して定める旨規定していること（九〇四条の二第二項）を併せ考慮すれば、裁判所が寄与分を定めるにあたっては、他の相続人の遺留分についても考慮すべきは当然である。確かに、寄与分については法文の上で上限の定めがないが、だからといって、これを定めるにあたって他の相続人の遺留分を考慮しなくてよいということにはならない。むしろ、先に述べたような理由から、寄与分を定めるにあたっては、これが他の相続人の遺留分を侵害する結果となるかどうかについても考慮しなければならないというべきである。」

解説 寄与分と遺留分の関係を規定する条文は存在しないが、両者間に一定の連関を認めようとするのが一般的である。寄与分の多寡に比例して個別的遺留分額を増減させることが可能であれば寄与分は遺留分による制約を受けるかという問題はそもそも生じないが、このように解することは解釈論上困難である。この問題に関して、寄与分の上限は遺留分によって画されるとの見解がある。この説の根拠は遺留分が第三者の物権をも否定できる強い権利であるのに対し、寄与分は相続債務ともいえない弱い法律上の利益であるとする。その上で、寄与分と遺留分の間に遺贈を挟むことによって、寄与分は遺贈に劣後すること（九〇四条の二第三項）と遺贈は遺留分に劣後すること（一〇三一条）を根拠として遺留分は遺贈および寄与分に優越するとの結論を導出するものであるが、本決定は既述のようにこのような捉え方をしないことを明言した点に注目される。

遺産に属する特定不動産についての共有持分権の譲渡と九〇五条による取戻しの可否

128 最1判昭53・7・13判時九〇八号四一頁

関連条文 八九八条・九〇五条

遺産を構成する特定不動産の共有持分権の譲渡についても九〇五条は適用されるか。

事実　被相続人A死亡。相続人は配偶者Y_1およびY_2～Y_5の計五名である。Y_1は、子の一人に金銭を贈与するためと、自己の居住用家屋を購入する資金を調達するという目的のために、他の相続人に事前に相談することなく遺産分割前に遺産を構成する土地の一部（本件係争地）を訴外Bに売却し、BはXに転売した。ただし、Xへの移転登記は、Y_1から本件係争地がそれを含む六筆の土地（本件土地）の六分の一に該当する旨の誓約書をとった上でY_1の相続分の半分（当時の九〇〇条では配偶者の相続分は三分の一とされていたため六分の一）について本件土地全てに共有持分が登記されている。そのため、Xが本件係争地につきYらに移転登記を求めた。

Y_2～Y_5は原審において九〇五条に基づく相続分取戻請求をしたが、同条は遺産の一部が譲渡された場合には適用されず、遺産全体の相続分が譲渡された場合にのみ適用されるとし、そうでないとしても、取戻しの意思表示が一ヶ月の期間経過後になされているとして、原審はこの主張を排斥した。これを不服としてYらが上告。

裁判所の見解　「共同相続人の一人が遺産を構成する特定の不動産について同人の有する共有持分権を第三者に譲り渡した場合については、民法九〇五条の規定を適用又は類推適用することはできないものと解すべきである。」

解説　共同相続人の一人が遺産の分割前にその相続分を第三者に譲り渡したときは、他の共同相続人は、その価額および費用を償還して、その相続分を譲り受けることができるとする権利、いわゆる相続分取戻権が九〇五条によって定められている。同条は共同相続人の利益を取引の安全よりある程度優先させることによってこれを保護する規定であるとされ、この規定の存在意義は相当程度認められるとしても、他方の取引安全の保護の要請から無制限に適用すべきではなく一定程度の範囲に制限すべきであるとの主張がなされている。

本判決までは同条の適用範囲についての最高裁の見解は明らかではなかった。本判決によって、共同相続人の一人が遺産を構成する特定の不動産について同人の有する共有持分権を第三者に譲渡したときは同条の適用はないとすることによって、同条の適用範囲は一定程度制限される旨の最高裁の見解が明らかにされたといえよう。

熟慮期間の起算点(1)：相続財産の存在を知らなかった相続人

129　最2判昭和59・4・27民集三八巻六号六九八頁

関連条文　九一五条一項・九二一条二号

相続人が相続財産の存在を認識していない場合に、九一五条一項の熟慮期間は進行するか。

事　実　Aは、昭和五五年三月五日に死亡した。Aの子であるYらは死亡翌日までにAの死を知ったが、YらはAのギャンブルや暴力が原因で家を出て以来一〇年以上の間、Aとの交渉はなく、生活保護を受けて生活していたAには相続すべき積極財産は全くなかったことから、相続に関し何の手続もとらなかった。その後、Yらは、亡Aに対し一〇〇〇万円の連帯保証債権を有するXからAに対する貸金請求訴訟の判決の正本の送達を受け、昭和五六年二月二六日に相続放棄の申述をし、同年四月一七日に受理された。XがYらに対し、同債権を請求した。

裁判所の見解　熟慮期間は、原則として、相続人が相続開始の原因たる事実およびこれにより自己が法律上相続人となった事実を知った時から起算すべきものであるが、相続人が右各事実を知った場合であっても、知った時から三ヶ月以内に限定承認または相続放棄をしなかったのが、被相続人に相続財産が全くないと信じたためであり、かつ、被相続人の生活歴、被相続人と相続人との間の交際状態その他諸般の状況からみて当該相続人に対し相続財産の有無の調査を期待することが著しく困難な事情があって、相続人において右のように信じるについて相当な理由があると認められるときには、相続人が相続財産の全部または一部の存在を認識した時または通常これを認識することができる時から起算すべきものと解するのが相当である。

解　説　本判決は、相続人が被相続人の死亡およびこれにより自己が相続人となった事実を知った時に、相続財産の存在を認識するか否かにかかわらず熟慮期間が進行するのが原則であること、相続人が相続財産がないと信じ、かつ、その信用に相当性があるときには例外が認められること、相続財産の有無の調査を期待することが著しく困難であるような場合に信用の相当性が認められること、例外の場合の起算点は相続財産の全部または一部の存在を認識または認識することができる時であることを明らかとした意義を有する。

熟慮期間は伸長がありうること（九一五条一項ただし書）、相続における権利関係の早期確定の要請からは、相続人の認識を問うことには疑問もあるが（本件の反対意見参照）、相続人による相続財産の調査を期待して設けられた熟慮期間の趣旨に基づき、相続人の保護を図ったといえる。本判決の示す例外は非常に限定的であるが、その射程は後の裁判例で問われている（130決定参照）。

熟慮期間の起算点(2)：相続財産の一部が存在することを知っていた相続人

130 東京高決平成19・8・10家月六〇巻一号一〇二頁

関連条文　九一五条一項・九二一条二号

相続人が相続財産の一部が存在することを知っていたが、消極財産は存在しないと信じていた場合、熟慮期間の起算点をどのように解するか。

事実　平成一七年一二月にAが死亡し、その相続人はAの母Xのみであった。AとXおよびその同居家族とは、Aの相続開始の前後において日常的な交際はほとんどなく、Xは、Aの死亡時に、Aの遺産として単独での資産価値がほとんどない甲土地があることを知っていたが、負債があることは知らなかった。ところが、平成一八年四月二〇日にXの親族が入手した甲土地の登記事項全部事項証明書から根抵当権設定の仮登記がなされていることがわかり、調査の結果、Aが連帯保証をしており、その残債務額は少なくとも六〇〇万円に達することが判明した。同年六月二〇日、XがAの相続につき相続放棄の申述をしたところ、熟慮期間の経過を理由に却下されたため、Xが抗告した。

裁判所の見解　九一五条一項所定の熟慮期間の起算点に関する判例（129判決）の趣旨は、相続人において被相続人に積極財産があると認識していてもその財産的価値がほとんどなく、一方消極財産について全く存在しないと信じ、かつそのように信じるにつき相当な理由がある場合にも妥当するというべきであり、この場合の上記期間は、相続人が消極財産の全部または一部の存在を認識した時またはこれを認識することができる時から起算するのが相当である。

解説　相続が開始しても、自己が相続人であることを知らなければ、相続を承認すべきかについて熟慮判断する前提を欠くから、熟慮期間は進行しない（本決定引用の129判決）。問題は、相続財産が全くない、相続財産はあるが自分の相続分はない、積極財産はあるが消極財産はないなどと考えたために、限定承認や放棄をしなかったが、後に相続財産の債務超過がわかった場合である。これらの場合に単純承認を擬制すれば、相続人に酷であることは確かだが、前記判例法理は、「相続財産が全くないと信じた」場合にのみ起算点の例外を認めていた。一部でも相続財産の存在を知っていれば、承認すべきか否かの判断の前提条件はあり、ただ、相続財産の数量・評価に関する錯誤に基づく瑕疵ある判断について、相続人にどのような保護を与えるかが問題となるにすぎないからである。これに対し、本判決を含む裁判例は、相続人が限定承認または放棄をすることの期待可能性についてより実質的に評価し、例外の枠組みを緩める傾向があり、前記判例法理の射程が問われている。

法定単純承認(1)：相続財産を処分した場合

131 最1判昭和42・4・27民集二一巻三号七四一頁

関連条文　九二一条一号

相続財産の処分によって法定単純承認の効果が生じるためには、自己のために相続が開始したことの認識を要するか。

事実

左官業を営んでいたAは昭和三四年七月三〇日頃に家出をし、同日夜に自殺死亡した。同年一二月七日に死体が発見され、Aの相続人であるAの子YはAの死亡を知り、昭和三五年二月に相続放棄の申述をし、受理された。XはAに対して一五七万円余の債権を有していたとして、Yに対し、その支払を求める訴えを提起した。相続放棄について、Xは、YがAの家出の翌月にB有限会社を設立してAの左官業を承継させ、遺産に属する左官工具および自転車をBに使用させたことが九二一条一号本文所定の処分行為に該当し、単純承認の効果が生じると主張した。

裁判所の見解

九二一条一号本文が処分行為によって当然に単純承認を擬制する主たる理由は、本来、かかる行為は相続人が単純承認をしない限りしてはならないところであるから、これにより黙示の単純承認があるものと推認しうるのみならず、第三者からみても単純承認があったと信ずるのが当然であると認められることにある。したがって、たとえ相続人が相続財産を処分したとしても、いまだ相続開始の事実を知らなかったときは、相続人に単純承認の意思があったものと認める理由はないから、単純承認を擬制することは許されず、この規定が適用されるためには、相続人が自己のために相続が開始した事実を知りながら、または、少なくとも相続人が被相続人の死亡した事実を確実に予想しながらあえて相続財産を処分したことを要する。本件では単純承認擬制の効力は生じない。

解説

本件は、九二一条一号本文の趣旨を単純承認の推認に求め、したがって、被相続人の死亡を知らないために、自己のために相続が開始したことを知らなかった相続人が相続財産を処分した場合に単純承認の効果が生じることを否定した意義がある。単純承認の効果は擬制されるのであるから、相続人に単純承認の意思が存しなかったという事実だけからは効果発生は否定されないはずであるが、そもそも客観的な事情において相続人の死亡が明らかでないような場合には、意思擬制の前提条件を欠き、また、第三者（利害関係者として相続債権者、処分行為の相手方が考えられよう）についても、相続が開始したと信じる理由がなく、単純承認がなされたことを信じる前提を欠くからである。なお、本判決には、本件でのYの行為がそもそも処分行為に当たらないとした事例的意義もある。

法定単純承認(2)：消極財産を財産目録に記載しなかった場合

132 最1判昭和61・3・20民集四〇巻二号四五〇頁

関連条文 九二一条三号・九二四条

限定承認をした相続人が消極財産を悪意で財産目録中に記載しなかったときに、法定単純承認の効果は生じるか。

事実　Aは甲土地をXに売り渡したが所有権移転登記手続を行わないうちに死亡した。Aは死亡前に甲土地をBに二重に売り渡していたが、Bへの登記も未了であった。Aを相続したYらは、熟慮期間内に家庭裁判所に限定承認を申述し受理されたが、その際に提出した財産目録にXに対する債務の存在を記さなかった。YらはAB間の契約の履行として、Bへの移転登記を行った。Xは、Yらは悪意で右相続債務を財産目録に記載しなかったものであって九二一条三号に該当することを前提に、Yらは単純承認の効果を受け、Xへの移転登記義務を承継するにもかかわらず、Bへ登記を移転したことを理由に、不法行為または債務不履行に基づく損害賠償を請求した。

裁判所の見解　限定承認をした相続人が消極財産を悪意で財産目録中に記載しなかったときにも、九二一条三号により単純承認したものとみなされる。なぜなら、九二四条は、相続債権者および受遺者（以下「相続債権者等」）の保護を図るため、限定承認の結果清算されるべきこととなる相続財産の内容を積極財産と消極財産の双方について明らかとすべく、限定承認の申述に当たり財産目録を提出すべきとしているのであって、九二一条三号の規定は、右の財産目録に悪意で相続財産の範囲を偽る記載をすることは、限定承認手続の公正を害するものであるとともに、相続債権者等に対する背信的行為であって、そのような行為をした不誠実な相続人には限定承認の利益を与える必要はないとの趣旨に基づいて設けられたものと解されるところ、消極財産（相続債務）の不記載も、相続債権者等を害し、限定承認手続の公正を害するという点においては、積極財産の不記載との間に質的な差があるとは解し難いからである。

解説　本判決は、九二一条三号にいう「相続財産」には、消極財産も含まれることを初めて明らかにした意義がある。同号の趣旨を、不誠実な行為をした相続人から限定承認の利益を奪う一種の制裁と限定承認手続の公正さの確保に求めるものである。これに対し、限定承認手続上、消極財産については、その範囲を明らかにするために債権者等に対する公告および催告の手続が別に存する（九二七条）点で積極財産とは異なるから、財産目録への不記載につき、限定承認の効果剥奪という制裁ではなく損害賠償責任を課せば足りるとの異論も強い。

限定承認と死因贈与

133　最2判平成10・2・13民集五二巻一号三八頁

被相続人から不動産を死因贈与されていた相続人が限定承認をした場合、相続債権者に対し所有権取得を対抗できるか。

事　実　Aは、昭和六二年一二月二一日、所有していた土地甲を二人の子Xらに死因贈与し、同月二三日にXらは甲につき死因贈与を原因とする始期付所有権移転仮登記をした。Aは平成五年五月九日に死亡した。Xらは同年八月三日に限定承認の申述をする一方、同月四日に、甲につき前記仮登記に基づく所有権移転登記をした。Xらの限定承認の申述は同月二六日に受理された。Aの相続債権者Yは、その債権の執行として、Aの相続財産の限度内でAの一般承継人であるXらに対し強制執行できる旨の承継執行文の付与を受け、甲につき強制競売の申立をし、平成六年一一月二九日に差押登記がなされた。Xらはこれに対し、甲は限定承認における相続債権者に対する責任財産に当たらないとして異議を申し立てた。一審はこれを認容したが原審は請求を棄却し、Xらが上告した。

裁判所の見解　不動産の死因贈与の受贈者が贈与者の相続人である場合において、限定承認がされたときは、死因贈与に基づく限定承認者への所有権移転登記が相続債権者による差押登記よりも先にされたとしても、信義則に照らし、限定承認者は相続債権者に対して不動産の所有権取得を対抗することができない。なぜなら、①被相続人の財産は本来、限定承認者により相続債権者への弁済に充てられるべきであり、相続人が限定承認をしておきながら自己への所有権移転登記手続をすることは信義則上相当でなく、また、②もしこのような登記を差押登記に先立って行うことで相続債権者に対抗できるとすれば、限定承認者は、他の相続財産の限度でのみ相続債権者に弁済をすれば免責される上目的不動産の所有権を取得し、他方、相続債権者は弁済を受けられる額が減少して、「限定承認者と相続債権者との間の公平を欠く結果となる」からである。

関連条文　一条・一七七条・五五四条・九二二条・九三一条

解　説　本判決は信義則を理由に、先に登記を経た限定承認者の主張を封じた。裏を返せば、被相続人からの死因贈与による物権の取得と、限定承認がなされた場合の相続債権者による相続財産への執行との優劣は、信義則違反がなければ原則として登記の先後で決されることになろう。この点につき、被相続人による生前の譲渡と限定承認における相続債権者の関係に関する先例（最1判昭和31・6・28民集一〇巻六号七五四頁等）との違いが指摘されている。

遺贈に関する九三一条（相続債権者への弁済の優先）およびこれに反した場合の九三四条（限定承認者の賠償責任、悪意の受遺者への求償等）が五五四条により死因贈与に準用されるか否かは、不動産の帰属とは別に、なお問題となりうる。

負担付死因贈与と抵触する遺言

134　最2判昭和57・4・30民集三六巻四号七六三頁

関連条文　五五三条・五五四条・一〇二二条・一〇二三条

負担が履行された負担付死因贈与は撤回できるか。

事　実　Aは昭和三五年五月三日に長男Xと死因贈与契約を締結した。内容は、Xは在職中に毎月一定額以上をAに送金し、さらに定期賞与金の半額を給付することとし、Xがこの債務を履行した場合、Aは全遺産をXに死因贈与するというものである。Xはこの負担を全て履行したと主張する。

他方、Aは昭和四九年と同五二年に自筆証書遺言を作成し、これらによりAの財産の一部（不動産等）を次男Y_1と次女Y_2に遺贈し、Y_3を遺言執行者に指定した。

XはAの死後、これらの遺言の無効確認を求め訴えを提起した。Xは、遺言の方式違背の主張に加え、Y_1Y_2への遺贈は、Xへの死因贈与があるため、Aの相続財産に属しない権利を目的としており無効であると主張した。一審および原審は、五五四条により死因贈与に一〇二二条および一〇二三条が準用されるとしてXの請求を認めなかったため、Xは上告した。

裁判所の見解　負担の履行期が贈与者の生前と定められた負担付死因贈与契約に基づいて受贈者が約旨に従い負担の全部またはそれに類する程度の履行をした場合においては、贈与者の最終意思を尊重するあまり受贈者の利益を犠牲にすることは相当でないから、この贈与契約締結の動機、負担の価値と贈与財産の価値との相関関係、この契約上の利害関係者間の身分関係その他の生活関係等に照らし負担の履行状況にもかかわらず負担付死因贈与契約の全部または一部の取消し〔撤回〕をすることがやむをえないと認められる特段の事情がない限り、遺言の取消し〔撤回〕に関する一〇二二条・一〇二三条の各規定を準用するのは相当でない。

解　説　五五四条は、死因贈与に、「その性質に反しない限り、遺贈に関する規定を準用する」と定めるが、どの規定が準用されるかが問題となる。遺言の撤回自由を認める一〇二二条については、最1判昭和47・5・25民集二六巻四号八〇五頁が、贈与者の最終意思の尊重を根拠として死因贈与への準用を認めた。一〇二三条の準用も同様と解される。

これらの条文の負担付死因贈与への準用は、負担付贈与に双務契約の規定が準用される（五五三条）こと等から問題となる。負担付の死因贈与に比較的強い拘束力を認めれば、撤回の自由は否定されうる。しかし本判決は、負担付であること自体を理由とするのではなく、「負担の履行期が贈与者の生前と定められ」ており、これに基づき受贈者が「負担の全部又はそれに類する程度の履行をした場合」に、原則として、一〇二二条および一〇二三条の準用を否定した。贈与者の最終意思の尊重に立脚しつつ、撤回により受贈者が積極的な不利益を被る場合については撤回の自由を否定する意向が読み取れよう。

135 再転相続人の相続放棄

最3判昭和63・6・21家月四一巻九号一〇一頁

関連条文 九一六条

甲の相続を承認も放棄もせずに法定相続人乙が死亡した場合、乙の法定相続人丙が甲の相続についてした放棄は、その後乙の相続を放棄したことにより遡及的に無効となるか。

事実　Aは昭和五七年に死亡し、法定相続人は子Bおよび代襲相続人Xらであったが、Bは九一五条一項の熟慮期間経過前に、Aの相続につき承認も放棄もせずに死亡した。Bの法定相続人である妻子Cらは、Aの相続を放棄し（九一六条）、その後Bの相続を放棄した。Bの債権者Yらは、Aが所有していた不動産甲につき、Bが共有持分二分の一を相続により取得した旨の代位登記を経て、この共有持分の仮差押えをし、仮差押登記がなされた。Xらは、CらによるAの相続の放棄の結果Bは甲を相続せず、Yらによる登記は無効であるとして、抹消登記手続等を求めた。一審、原審はXらが勝訴。Yらは、CらがBの相続を放棄したことから、Aの相続についてのBの選択権も放棄したと解される等と述べて上告した。

裁判所の見解　九一六条は、甲の相続につきその法定相続人乙が承認または放棄をせず死亡した場合に、乙の法定相続人丙のために、甲の相続についての必要な熟慮期間を付与する趣旨に留まらず、丙の再転相続人たる地位に基づき、甲の相続と乙の相続のそれぞれにつき承認か放棄かの選択を熟慮し、かつ、承認または放棄の機会を保障する趣旨をも有する。そうすると、丙は、乙の相続を放棄した場合は乙が有していた甲の相続についての選択権を失うから、もはや甲の相続につき承認または放棄をすることはできないが、丙が乙の相続を放棄をしていないときは、甲の相続につき放棄をすることができ、かつ、甲の相続につき放棄をしても乙の相続につき承認または放棄をするのに障害にならず、また、その後丙が乙の相続につき放棄をしても、丙が先に再転相続人たる地位に基づいて甲の相続につきした放棄の効力は、遡って無効になることはない。

解説　甲の相続につき法定相続人乙が承認も放棄もせずに熟慮期間中に死亡した場合（再転相続の開始）、乙の法定相続人丙は、乙による甲の相続につき承認または放棄の選択権を得るが、民法は九一六条でその熟慮期間につき定めるのみである。丙は乙の相続を承認する場合のみ乙の選択権を有する（選択権行使の先後は不問）との見解もあるが、本判決は判旨のとおり異なる解決をとる。判決文は九一六条の趣旨から結論を導くが、丙のした甲の相続の放棄の効果を維持し法律関係の早期確定を重視する意向も推測されている。なお、丙が甲の相続を放棄しても、乙の相続の放棄の障害とならないとの判示は、丙による甲の相続の放棄が、乙の相続における法定単純承認事由（九二一条一号）とならないことを前提としている。

相続放棄と登記

136 最2判昭和42・1・20民集二一巻一号一六頁

関連条文 一七七条・九三九条

相続放棄の効果として生じた不動産の帰属は、登記なしに第三者に主張できるか。

事実 Aは昭和三一年八月二八日に死亡し、Aの相続人七人のうちX_1およびX_2を除く全員（Bを含む）が相続放棄の申述をし、同年一一月二〇日に受理された。昭和三九年一二月二五日、Bの債権者Y_1およびY_2は、Aの遺産である本件不動産を七人の相続人が共同相続したものとして、Bに代位して所有権保存登記を、また、Bの本件不動産の共有持分九分の一についての仮差押決定を得てその旨の登記をした。Xらはこれに対し、仮差押えがなされた物件はBの所有ではなくXらの所有であるとして第三者異議の訴えを提起した。一審は、相続放棄は一七七条にいう物権の得喪変更に該当し、Bらの相続放棄によりその持分をXらが取得したことは、Yらに対抗しえないとした。その後、本件不動産につき、Bらの相続放棄の登記がなされ（昭和四〇年一一月五日）、また、X_2が本件不動産上の持分を放棄しその旨の登記がなされた（同月一〇日）。控訴は棄却され、X_1は上告した。

裁判所の見解 民法が承認、放棄をなすべき期間（九一五条）を定めたのは、相続人に権利義務を無条件に承継することを強制しないこととして、相続人の利益を保護しようとしたものであり、相続人は、同条所定期間内に家庭裁判所に相続放棄の申述をすると、相続開始時に遡って相続開始がなかったと同じ地位に置かれることとなり、この効力は絶対的で、何人に対しても、登記等なくしてその効力を生じる。

解説 相続におけるいくつかの局面で生じうる不動産物権の変動や帰属の決定につき、登記がなければ第三者に対抗できない（一七七条）のかどうかが問題となる。相続放棄と登記の問題もその一つであり、本判決は、相続放棄により他の共同相続人が当初の法定相続分より多く物権を取得した場合につき、相続放棄の効果は登記なしに第三者に主張できるとした。この解決は相続放棄の遡及効（九三九条）により説明される。すなわち、相続放棄した者は相続開始時に遡り相続人ではなかったことになり、この遡及効は絶対的である。したがって、相続放棄者は相続財産につき無権利者であったことになり、この者に持分があることを前提としてなされた仮差押等も無効ということになる。

本判決の結論については学説にも異論がないが、同じく遡及効のある遺産分割（九〇九条）においては、遺産分割後に現われた第三者に対し、遺産分割の結果法定相続分以上の財産を取得した相続人は、登記をしなければこれを対抗できない（143判決）とされることとの違いをどう説明すべきかが議論になっている。

遺産分割と家事審判手続

137 最大決昭和41・3・2民集二〇巻三号三六〇頁

家裁の審判手続により遺産分割の裁判をすることは合憲か。

事実　Aが死亡し、子であるXおよびYがAを相続した。Xが家庭裁判所に遺産分割の調停を申し立てたが、Yは調停期日に一度も出席せず、審判手続に移行した。Xの主張する分割案に沿った遺産分割を命じた一審審判への抗告を棄却されたYは、最高裁に特別抗告をし、遺産分割の裁判を家庭裁判所の審判手続で行うことの合憲性を争った。

裁判所の見解　遺産分割審判は、各共同相続人の請求により、家庭裁判所が九〇六条に則り、当事者の意思に拘束されることなく、後見的立場から合目的的に裁量権を行使して具体的に分割を形成決定し、その結果必要な処分をなす裁判であって、その性質は本質的に非訟事件であるから、公開法廷における対審および判決によってする必要はない。

遺産分割審判は、相続権、相続財産等の存在を前提としてなされるものであり、それらはいずれも実体法上の権利関係であるから、その存否を終局的に確定するには、訴訟事項として対審公開の判決手続によらなければならない。しかし、家庭裁判所は、かかる前提事項につき当事者間に争いがあるときは、常に民事訴訟による判決の確定を待って初めて遺産分割の審判をなすべきものではなく、審判手続において右前提事項の存否を審理判断した上で分割の処分を行うことは何ら差し支えない。なぜなら、審判手続においてした右前提事項に関する判断には既判力が生じないから、これを争う当事者は、別途民事訴訟を提起して右前提事項の確定を求めることを何ら妨げられず、そしてその結果、判決によって右前提たる権利の存在が否定されれば、分割の審判もその限度において効力を失うに至るからである。このように、右前提事項の存否を審判手続によって決定しても、そのことは民事訴訟による通常の裁判を受ける途を閉ざすことを意味しないから、憲法三二条・八二条には違反しない。

解説　遺産分割の裁判を家裁の審判手続で行うことが合憲であるとされる論拠は、92決定（本決定でも引用されている）が述べるところと同じであり、同決定の解説を参照されたい。若干付言すると、前提事項については訴訟手続で争うことができるから違憲ではない、とする論理は、夫婦間で同居や婚姻費用の分担が争われる事件とは異なり、遺産分割事件の場合には相応の説得力を有するように思われる。家裁実務は、本決定を受けて、遺産分割の調停ないし審判の当事者の間で、相続人が誰か、ある財産が遺産に属するか、等の前提事項に争いがあるときには、申立を一旦取り下げて、訴訟手続で先にそれを確定してから改めて調停ないし審判を申し立てるよう、強く促す扱いをしている。

関連条文　九〇七条、家事三九条別表第二第一二項、憲三二条・八二条

遺言に反する遺産分割協議の効力

138 東京地判平成13・6・28判タ一〇八六号二七九頁

遺言の内容に反する遺産分割協議の効力を、当該遺言の遺言執行者は否定できるか。

事　実　Aが死亡し相続が開始した。Aの相続人は、妻Y_1および子Y_2Y_3Zの計四名である。Aは、Y_1、Y_2、Y_3、Zの各相続分を四分の一、一二分の一、一二分の一、一二分の七と指定する、本件土地につきAが有する共有持分五分の一を含む若干の物件をZに相続させる、遺言執行者としてXを指定する、という内容の本件遺言を遺しており、Xは遺言執行者への就職を承諾した。YらおよびZは、Xの同意なしに本件遺産分割協議を成立させ、それに基づいて、本件土地につき相続を原因とする本件登記（Zの持分割合は五分の一に満たず、他方でYらのいずれも、持分の多寡はあれ、本件土地の名義人の一人となっている）をした。Xは、遺言執行者として、本件遺言の内容に従った登記を実現すべく、Yらが本件土地につき有する本件登記を、真正な登記名義の回復を原因としてZに移転するようYら（Zが補助参加）に請求する訴えを提起した。

裁判所の見解　Aが遺言で相続分の指定を伴う遺産分割方法の指定をし、あわせてXを遺言執行者に指定した場合には、Aは、Aが定めた遺産分割の方法に反する遺産分割協議を許さず、右方法に従った遺産分割の実行をXに委ねたものと解される。遺言執行者がある場合には、相続人は、相続財産の処分その他遺言の執行を妨げるべき行為をすることができず（一〇一三条）、これに違反する遺産分割行為は無効である。もっとも、本件遺産分割協議は、本件土地持分について、Zが本件遺言により取得した分を相続人間で贈与ないし交換的に譲渡する旨の合意を含むものであり、その合意は、遺言執行者の権利義務を定め、相続人による遺言執行を妨げる行為を禁じた民法の規定に抵触しない。

解　説　本判決は、被相続人の死亡時に何らの行為を要することなくその効力が発生するのが原則だとされる、特定の財産を特定の相続人に「相続させる」旨の遺言（149判決参照）の中で、遺言執行者が指定されていた事例につき、遺言内容に反した遺産分割協議をしても無効であるとの一般論を述べつつも、相続人間での贈与ないし交換的な譲渡の合意をも遺産分割協議に読み込むことによって、実質的に右の一般論を骨抜きにしている。なお、不動産につき遺産共有状態にあることを示すためにされた、相続人らが法定相続分の割合で共有する旨の相続登記につき、遺言執行者からの抹消請求を認めた裁判例があるが（東京地判平成元・2・27判タ六八九号二八九頁、大阪地判平成6・11・7判タ九二五号二四五頁など）、それらは、当該不動産につき遺産分割協議が成立したとはいえない事例であった点で、本判決とは事案が異なる。

関連条文　九〇七条・一〇一二条・一〇一三条・一〇一五条

遺産分割協議で負担した債務の不履行と契約解除

139 最1判平成元・2・9民集四三巻二号一頁

関連条文 五四一条・九〇七条・九〇九条

遺産分割協議においてある相続人が他の相続人に対して負うべきことが定められた債務につき不履行があった場合に、右不履行を理由とする遺産分割協議の解除が認められるか。

事実 被相続人Aの相続人は、妻B（本件訴訟の原告の一人であったが、一審係属中に死亡）と、長男Yおよびその余の子であるXら四名の、計六名であった。相続人間で本件遺産分割協議が成立し、それによると、YはAが営んでいた家業を継承すべく、法定相続分よりも多い遺産の割当てを受け、またXらのうちの男性二名およびBは各自概ね法定相続分に応じた遺産の割当てを受けたが、Xらのうちの女性二名は遺産を何ら取得しないこととされた。以上の趣旨を記した遺産分割協議書が作成されたが、Yは右協議の際に、今後はBと同居しBを扶養すべきことなど四項目を、他の相続人らに対して口頭で約束した。しかし、Yが妻とともにBと同居を開始して間もなく、YとBとの間で対立が生じた。

XらおよびBは、再三の口頭による催告にもかかわらず、Yが右四項目を遵守しなかったことを理由として、本件遺産分割協議を解除する旨の意思表示をYに対して行い、同解除に基づく原状回復として、Yが本件遺産分割協議に基づいて単独で取得した複数の不動産の登記名義を、法定相続分の割合に応じたXらとYとの共有名義に改めることなどを求める訴えを提起した。

裁判所の見解 共同相続人間において遺産分割協議が成立した場合に、相続人の一人が他の相続人に対して右協議において負担した債務を履行しないときであっても、他の相続人は五四一条によって右遺産分割協議を解除できない。なぜなら、遺産分割はその性質上協議の成立とともに終了し、その後は右協議において右債務を負担した相続人とその債権を取得した相続人間の債権債務関係が残るだけと解すべきであり、しかも、このように解さなければ九〇九条本文により遡及効を有する遺産の再分割を余儀なくされ、法的安定性が著しく害されることになるからである。

解説 本判決は、それ以前の下級審裁判例および学説の多数説に従い、遺産分割協議においてある相続人が他の相続人に対して負うことが定められた債務につき不履行があった場合でも、同協議の法定解除は認められない、としたものである。もっとも、本判決が論拠とする二点はいずれも説得力に欠くとして、本判決後の学説の多くはむしろ法定解除肯定説に傾いている。また、本判決の事案においてYが「債務」を負担したといえるのかどうかを疑問視し、もって本判決の射程を限定すべき（債務負担がされたと明確にいえるケースに関しては法定解除の余地を認めるべき）旨を主張する見解もある。

遺産分割協議の合意解除

140 最1判平成2・9・27民集四四巻六号九九五頁

関連条文 五四五条・九〇七条・九〇九条

遺産分割協議を相続人全員で合意解除することはできるか。

事実

本件土地などを所有するAが死亡し、XYらがAを相続した。昭和五七年三月二五日の本件遺産分割協議で、本件土地はXが、本件土地の隣地（Y所有自宅の敷地）はYがそれぞれ取得することとされ、同月三〇日にXは相続を原因とする本件土地の所有権移転登記をした。同月末頃、本件遺産分割協議の結果だとY宅への自動車の出入り等に不便であると主張したYは、Xとの協議の結果、Xから本件土地の一部分の贈与を受け、その登記手続に必要なXの実印および印鑑証明書、本件土地の登記済証の交付を受けた。Yはこれらを用いて、同年四月七日に本件土地につき真正な登記名義の回復を原因とする本件所有権移転登記をした。Xは、同年一二月になって初めて本件登記がされたことを知り、本件遺産分割協議により取得した所有権に基づき本件登記の抹消登記手続を求める訴えを、Yを被告として提起した。Yは抗弁として、昭和五七年三月末もしくは同五八年一月に、本件土地の持分二分の一をYに相続させることを主たる内容とする本件遺産分割協議の修正（遺産分割協議の全部または一部の合意解除および再分割協議）が相続人間で行われた、などと主張した。

一審および原審は、Yの右抗弁について、遡及効を伴う形での遺産分割協議の修正は法的安定性を害すること、一旦成立した遺産分割協議を前提として改めて贈与等をすれば遺産分割協議の修正の目的は実質的に達せられること、を理由に、主張自体失当だとし、その余の抗弁も排斥してXの請求を認容した。

裁判所の見解

共同相続人の全員が、すでに成立している遺産分割協議の全部または一部を合意解除した上、再分割協議をすることは、法律上、当然には妨げられるものではない。もっとも、原審の認定判断によれば、本件事案の下で、そのような合意解除および再分割協議がなされたとは認められないので、原審の判断は結論において是認できる。

解説

一審および原審が指摘するように、遺産分割協議の修正（合意解除および再分割協議）の効果は、当初の分割協議を前提として改めて贈与等を行うことで、実質的には達成される。あえて合意解除の構成をとる狙いは、遡及効を主張する点にあり、その点は民法よりも税法上、重要となる。最1判昭和62・1・22判時一二二七号三四頁は、不動産取得税の課税関係につき遡及効を認める扱いをしたが（相続開始後二ヶ月で当初の分割協議が成立し、その約二ヶ月後に再分割協議がされた事例）、場合によって、当初の分割協議を前提とした別の処分が相続人間でされたものと扱われる可能性がある（相続税・贈与税の課税関係につき、東京地判平成11・2・25税務訴訟資料二四〇号九〇二頁）ことに注意すべきである。

婚外子の存在が遺産分割後に明らかになった場合と九一〇条

141　最2判昭和54・3・23民集三三巻二号二九四頁

関連条文　七八四条ただし書・九一〇条

母の死亡による相続につき、共同相続人である婚外子の存在が遺産分割その他の処分後に明らかになった場合に、七八四条ただし書・九一〇条を類推適用することができるか。

事　実　BXCはA女の婚外子であるが、他の夫婦の嫡出子として届出がされた。その後CはAと養子縁組し、昭和四四年A死亡時の相続分はBXが各四分の一、Cが二分の一であった（ただしBは持分をXに譲渡した）。Cは戸籍上自己が唯一の相続人であるのを奇貨として、本件二筆の土地につき昭和四五年に単独相続登記をした上、各一筆を$Y_1$$Y_2$に売却して登記を移転した。Xは、A死亡後、検察官を被告としてAとの間の母子関係存在確認の訴えを提起し、X勝訴の判決が昭和四九年に確定した。Xは、本件各土地につき持分二分の一を有することの確認と、所有権移転登記をCの持分二分の一についての共有持分移転登記に改める更正登記手続を求めて訴えを提起した。原審は「民法七八四条但書〔一〕九一〇条の法意の類推適用」を認め、Xの請求を棄却。Xが上告。

裁判所の見解　母と嫡出でない子との間の親子関係は、原則として、母の認知を待たず分娩の事実により当然に発生し、母子関係が存在する場合には認知によって形成される父子関係に関する七八四条ただし書を類推適用すべきではない。九一〇条は、取引の安全と被認知者の保護との調整ではなく、共同相続人の既得権と被認知者の保護との調整を図る規定であって、遺産分割その他の処分時に当該相続人のほかに共同相続人が存在しなかった場合における当該相続人の保護を図るところに主眼があり、第三取得者は右相続人が保護される場合にその結果として保護されるにすぎないから、相続人の存在が遺産分割その他の処分後に明らかになった場合については同条を類推適用することはできない。

解　説　判例は共同相続人の持分の主張につき登記不要説をとるから（121判決）、第三取得者の保護には別の構成を要する。本判決は、原審の構成（七八四条ただし書・九一〇条類推適用）を否定した。母子関係（41判決参照）と父子関係を峻別する判旨前段の理由づけは形式的であるが、その実質は、七八四条ただし書を取引安全保護の規定と解する見解を退けるものである。それとは別に、九一〇条を類推して、婚外子による相続権の主張内容を価額償還に限定することも考えうるが、判旨後段は、九一〇条も取引安全保護に関する規定ではないとして類推を否定した。本判決は、九四条二項類推適用という構成を指摘する。この構成は真の権利者の帰責性を要求するため、より婚外子の保護に厚い。この背後には、本件のように分割その他の処分時に共同相続人が存在していた場合には、その者の利益を重視すべきとの判断があると考えられる。

遺産分割協議と詐害行為取消権

142 最2判平成11・6・11民集五三巻五号八九八頁

遺産分割協議は詐害行為取消権行使の対象となるか。

事実　Aは本件建物を所有していたが、昭和五四年に死亡し、妻Bおよび子Y_1Y_2が相続人となった。Yらの自立後もBは本件建物に居住していたが、建物の所有名義は亡Aのままであった。平成五年、XはCおよびDに三〇〇万円を貸し渡し、BはCらの債務を連帯保証した。平成七年、Cらの期限の利益喪失を理由に、XはBに対し、連帯保証債務の履行および本件建物につき相続を原因とする所有権移転登記手続をするよう求めた。ところが、平成八年、BおよびYらは、本件建物につきYらが持分二分の一ずつの割合で所有権を取得する旨の本件遺産分割協議を成立させ、その旨の登記をした。Xは、本件遺産分割協議は詐害行為に当たるとして取消しを求めた。一審、原審ともにX勝訴。これに対して、Yらが上告。

裁判所の見解　共同相続人の間で成立した遺産分割協議は、詐害行為取消権行使の対象となりうるものと解するのが相当である。けだし、遺産分割協議は、相続の開始によって共同相続人の共有となった相続財産について、その全部または一部を、各相続人の単独所有とし、または新たな共有関係に移行させることによって、相続財産の帰属を確定させるものであり、その性質上、財産権を目的とする法律行為であるということができるからである。

関連条文　四二四条・九〇七条一項

解説　本判決は、遺産分割協議が詐害行為取消権行使の対象となりうることを明らかにし、相続放棄は詐害行為取消権行使の対象とならないとした判例（最2判昭和49・9・20民集二八巻六号一二〇二頁）と対照的な立場をとった。こうした取扱いの相違は、すでに遺産分割・相続放棄と登記の要否に関する判例でも示されていたところである（143判決と136判決を比較せよ）。相続放棄に関する前掲昭和49年判決は、①放棄は消極的に財産の増加を妨げる行為にすぎないこと、②放棄の身分行為性（他人の意思による強制を認めるべきでないという性質）を挙げたのに対し、本判決は、①遺産共有状態が成立した後の遺産分割協議は（その遡及効にもかかわらず）持分の譲渡という実質を有し、②身分行為性は遺産共有状態成立の前段階（相続の承認か放棄かの段階）でのみ認められる、という理解に立脚したものと解される。もっとも、昭和49年判決は相続債権者による取消しの事案であり、本件のような相続人債権者の事案につき同判決の射程を再検討する余地がある（ある共同相続人の持分をゼロとする遺産分割協議は事実上の相続放棄とも呼ばれ、相続放棄と類似するから）。本判決から詐害性の具体的な判断枠組みは読み取れないが、具体的相続分と九〇六条の趣旨を考慮すべきであり、法定相続分と異なる分割が直ちに詐害行為となるわけではない点に注意を要する。

遺産分割と登記

143　最3判昭和46・1・26民集二五巻一号九〇頁

関連条文　一七七条・九〇九条

遺産分割による相続分と異なる権利取得を分割後に現われた第三者に対抗するために登記が必要か。

事　実　亡Aの相続人は、妻X_1、子九名（X_2～X_7とB_1～B_3）および代襲相続人B_4である。昭和三四年の遺産分割調停により、遺産中の不動産三筆につき、Xらが各七分の一の持分を取得した。しかし、その登記をしないでいた昭和四一年、仮差押登記の嘱託等に基づき、各不動産につき法定相続分に応じた持分の所有権保存登記がされた。そのため、X_2～X_7は、X_1Bらを相手どり、遺産分割による実体関係に合致させる更正登記手続を請求し、昭和四二年に勝訴判決が確定した。ところが、X_1X_2の債権者Yらは、この判決の確定前に、右保存登記の割合によるX_1X_2の持分につき仮差押えの登記をした。そこで、Xらは、Yらに対し、右更正登記に対する承諾を請求した（不登六六条参照）。一審、原審は請求を棄却。Xらが上告。

裁判所の見解　遺産分割は遡及効を有するが、第三者との関係では、相続人が相続により一旦取得した権利につき分割時に新たな変更を生ずるのと実質上異ならないから、不動産に対する相続人の共有持分の遺産分割による得喪変更には一七七条の適用があり、分割により相続分と異なる権利を取得した相続人は、登記をしなければ、分割後に現われた第三者に対し、自己の権利の取得を対抗することができない。九〇九条ただし書が遺産分割の遡及効を制限するのは、相続放棄の場合に比して利害関係を有する第三者の登場する蓋然性が高いからであり、絶対的に遡及効を生じる相続放棄とは同一に論じえない。同じ趣旨は遺産分割後においても当てはまるから、分割により新たな物権変動を生じたものと同視して、分割につき対抗要件を要すると解する理由がある。

解　説　九〇九条本文は遺産分割の遡及効を定める一方、ただし書は第三者との関係で遡及効を制限する。もっとも、ただし書は分割前の第三者に関する規定である。分割後の法律関係の処理は、遡及効を貫徹して「無権利の法理」を用いるか、遡及効を制限して「対抗問題」とするかのいずれかであり、本判決は後者をとる。問題は、相続放棄につき前者をとる判例（136判決）との関係である。判旨後段は、第三者登場の蓋然性に違いがあるとしても、現に登場した第三者の保護の要否には直結しないという問題を孕む。学説では、両者の相違を正当化する事情として、①行為の性質の違い（放棄は遺産の取得自体を否定するものだが、分割は遺産の取得を前提とした持分の譲渡とみうる）、②権利者側の事情（放棄では最終的な権利関係が確定しないから登記を求めるのは酷だが、分割ではそうではない）、③第三者側の事情（放棄の有無は家裁で調査できるが、分割の有無は調査しにくい）等が指摘されている。

相続財産法人に対する登記手続請求

144　最1判平成11・1・21民集五三巻一号一二八頁

相続財産法人に対して登記手続請求をすることはできるか。

事実　Aは、平成元年九月、X銀行に対する債務を担保するために、所有不動産に対し根抵当権を設定したが、その設定登記手続が未了のまま平成七年一月に死亡した。そこで、Xは、本件根抵当権について、仮登記仮処分命令を得て、同年三月に、平成元年九月の設定を原因とする仮登記を行った。その後、Aの法定相続人全員が相続放棄をしたために、Xの申立に基づき、平成八年四月に、B弁護士が相続財産法人Yの財産管理人に選任された。そして、XはYに対して、仮登記に基づく本登記手続を求める訴えを提起した。

争点は、被相続人から抵当権の設定を受けていた相続債権者は、相続財産法人に対して、抵当権設定登記手続を請求することができるかである。一審は請求を棄却したが、原審は、相続財産法人の配当清算手続で優先するのは相続開始時までに対抗要件を備えた債権者であるから、Xの登記手続請求に実益はないが、それは相続財産法人が存続し九二九条ただし書が適用される限りであるとして、相続財産法人は被相続人を承継した相続人と同様の地位にあることを理由に、本登記手続請求を認容した。これに対し、Yが上告した。

関連条文　九二九条・九五一条・九五七条

裁判所の見解　相続債権者は、被相続人から生前に抵当権の設定を受けていても、被相続人の死亡前に仮登記がされていた場合を除き、相続財産法人に対して抵当権設定登記手続を請求することができない。

解説　相続人不存在の場合においては、公告期間満了後の配当弁済に関し、限定承認の規定が準用される。すなわち、優先権を有する相続債権者が、他の相続債権者や受遺者に優先して弁済を受ける（九五七条二項・九二九条）。しかし、限定承認の場合、抵当権等の対抗要件を必要とする優先権について、判例は、相続開始時となる被相続人の死亡時までに対抗要件を具備しなければならないとしており、学説上もこの見解が通説である。本判決は、相続人不存在の場合についても、相続開始時までに抵当権設定の本登記または仮登記をしていない場合には、他の相続債権者や受遺者に対抗できないことを明らかにした。

このように、相続開始後に登記を備えた場合には優先権がないとなると、相続財産法人に対する登記手続請求を認める実質的な意義がない。むしろ、相続財産の換価の障害になり、管理人による相続財産の清算に支障を来たす。よって、本判決は、相続財産法人の管理人は、被相続人から抵当権の設定を受けた者からの設定登記手続請求を拒絶することができ、また、それを拒絶する義務を他の相続債権者・受遺者に対し負うものと判示した。

特別縁故者に対する共有持分の分与と二五五条の関係

145　最2判平成元・11・24民集四三巻一〇号一二二〇頁

関連条文　二五五条・九五八条の三

共有持分権は、特別縁故者への相続財産分与の対象となるか。

事実

元Aの所有であった本件土地が、Aの死亡により妻BとAの兄弟姉妹（代襲相続人を含む）二八名との合計二九名の共有となった。昭和五七年七月にBが死亡し、相続人がいなかったため、X_1X_2夫妻は、Bの特別縁故者として相続財産分与の申立をした。X_2の祖母とBの祖母は従姉妹という遠い縁戚関係にあり、XらはAB夫妻の養子としてAB夫妻に可愛がられるとともに、AB夫妻の事実上の面倒をみてきた。大阪家裁岸和田支部は、昭和六一年四月、本件土地についてのBの持分の各二分の一をX_1X_2に分与する旨の審判をした。

Xらは、同審判を原因とする本件土地のBの持分の全部移転登記手続を申請したところ、大阪法務局登記官Yは、旧不登法四九条二号（現不登二五条二号）に基づき、登記すべきものでないとして、これを却下する旨の決定をした。そこで、Xらは、本件却下処分の取消しを求めた。

争点は、共有者の一人が死亡して相続人がいない場合、その共有持分権は、九五八条の三による特別縁故者への財産分与の対象となるのか、それとも、二五五条により他の共有者に帰属することになるのかである。一審では、Xらの請求が認容されたが、原審では棄却された。

裁判所の見解

共有者の一人が死亡し、相続人の不存在が確定し、相続債権者や受遺者に対する清算手続が終了したときは、その持分は、九五八条の三の規定に基づく特別縁故者に対する財産分与の対象となり、当該財産分与がなされないときに、二五五条により他の共有者に帰属すると解すべきである。

解説

昭和三七年改正で特別縁故者への財産分与が認められた際、二五五条との優先関係を明示する規定が設けられず、解釈問題として残された。二五五条の文理解釈に従えば、共有持分は相続人不存在により他の共有者に帰属し、特別縁故者への財産分与の対象となる余地はない（二五五条優先説）。しかし、次第に、共有者を特別縁故者に優先させる理由に乏しいこと、共有財産と他の財産で扱いが異なるのは均衡を欠く等の理由により、九五八条の三優先説が支持されるようになった。また、下級審裁判例にも、九五八条の三を優先的に解釈する傾向が現れてきた。このような中で、本判決が、九五八条の三を優先適用することを明らかにした意義は大きい。

本判決は、この解釈をとれば、家庭裁判所による相当性の判断を通して、特別縁故者と他の共有者のいずれに共有持分を与えるのが妥当であるかを個別の事案に即して判断できる点も示しており、概ね支持されている。

成年後見人の特別縁故者への該当性

146 大阪高決平成20・10・24家月六一巻六号九九頁

被相続人の成年後見人であった者は特別縁故者になりうるか。

事実

被相続人Aは、平成一九年に死亡するまで生涯独身で、相続人がいなかった。X_1はAの父の妹の孫に当たり、X_1の家族とAは戦時中に二〇年間、同じ市内に居住し、緊密な交流があった。その後、X_1はX_2と婚姻して遠方に移り住んだが、X_1とAの間では盆暮れの贈答を交わす等の交流が続いていた。その後、墓参りでX_1はAと四三年ぶりに再会し、X_2はAと初めて対面した。平成一一年、Aの訪問看護の担当者からX_1X_2夫婦に連絡があり、X_2が身元保証人となってAを特別養護老人ホームに入所させた。Xらはその後、Aの死亡まで八年間で三九回にわたり特養ホームや病院を訪れた。また、X_2は平成一二年にAの成年後見人に選任され、無報酬でAの財産管理等を行った。X_2は、三九回の訪問のうち、三〇回分は後見人の事務に必要な費用としてAの財産から支出したが、残りは親族の訪問として自費でまかなった。XらはAの死亡後、二四〇万円余の費用を負担して、葬儀や法要を行った。

Aの死亡後、X_1X_2が特別縁故者として財産の分与を求めた。原審は、相続財産（預金六二八三万円と動産）のうち、X_1に対して三〇〇万円および動産を、X_2には三〇〇万円を分与した。Xらは、全財産を分与すべきとして抗告した。

関連条文　九五八条の三

裁判所の見解

Aが老人ホームに入所するまでのXらとAの間柄は親しい親戚関係に留まる。しかし、Aが老人ホームに入所した後は、Xらは、Aと親族としての交流や成年後見人の職務の程度を超える関係にあり、Aからも信頼を寄せられていたと評価できるため、特別縁故者に該当する。よって、X_1に五〇〇万円および動産を、X_2に五〇〇万円を分与するのが相当である。

解説

特別縁故者の認定にあたっては、抽象的な親族関係の遠近ではなく、実質的な縁故の濃淡を基準に判断すべきと解されている。内縁配偶者や事実上の養子が特別縁故者の代表例であるが、報酬以上に献身的に看護に尽くした付添看護師、家計援助者等にも分与が認められている。

本件のような場合には、成年後見人の職務・報酬との関係が問題となる。X_2は、家裁に対して成年後見人として報酬を請求することも可能であった（八六二条）。この点、正当な報酬を得ていた場合は、原則として特別縁故者にはなりえないとする見解が有力である。ただ、X_2は報酬請求について熟知していなかった可能性も考えられる。本決定のみからは、後見人としての職務や親族としての交流と、特別の縁故が認められる関係を区別する基準が必ずしも明確ではないが、成年後見人であった者という一事をもってただちに特別縁故者から除外されるわけではないとした事例として注目される。

高齢者による自筆証書遺言と遺言能力

147 東京高判平成21・8・6判タ一三二〇号二二八頁

関連条文 九六一条・九六二条・九六三条

アルツハイマー病と脳梗塞の合併した混合型認知症にある八七歳の者が作成した遺言につき遺言能力をどう判断すべきか。

事実　X_1X_2YBの父Aは平成一七年五月に九一歳で死亡した。平成八年頃から物忘れがひどくなり、当初はX_1夫婦とB、平成九年以降はもっぱらBが世話をしていた。脳梗塞から退院後の平成一〇年六月、Aが本件マンションの改装費用を借りるに際してはX_2が保証人となった。平成一一年九月のB死亡後はYが面倒をみるようになり、家賃等Aの財産管理をめぐりXらとYの間に争いが生じた。平成一三年三月にAがYの面前で次のような自筆証書遺言を作成した。深川の土地、西川口の自宅・マンションの土地家屋をYに相続させる。その他の畑はBの子、X_1、X_2に三分の一ずつ相続させる。その他の相続財産は四分の一ずつ相続させる。墓はYに守らせる。Xらがこの無効確認を求めたが、原審は遺言能力を認めて棄却した。

裁判所の見解　Aは、平成八年頃から痴呆（現在の認知症。以下ママ）の症状が顕著となり、アルツハイマー病を発症したことが推認され、平成九年に脳梗塞で倒れて、見当識障害、記憶障害等の症状が認められるようになり、アルツハイマー病と脳梗塞の合併症により痴呆が重症化し、平成一二年二月には老人性痴呆が重症であると診断され、同年四月頃に改訂長谷川式簡易知能評価スケールで八点とやや高度の痴呆とされ、その後も進行し、本件遺言当時、各症状は持続しており、混合型痴呆症によりやや重い痴呆状態にあったものと認められ、遺言能力に欠けていたと判断するのが相当である。本件遺言は予めYが起草したことが窺われ、遺言内容をAに読ませて残した録音内容もYの指示を受けて発言していることが窺われる。

解説　遺言には、制限行為能力の規定は適用されず、一五歳以上で意思能力があればよい（九六一～九六三条）。①遺言が最終意思を尊重する制度であること、②遺言は死後に効力を生ずるから制限行為能力制度をそのまま適用する必要のないことが主に理由として挙げられてきた。これらは、画一的保護を図る制限行為能力制度を外してできるだけ最終意思尊重の道を広げるというにすぎないが、規定の仕方から、遺言能力は通常の財産行為をする意思能力よりも低くてよいと考えられ、遺言能力の存在が比較的緩やかに認められる傾向がある。しかし遺言は、身分行為を含むこともあるがむしろ財産処分を内容とすることが多いのであり、その場合は通常の財産行為と同様の意思能力が必要であると指摘して、この傾向に警鐘を鳴らすものも多い。意思能力の有無は行為の性質や難易度を考慮して個別相対的かつ法的に判定されるのが裁判実務であるが、特に遺言では、他の条項との整合性、動機の合理性、他者の影響、文面・文書の体裁等も慎重に考慮する必要がある。

遺言の解釈：後継ぎ遺贈

148　最2判昭和58・3・18家月三六巻三号一四三頁

①遺言の内容は、何を資料・基準として確定すべきか。②受遺者の受ける利益を、ある条件の成就または期限の到来により別の者に与えるという遺贈、いわゆる後継ぎ遺贈は有効か。

事　実　Aの遺言は一一の条項からなり、本件土地・倉庫に関する条項は次のようである。ⓐ妻Yに遺贈する。ⓑ（Aが経営していた）B会社経営中は置場として必要であるから一応そのままにし、Yの死後は、X_1DX_2Hに各二、X_3EFGに各三の割合で権利分割所有する。ⓒ換金でき難いため、B会社に賃貸しその収入を右割合で各自が取得する。ⓓ右割合で取得した本人が死亡した場合はその相続人が権利を承継する。そこでXらが自らへの停止条件付遺贈の確認およびY名義の登記の抹消、予備的に本条項の無効確認を求めた。原審は、後継ぎ遺贈には明文規定がなく、Xらへの第二次遺贈は無効（したがってYへの単純遺贈）であるとした。

裁判所の見解　遺言の解釈にあたっては、遺言書の文言を形式的に判断するだけではなく、遺言者の真意を探究すべきものであり、遺言書が多数の条項からなる場合にそのうちの特定の条項を解釈するにあたっても、単に遺言書の中から当該条項のみを他から切り離して抽出しその文言を形式的に解釈するだけでは十分ではなく、遺言書の全記載との関連、遺言書作成当時の事情および遺言者の置かれていた状況などを考慮して遺言者の真意を探究し当該条項の趣旨を確定すべきものである。Aの真意とするところは、①Yへの単純遺贈と解する余地もないではないが、②Xへの所有権移転を負担とするYへの遺贈、③Y死亡時に遺贈の目的がYの所有に属することを解除条件とするYへの遺贈と右条件を停止条件とするXへの遺贈、④処分禁止を負担とするYへの遺贈とYの死亡時を不確定期限とするXへの遺贈と解する各余地も十分にありうる。

解　説　遺言書の記述が不明確である場合は遺言者の意思の法的意味を確定する必要がある。遺言の解釈については、大審院時代から、文言を形式的に判断するだけでなく遺言者の真意を探究すべきであるとされ、特に遺言は、遺言者が死亡を予期してするものゆえ普通の証書と異なるのであり、その点に最も留意して解釈すべきとされてきた。本判決は、かような立場を踏襲し、さらに解釈に際して考慮すべき諸事情を明らかにした。できる限り適法有効なものとして解釈すべきことも判例の述べるところであり（本判決ではこの点明示的でない）、151判決ではそうした有効解釈が行われている。なお後継ぎ遺贈については、各々の権利内容の不明確さ、法律関係の複雑性等の理由から、無効と解する説が支配的であったが、現信託法は、後継ぎ遺贈型の受益者連続信託を認めており、今後は信託により同様の意思の実現が図られるケースが増えよう。

関連条文　九六〇条・九六四条・九八五条・九九一条・一〇〇二条

「相続させる」旨の遺言の解釈

149 最2判平成3・4・19民集四五巻四号四七七頁

特定の遺産を特定の相続人に「相続させる」旨の遺言は、①遺産分割方法の指定と解すべきか遺贈と解すべきか、②当該遺産の承継が効果を生ずるために遺産分割手続が必要か。

事実　亡A（春田花子）の相続人は、夫Y_1（春田太郎）、長女Y_2（春田月子）、二女X_1（夏田星子）、三女X_2（秋田宙子）であり、X_3（夏田一郎）はX_1の夫である。Aは、自己所有の土地①～⑧につき、ⓐ③～⑥は「夏田一家の相続とする」（原審は、「夏田一家」はX_1X_3夫婦を指すとしてX_3に対する部分を遺贈とした）、ⓑ①②は「夏田の相続とする」、ⓒ⑦は「秋田に相続させてください」、ⓓ⑧のAの持分四分の一は「夏田一郎に譲る」という四つの遺言を作成しており、Xらが①～⑧の所有権または共有持分権の確認をYらに対し求めた。

裁判所の見解　特定の遺産を特定の相続人に「相続させる」趣旨の遺言は、遺言書の記載から、その趣旨が遺贈であることが明らかであるかまたは遺贈と解すべき特段の事情のない限り、当該遺産を当該相続人に単独で相続させる遺産分割の方法が指定されたものと解すべきであり、このような遺言にあっては、当該遺言において相続による承継を当該相続人の意思表示にかからせたなどの特段の事情のない限り、何らの行為を要せずして、当該遺産は、被相続人の死亡の時に直ちに相続により承継されるものと解すべきである。

関連条文　九〇八条・九六四条・九八五条

解説　「相続させる」旨の遺言が公証実務で利用されて以来、その性質・効果が盛んに議論された。特定の財産を特定の相続人に与えたい場合、これを遺贈ですると、死亡と同時に対象財産が受遺者に帰属するというメリットがある一方、登記は他の相続人との共同申請によらなければならない（以前は登録免許税も相続の場合より高かった）というデメリットが伴い、（相続に関する事項である）遺産分割方法の指定ですると、当該相続人が単独で登記申請できるというメリットがある一方、当時の裁判実務によれば、遺言の効力が生じても、遺産分割終了までは対象財産の権利移転の効果は生じないというデメリットがあった。「相続させる」旨の遺言は、遺贈と相続の両方のメリットを得ようとしたものであり、登記実務は、この遺言により相続開始後すぐに当該相続人が単独で登記申請することを早くから認めることで、この遺言の目的とするところを実現したが、裁判実務は長くこれに対立していた。そうした中本件原審は、遺産分割方法の指定とした上で、相続人が遺言の趣旨を受け容れる意思を表示したと考えられる時点で遺産の一部の分割協議が成立したと解して、遺言どおりの権利を認め、注目されたが、さらに本判決は、何らの行為も要せず遺産分割の効果を認め、相続開始と同時に対象財産の権利移転が生ずると解することで、公証・登記実務を承認する形となった。

150 「相続させる」旨の遺言と代襲相続

最3判平成23・2・22民集六五巻二号六九九頁

特定の遺産を特定の相続人に「相続させる」旨の遺言は、受益相続人が遺言者の死亡以前に死亡した場合には、その効力を生じないのか、代襲者が当該遺産を相続するのか。

事　実　Aには二人の子XBがいた。Aは平成五年に、全財産をBに相続させる旨の条項と遺言執行者指定に関する条項の二つの条項からなる公正証書遺言を作成した。ところが平成一八年になって、Bが先に死亡し、三ヶ月後にAが死亡したため、Xが、本件遺言は包括遺贈で、Bの死亡により失効した（九九四条一項）と主張し、本件各不動産の二分の一の共有持分権の確認をBの相続人Yらに求めた。一審は、本件遺言は遺産分割方法の指定であり代襲相続の規定に従うというYらの主張を容れたが、原審は、遺産分割方法の指定だとしても九九四条一項が類推適用されるとのXの主張を容れた。

裁判所の見解　「『相続させる』旨の遺言は、当該遺言により遺産を相続させるものとされた推定相続人が遺言者の死亡以前に死亡した場合には、当該『相続させる』旨の遺言に係る条項と遺言書の他の記載との関係、遺言書作成当時の事情及び遺言者の置かれていた状況などから、遺言者が、上記の場合には、当該推定相続人の代襲者その他の者に遺産を相続させる旨の意思を有していたとみるべき特段の事情のない限り、その効力を生ずることはない」。

解　説　最高裁は149判決で、「相続させる」旨の遺言の性質・効果につき一応の結論を示したが、同時に、特別受益・寄与分・遺留分との関係、負担付の場合、放棄の手続等解決すべき問題を多く生じさせた。一般に、遺産分割方法の指定と解する以上相続と同様の処理をすべきことが説かれるが、実際には、遺贈の規定によらなければ対処できないか、または合理的な結論が得られないことも多く、代襲相続の可否についても争いがあった。代襲相続の規律は、法定相続による承継に限定して適用されるのか、遺言による承継でも相続であれば被相続人の意思を補充する役割を担うのか。登記実務は、代襲相続させる旨の文言がない限り、九九四条一項における遺贈と同視するとしていた。下級審裁判例も、同項の適用は否定しあるいはこれに触れないながらも、これと同様に処理する、つまり効力を生じないと解するものが大勢であった。代襲を認める東京高判平成18・6・29判時一九四九号三四頁の上告不受理決定により代襲肯定説が注目され、これを支持する学説も多く現われたが、本判決は、下級審裁判例の多くと同様、失効を原則とした。九九四条に従うとも遺贈に準ずるとも述べず、「通常、遺言時における特定の推定相続人に当該遺産を取得させる意思を有するにとどまるものと解される」とし、あくまでも「相続させる」旨の遺言の意思解釈として判断したとみられる。

関連条文　八八七条・九〇八条・九八五条・九九四条

受遺者の選定を遺言執行者に委託する旨の遺言

151 最3判平成5・1・19民集四七巻一号一頁

関連条文　九六〇条・九六四条・一〇〇六条

受遺者の選定を遺言執行者に委託する旨の遺言は有効か、有効であるためにどのような要件が求められるか。

事実　まず遺言執行者指定の遺言（第一遺言）が当該遺言執行者Xに託され、その際再度来宅を求められていたのに応じて一ヶ月後に訪れたXの面前で、「一、発喪不要。二、遺産は一切の相続を排除し、三、全部を公共に寄与する」という遺言（第二遺言）が作成されXに託されたという事案で、遺言者の妹であるYらが遺産中の不動産について相続登記をしたのに対し、Xが遺言執行のためにその抹消手続を求めた。

裁判所の見解　本件第二遺言は、公益目的を達成することのできる団体等にその遺産の全部を包括遺贈する趣旨であり、また、本件第一遺言およびこれを前提にした第二遺言は、遺言執行者に指定したXに右団体等の中から受遺者として特定の者を選定することを委ねる趣旨を含むものと解するのが相当である。そして、遺言者自らが具体的な受遺者を指定せず、その選定を遺言執行者に委託する内容を含む、このような遺言は、遺言者にとって必要性のあることは否定できないところ、本件においては、遺産の利用目的が公益目的に限定されている上、被選定者の範囲も前記の団体等に限定され、そのいずれが受遺者として選定されても遺言者の意思と離れることはなく、したがって、選定者における選定権濫用の危険も認められないのであるから、その効力を否定するいわれはないものというべきである。

解説　法が定める事項以外のものを内容とする遺言は原則として無効と解されるが、最終意思尊重の観点から、遺言事項を法定した趣旨に反しないならばその効力を認めてもよいのではないかが問題とされる。「遺言自由の拡大」ともいうべき流れの中で、従来の遺言事項の枠組みを超えて遺言に盛り込まれる事項に法的効力を認める裁判例も見受けられる。本判決はまず、可能な限り有効に解釈すべきという原則を確認した。その上で、曖昧な文言を、公益目的を達成できる団体に遺産全部を包括遺贈する趣旨のものと有効に解し、それでもなお特定性を欠く受遺者については、遺言執行者指定遺言の存在をもって、これに選定を委ねたものと解し、有効性を維持した。このようにようやく具体性を持った遺言であるが、そもそも受遺者の選定を遺言執行者に委託する旨の遺言は許されるのかが問題となる。遺言代理禁止の観点からも、その有効性が疑われる。しかし本判決は、遺産の利用目的の限定と被選定者の範囲の限定を挙げ、遺言者の意思と離れるような選定権濫用の危険はないとし、最高裁として初めて、有効となる場合を明らかにした。なお現信託法は、受益者指定権に関する規定を新設しており、指定権の濫用防止が課題と指摘されている。

自筆証書遺言(1)：添え手による助けを得て作成された場合

152 最1判昭和62・10・8民集四一巻七号一四七一頁

関連条文 九六八条

運筆について他人の添え手による補助を受けてされた自筆証書遺言は「自書」の要件を満たすか。

事実

XらおよびY_1の父であるAは、昭和四七年六月一日、老人性白内障による視力の衰えと脳動脈硬化症の後遺症による相当激しい手の震えから独力で満足な字を書くことができなかったため、妻Bが背後よりAの手の甲を上から握り、Aは書こうとする語句を一字一字発声しながら、二人が手を動かして本件遺言を書き上げた。本件遺言は、遺産の大部分を末子のY_1とその子であるY_2に与えることを内容とするものである。そこで、XらがYらに対し遺言の無効確認を求めた。

裁判所の見解

遺言者は遺言当時自書能力を有していたことを要する。自書能力とは、遺言者が文字を知り、かつ、これを筆記する能力であり、全く目の見えない者であっても、文字を知り、かつ、自筆で書くことができる場合には、仮に筆記について他人の補助を要するときでも、自書能力を有し、逆に、目の見える者であっても、文字を知らない場合には、自書能力を有しないというべきである。そうとすれば、本来読み書きのできた者が、病気、事故その他の原因により視力を失いまたは手が震えるなどのために、筆記について他人の補助を要することになったとしても、特段の事情がない限り、右の意味における自書能力は失われない。添え手遺言は、「(1)遺言者が証書作成時に自書能力を有し、(2)他人の添え手が、単に始筆若しくは改行にあたり若しくは字の間配りや行間を整えるため遺言者の手を用紙の正しい位置に導くにとどまるか、又は遺言者の手の動きが遺言者の望みにまかされており、遺言者は添え手をした他人から単に筆記を容易にするための支えを借りただけであり、かつ、(3)添え手が右のような態様のものにとどまること、すなわち添え手をした他人の意思が介入した形跡のないことが、筆跡のうえで判定できる場合には、『自書』の要件を充たすものとして、有効である」。

解説

自筆証書遺言は遺言者による全文・日付・氏名の自書を要するが、最高裁は本判決で初めて自書の意義につき言及した。自書が要件とされるのは、「筆跡によって本人が書いたものであることを判定でき、それ自体で遺言が遺言者の真意に出たものであることを保障することができるから」であり、「本質的要件ともいうべき『自書』の要件については厳格な解釈を必要とする」と述べ、方式全般において判例が緩和傾向にある中注目された。その上で、自書の前提となる自書能力につき詳細な定義を示し、他人の補助を要する場合でも自書能力は失われないとしたが、添え手遺言の要件も明確に示し、本件では、前記(2)要件の充足(つまり他人の意思介入の形跡のないこと)が筆跡等で判定できないことから無効と判断した。

自筆証書遺言(2)：カーボン複写によって作成された場合

153 最3判平成5・10・19家月四六巻四号二七頁

関連条文 九六八条・九七五条

カーボン紙による複写の方法で記載された自筆証書遺言は「自書」の要件を満たすか。

事実 Aは昭和五八年一二月一〇日に死亡し、約一ヶ月後に同五六年八月三〇日付の本件遺言書が発見された。遺言書は四枚を合綴したもので、各葉ごとにAの印章による契印があるが、一～三枚目がA名義、四枚目がAの妻Y_1名義の遺言となっている。だが、遺言書の作成にY_1は全く関与しておらず（その作成もAの死亡後まで知らなかった）、また本件遺言書は全てカーボン紙による複写であった。A名義の遺言はその所有の土地をY_2およびY_3に贈与するというもの、Y_1名義の遺言はその所有の土地をY_3に贈与するというものであった。そこでAの先妻の子Xが、自書要件を欠くこと、九七五条の禁止する共同遺言であることを主張して遺言の無効確認を求めた。

裁判所の見解 「カーボン紙を用いることも自書の方法として許されないものではないから、本件遺言書は、民法九六八条一項の自書の要件に欠けるところはない。」

解説 152判決でみたように、自筆証書遺言で「自書」が要件とされるのは、「筆跡によって本人が書いたものであることを判定でき、それ自体で遺言が遺言者の真意に出たものであることを保障することができるから」である。したがって、タイプライター、ワープロ、パソコンなどの機器を利用した場合は自書とは認められない。手書きのものを電子複写機（コピー機）で複写した場合も同様である。ところが、本件においてカーボン紙による複写が認められた。カーボン複写であっても本人の筆跡が残り筆跡鑑定によって真筆かどうかを判定することが可能であって、偽造の危険性はそれほど大きくないとする原審の判断を是認した。だが学説には、カーボン複写は、手本となるものをなぞれば、容易に真筆と同一の筆跡を顕出することができ、偽造の危険が定形的につきまとう上に、例外なく筆圧、筆勢、筆記具の相違がわからない平板な筆跡になってしまい、後で真正な筆跡であるかの判別が極めて困難であり、電子複写機によるコピーが自書といい難い根拠となる事柄がそのまま当てはまるという上告理由と同様の指摘をして、これを批判するものが多い。判例は方式全般について緩和傾向にあるが、152判決は、「自筆証書遺言の本質的要件ともいうべき『自書』の要件については厳格な解釈を必要とする」と述べており、そのような立場からは、カーボン複写が自書に当たるというのは極めて緩やかな判断といえよう。

なお本件では共同遺言の成否も検討されているが、A名義の遺言とY_1名義の遺言は容易に切り離すことができるとして共同遺言に当たらないとされた。すでに一審が、Y_1名義の遺言は無効で、内容的にも効力が左右される関係にないと認定していた。

自筆証書遺言(3)：押印

154 最1判平成元・2・16民集四三巻二号四五頁

自筆証書遺言における押印は、指印をもって足りるか。

事実　Aは、昭和四九年一月三〇日に、Y_1に全財産を与える旨の自筆証書遺言を作成した。右遺言書には、印章による押印がなく、Aの拇印が押されていた。Xは、本件遺言書の抹消箇所に訂正印がなく、またA名下には拇印しかなく印章による押印を欠いているため、九六八条一項・二項所定の方式を欠き無効であるなどを主張し、Y_1ほか三名の相続人らに対して、遺言の無効確認を求める訴えを提起した。

裁判所の見解　自筆証書遺言の押印は、指印をもって足りる。押印の趣旨は、遺言の全文等の自書と相まって遺言者の同一性および真意を確保するとともに、文書の完成を担保することにある。右押印について指印をもって足りると解したとしても、遺言者が遺言の全文、日附、氏名を自書する自筆証書遺言において遺言者の真意の確保に欠けることはなく、わが国の慣行ないし法意識に照らすと、文書の完成を担保する機能においても欠けるところがない。また、必要以上に遺言の方式を厳格に解するときは、かえって遺言者の真意の実現を阻害するおそれがある。もっとも、指印は、遺言者の死亡後は対照すべき印影がないために、遺言者本人の指印の印影であることの確認が困難であるが、印章による押印の場合にも同様の問題があり、また印影の対照以外の方法によって本人の押印であることを立証しうる場合もあると考えられる。

解説　九六八条一項は、自筆証書遺言の方式として、押印を必要としている。押印習慣のない帰化した外国人の自筆証書遺言について、押印がなくとも有効であると判断した判例（最3判昭和49・12・24民集二八巻一〇号二一五二頁）があるが、これは特別な事情がある場合に、例外的に押印を不要としたものである。学説においても、押印を欠く遺言は、原則として無効であると解するのが通説である。他方で、自筆証書遺言については、全文や氏名等の自書によって遺言者の同一性および真意性の確保が担保されているとして、押印の要件を緩和すべきとする見解が有力に唱えられている。

本件では、指印をもって押印に足りるかが問題とされた。危急時遺言（旧一〇七六条）について、拇印でよいとする積極説をとる判例がある（大判大正15・11・30民集五巻八二二頁）。自筆証書遺言については、下級審の判断が分かれていたところ、本判決は、遺言者の真意確保および文書完成の担保機能という押印の趣旨に鑑みて、積極説に立った。本判決は押印要件を緩和したといえるが、押印に文書完成の担保機能を認めている点で、押印を不要とすることまで認めるものではない。最高裁は、本判決を先例として、同趣旨の判断を下している（最3判平成元・6・20判時一三一八号四七頁等）。

関連条文　九六八条一項

自筆証書遺言(4)：押印の場所

155 最2判平成6・6・24家月四七巻三号六〇頁

関連条文　九六八条一項

遺言書を入れた封筒の封じ目にされた押印をもって九六八条一項の押印要件を満たすか。

事実　Aは、昭和五五年一一月三〇日付で自筆証書遺言を作成した。本件遺言書には押印がない。本件遺言書は封筒内に封じられており、その封筒裏面にはAの氏名が自書されているほか、封筒の封じ目左右二か所にはAの氏の印影の押印がなされている。Xは、本件遺言書自体にAの押印がないことが九六八条一項の定める方式不備であるとして、本件遺言書の無効の確認を求めた。原審は、まず、九六八条一項が押印を要する趣旨は、遺言の全文等の自書と相まって遺言者の同一性および真意を確保するとともに、文書の完成を担保するところにあると解されるから、押印を要する趣旨が損なわれない限り、押印の位置は必ずしも署名の名下であることを要しないものと解するのが相当であるとした。その上で、本件遺言書は書簡形式の特殊な形態をとっており、書簡においてその在中物が重要文書等であるときには封筒の封じ目に押印をすることがあるとする。この場合の押印の趣旨も、差出人の同一性、真意性を明らかにするほか、在中物の確定を目的とし、かつ、このことを明示することにあると考えられ、本件封筒が郵送されていることも併せて考えれば、本件遺言書の完結を十分に示しているとする。以上のことから、右押印は、自筆証書遺言方式として遺言書に要求される押印の趣旨を損なうものではないと判断した。

裁判所の見解　「遺言書本文の入れられた封筒の封じ目にされた押印をもって民法九六八条一項の押印の要件に欠けるところはないとした原審の判断は、正当として是認することができ」る。

解説　封書の封じ目にされた押印をもって九六八条一項の押印に足りるかどうかを検討するにあたり、①署名と押印の一体性および②遺言書と封筒の一体性が問題になる。①の問題について、学説は、押印の場所に制限はないとする立場と署名と押印が同一箇所にされることを要する立場に分かれる。②の問題については、封筒上に日附が記載された遺言書の効力を認めた下級審裁判例があり、多数説は右裁判例の立場を支持し、遺言書と封筒の一体性を認める。他方で、封筒の偽造・変造の可能性を考慮し、一体性の有無については慎重に判断しなければならないとする見解も有力に主張されている。本判決は、封筒にされた押印をもって、九六八条の押印要件を満たすと判断した最初の最高裁判例である。しかし、押印の趣旨、特に文書作成の完結の観点から、封筒の封がされていない場合や封じ目以外の場所にされた押印の場合に、本判決と同様に考えることができるかどうかについては、なお検討を要する。

自筆証書遺言(5)：誤記の訂正

156 最2判昭和56・12・18民集三五巻九号一三三七頁

関連条文　九六八条二項

自筆証書遺言の加除変更の方式を定める規定（九六八条二項）は、どのような誤記訂正に適用されるか。

事実

Xの父Aは、本件建物を所有し、その一部をBの夫Cが経営するY会社に賃貸し、賃料を得ていた。昭和五一年一月三一日にAが死亡し、同年二月一八日に、本件建物について、昭和四九年一月二二日付公正証書遺言による遺贈を原因として、AからXに所有権移転登記手続がされた。Xは、本件建物の賃貸人たる地位を承継したとして、Y会社に対して賃料を請求した。これに対して、Y会社は、Aが同四九年三月五日に本件自筆証書遺言を作成し、右公正証書遺言を取り消したので、Xに対する遺贈は無効であると主張した。本件自筆証書遺言は、「私は今まで遺言書を書いた記憶はな《ママ》がもしつくった遺言があるとすれば、それらの遺言書は全部取消す」という文面であるが、文中に書き損じがあり、書き損じの箇所は×印や直線を数条引いて抹消されており、訂正部分には、最後の署名捺印箇所と同一の印が押捺されている。そこでXは、本件自筆証書遺言の文字の加除・変更は九六八条二項の定める加除・変更の方式に違反しており、本件自筆証書遺言は無効であると主張した。原審は、九六八条二項は完成後の遺言書に加除・変更をする際の方式を定めたものであるとし、作成過程における誤記の訂正については同規定は適用がないため、本件遺言は有効であると判断した。そこでXが上告した。

裁判所の見解

「自筆証書による遺言の作成過程における加除その他の変更についても、民法九六八条二項所定の方式を遵守すべき」である。しかし、「自筆証書中の証書の記載自体からみて明らかな誤記の訂正については、たとえ同項所定の方式の違背があっても遺言者の意思を確認するについて支障がないものであるから、右の方式違背は、遺言の効力に影響を及ぼすものではないと解するのが相当である」。

解説

九六八条二項は、他人による遺言の変造等を防止するために、遺言書の加除・変更について厳格な方式を定めている。第一に、同規定が、遺言完成後の加除・変更だけでなく、遺言作成過程の加除・変更にも適用されるかどうかが問題になる。最高裁は、原審とは異なり、遺言作成過程の加除・変更にも同規定が適用されると判断した。学説では、この点に関する立法者意思が明確でないことや、加除・変更が作成過程時のものか遺言完成後のものか不明確であり、区別が難しいことを理由に、本判決の判断を肯定的に評価する見解がある。第二に、明らかな誤記訂正に同規定が適用されるかどうかが問題になる。本判決は、危急時遺言に関する判決（161判決）にならい、自筆証書遺言についても、明らかな誤記の訂正は、方式違背があっても遺言の効力には影響しない旨を明確にした。

公正証書遺言(1)：遺言者の口授の順序

157　最2判昭和43・12・20民集二二巻一三号三〇一七頁

関連条文　九六九条

公正証書遺言の方式順序の違背は遺言の方式違反に当たるか。

事　実　Aは、自らが所有する不動産をX_1およびY_1ら四名に均等に分け与える旨を公正証書によって遺言することにし、X_1を公証人の下に赴かせた。公証人は、X_1から聴取した遺言の内容を公正証書用紙に清書した後、Aに対して、その内容を読み聞かせたところ、Aは、「この土地と家は皆の者に分けてやりたかった」という趣旨を述べ、右証書に自ら署名・押印し、「これでよかったね」と述べた。Aの死亡後、X_1は、本件不動産につき四名の各持分を四分の一とする所有権移転登記をした。X_1X_2は、Y_1Y_2に対して、本件不動産につきX_1X_2が各四分の一の持分権を有することの確認と共有物分割請求の訴えを提起した。これに対して、Y_1Y_2は、本件遺言は遺言者の口授を欠き無効であると主張し、反訴としてX_1X_2の各持分権四分の一の移転登記の抹消登記手続を求めた。原審は、公証人の読み聞かせ後のAの発言が本件遺贈の趣旨と一致していることから、Aによる口授があったものと認め、本件遺言は有効であるとした。そこで、Y_1Y_2が上告をした。

裁判所の見解　本件遺言の方式は、「九六九条二号の口授と同条三号の筆記および読み聞かせることとが前後したに止まるものであって、遺言者の真意を確保し、その正確を期するため遺言の方式を定めた法意に反するものではな」く、九六九条に定める公正証書による遺言の方式に違反するものではない。

解　説　九六九条は、公正証書遺言の方式として、①口授、②筆記、③読み聞かせという順序を定めている。そこで、公正証書遺言が、九六九条が定める順序と異なる順序で作成された場合、当該順序の違背が方式違反に当たるかどうかが問題になる。本判決は、②筆記→③読み聞かせ→①口授の順序で作成された公正証書遺言について、遺言者の真意を確保し、その正確を期するために遺言の方式を定めた法意に反しないとして、本件順序の違背が遺言の方式違反には当たらないとした。これは、②筆記→①口授→③読み聞かせの順序で作成された公正証書遺言に関する大審院判例（大判昭和6・11・27民集一〇巻一一二五頁）と同趣旨の判断をしたものである。

さらに、本判決では、口授の程度も問題になる。大判昭和9・7・10民集一三巻一三四一頁では、遺言者が書面のとおりであると一言述べたことをもって、口授に当たると判断された。しかし、多くの論者は、このような遺言者の発言を内容の申述と同視できず、他人による強制の可能性もあるとして、右判決に反対している。これに対して、本件は遺言内容が簡単、明確だったことから、右判決に反対する立場に立ったとしても、本件遺言者の発言が口授に当たると評価できよう。

158 公正証書遺言(2)：遺言者の口授の程度

最2判昭和51・1・16家月二八巻七号二五頁

関連条文　九六九条二号

公正証書遺言の要件である口授は、どの程度必要か。

事実　Aは、病気入院中であった昭和四六年六月一五日に、Yを認知する遺言をするための手配を依頼し、翌一六日、Bが公証人Cに対し公正証書遺言の作成方を依頼した。公証人Cは、Bの話に基づき、AがYを認知する旨の遺言内容を公正証書用紙に記載した。同日、Aの病室にて、公証人Cは、すでに意識が傾眠状態であったAに対し、「子供のことで遺言するのは本当か。」「Yを子として認めるという公正証書を作って良いか。」「Yはあなたの子に間違いないか。」と聞いたところ、Aはうなずいた。その際、Aは公証人Cの問いに対し一言の言葉も言わなかった。公証人Cは遺言を間違いないと判断し、公正証書を完成させた。これに対して、Xは、本件公正証書は遺言者の口授を筆記したものではないとして、九六九条の要件に違反し無効であり、これに基づく認知の届出も無効であるとした。一審は、Xの請求を棄却した。原審は、少なくとも遺言の要旨を把握できる程度の遺言者の口授がなければならないとし、遺言者が何ら言葉を発することなく単にうなずいたにすぎない場合は、口授の要件を満たしていないこと、また、当時Aの判断力がひどく低下していたことから、質問の趣旨を理解してうなずいたのかどうか甚だ疑わしいことを理由として、本件遺言は無効であると判断し、原判決を取り消した。そこで、Yが上告した。

裁判所の判断　遺言者が、公正証書によって遺言をするにあたり、公証人の質問に対し言語をもって陳述することなく単に肯定または否定の挙動をしたにすぎないときには、九六九条二号にいう口授があったものとはいえない。

解説　九六九条が遺言者の口授を要件にする趣旨は、遺言者の真意を確保することにある。そのため、口授の要件を満たすためには、遺言者は、少なくとも遺言の趣旨を把握できる程度の申述をしなければならない。大審院は、遺言の真正性保持の観点から、挙動は口授に該当しないと判断している（大判大正7・3・9刑録二四輯一九七頁）。本判決は、最高裁として右大審院判決の立場を踏襲したものである。このほか、近親者の誘導的質問に対し、遺言者は微弱な応答しかしなかったが、これが応答を意味するという近親者の説明をもとに作成された公正証書遺言について、口授の要件を欠くと判断した大審院判決がある（大判昭和13・9・28新聞四三三五号一〇頁）。他方で、口授要件を厳格にのみ解するのではなく、遺言の趣旨を把握できる程度の申述があればよく、遺言の内容全てについて逐一口授される必要はないとして、遺言の一部について覚書等を用いることを認めてよいとした判例（大判大正8・7・8民録二五輯一二八七頁）がある。

公正証書遺言(3)：目が見えない者の証人適格

159 最1判昭和55・12・4民集三四巻七号八三五頁

関連条文 九六九条・九七四条

目が見えない者は、公正証書遺言に立ち会う証人として適格を有するか。

事　実　Aは、証人Bおよびその妻Xの立会いの下、全財産をCに包括遺贈する、また遺言執行者をBとする旨の公正証書遺言を作成した。Aの死後、相続人Y_1Y_2が、A所有の不動産を相続により取得したとして、登記済みのものについて所有権移転登記を、未登記のものについて保存登記をした。そこで、BがY_1Y_2に対して、本件登記抹消請求を提起した。Bが本訴継続中に死亡したため、Xが遺言執行者に選任され、訴訟を承継した。これに対して、Y_1Y_2は、Bが目が見えない者であることから証人適格を欠くため、九六九条一号の定める方式に違背しているとして、本件遺言が無効であると主張した。一審、原審とも目が見えない者の証人適格を肯定した。

裁判所の見解　多数意見は、目が見えない者は、九七四条に掲げられている証人の欠格者には当たらないとする。公正証書による遺言について証人の立会いが必要とされているのは、①遺言者に人違いがないことおよび②遺言者が正常な精神状態の下で自らの真意に基づき遺言の趣旨を公証人に口授するものであることの確認のほか、③公証人による筆記が正確であることを確認し、承認することによって遺言者の真意を確保し、紛争を防止することにあるとする。その上で、目が見えない者について、①および②を確認する能力を欠いているとはいえず、また、③について、遺言者の口授したところと公証人の読み聞かせたところを耳で聞き、両者を対比すれば足りるとする。これに対して、反対意見は、筆記内容の正確性を確認するためには、公証人の筆記したものを目で見て、これと耳で聞いたことを対比することが必要であるとして目が見えない者の証人適格を否定する。

解　説　遺言の証人について、九七四条が定める法定欠格者に該当しない者でも、事実上方式の履践が不可能な者は、証人適格を有しないと解されうる。目が見えない者の場合、特に筆記の正確性を確認しうるだけの能力が備わっているとしてよいかどうかが問題になる。従来、多くの論者は、目が見えない者の証人適格を否定していた。これに対し、本判決の多数意見は、筆記の正確性の確認は、筆記の読み聞かせと口授との同一性の確認で足りるとし、原則として目が見えない者の証人適格を肯定した。

もっとも、目で見なければ筆記の正確性を確認できない例外的な場合があることが、本判決でも認められている。例えば、遺言内容が複雑多岐にわたる場合や図面が添付されている場合については、目が見えない者の証人適格が否定され、遺言が無効とされる可能性がある。

共同遺言の禁止

160　最2判昭和56・9・11民集三五巻六号一〇一三頁

関連条文　九七五条

同一の証書に二人の遺言が記載されている場合、その一方の遺言に方式違背があるときでも、共同遺言に当たるか。

事実　Aは、昭和四三年五月一五日に妻Bとの連名で自筆証書遺言を作成した。本件遺言書には、Aが先に死亡した場合には、Bが全財産を相続する旨が記載されていた。Aは同年七月一〇日に死亡し、Bは昭和五一年七月八日死亡にした。その後、本件遺言で遺産の取得がなかったXらが、Yら四名に対して、共同遺言禁止を規定した九七五条に反することなどを理由に本件遺言の無効確認の訴えを提起した。これに対して、Yらは、本件遺言書はAが単独で作成したものであり、Aの単独遺言として有効であると主張した。原審は、遺言の右内容をAの意思表示（AがBに全財産を相続させる）とBの意思表示（B死亡後に、同相続財産につき遺言書記載どおりの分割方法を指定する）とに区別した上で、本件遺言書による遺言は共同遺言に該当するとして、本件遺言全部が無効となると判断した。そこで、Yらが上告した。本件では、このほかに、遺言無効確認訴訟における確認の利益の判断にあたり、原告の相続分が生前贈与等によりなくなるか否かを考慮することの可否および遺言無効確認訴訟が固有必要的共同訴訟に当たるかどうかが争点となっている。

裁判所の見解　「同一の証書に二人の遺言が記載されている場合は、そのうちの一方に氏名を自書しない方式の違背があるときでも、右遺言は、民法九七五条により禁止された共同遺言にあたるものと解するのが相当である。」

解説　九七五条は、共同遺言を認めることにより、①遺言の自由および遺言撤回の自由の確保に支障が出ること、および②一方の遺言に無効原因がある場合に他の遺言の効力がどうなるかといった複雑な法律関係が発生するおそれがあることから、共同遺言を禁止している。本件では、Bが氏名を自書しなかったという方式違背（九六八条一項）が認められることから、当該遺言のみが無効となるのか、共同遺言として遺言全体が無効となるかが問題になる。これについて、本判決は、一方の遺言に方式違背があっても、共同遺言に当たり、双方の遺言全体が無効であると判断した初めての最高裁判決である。しかし、その判断理由は必ずしも明らかではない。この点、本件遺言のように内容的に互いに関連しており、一方の遺言が他方の遺言によって効力を左右される可能性のある場合（相関的共同遺言）には、共同遺言禁止の趣旨（特に②の点）に基づき、遺言全体を無効とすべきであると考えられる。これに対し、双方の意思表示が独立無関係に記載されている単純共同遺言の場合は、九七五条で禁止されている共同遺言には該当しないと解されている（153判決）。

危急時遺言の方式

161 最2判昭和47・3・17民集二六巻二号二四九頁

関連条文　九七六条

一般危急時遺言において、①日付の記載は遺言の有効要件か、②証人の署名押印は遺言者の面前でなされなければならないか。

事　実　容体が悪化し死が迫ったと感じた亡Aは、友人BCDの立会いで一般危急時遺言をした。遺言の口授は昭和四三年一月二七日深夜から翌二八日午前零時過ぎの間になされ、二八日午前中にBが清書、署名押印をした。同日夕刻、CDも署名を終えたが、印鑑を所持していなかったので、押印のないまま遺言をAに読み聞かせ、翌二九日午前中に遺言執行者として指定されたY弁護士の事務所で両名の押印を完了した。また遺言書には、作成日付として、「昭和四三年一月二八日午前零時一五分」との記載があった。

裁判所の見解　一般危急時遺言（九七六条）においては、日付は遺言の方式として条文上要求されていないから、日付の記載はその有効要件ではない。また、遺言者への読み聞かせと証人による署名押印の時期が前後し、さらに証人の署名押印が遺言者不在の場所でなされた場合であっても、その署名押印が、筆記内容に改変を加えた疑いを挟む余地のない事情の下に遺言書作成の一連の過程に従って遅滞なくなされたものと認められるときは、署名押印によって筆記の正確性を担保しようとする九七六条の趣旨を害するものとはいえず、遺言の効力は妨げられない。

解　説　普通方式遺言において日付の記載が有効要件とされている（九六八条一項・九七〇条一項四号、公証三六条一〇号）趣旨は、遺言時の遺言能力の有無を判断し、複数の遺言がある場合の先後を確定する必要による。これに対して、一般危急時遺言においては日付の記載は有効要件とされていないが、これは、遺言がされた日付は証人ないし立会人によって確定できるためである。本判決は、遺言がされた日付の記載がなく、また日付の記載の正確性に争いがあっても、そのことが遺言を無効とすることはないとしたものである。

また九七六条一項は、踏まれるべき方式について、①遺言者の口授、②筆記、③遺言者・証人への読み聞かせないし閲覧、④証人の承認、⑤証人の署名押印という順序を予定している。本件では③から⑤について順序が前後し、かつ証人の署名押印が遺言者不在の場所で行われた。本判決によれば、このような場合でも、署名押印が筆記内容に改変を加えた疑いを挟む余地のない事情の下に遺言書作成の一連の過程に従って遅滞なくなされたものであるときには、遺言の効力は妨げられない。

遺言執行者がある場合の相続人の処分行為

162 最1判昭和62・4・23民集四一巻三号四七四頁　関連条文　一〇一二条・一〇一三条

遺言執行者が指定されているにもかかわらず、相続人により行われた、遺言の執行を妨げる処分行為は有効か。

事実　亡Aは、本件不動産を相続人Xに遺贈する旨および遺言執行者としてBを指定する旨の遺言をした。しかし、Aの相続開始後、Bが遺言執行者への就職を承諾する前に、同じくAの相続人であるCは、本件不動産につき、C名義での相続登記をした上、Yに対して根抵当権を設定し、その登記を備えた。Yが担保権の実行としての競売を申し立てたのに対して、Xは第三者異議の訴えを提起した。

裁判所の見解　一〇一二条一項が「遺言執行者は、相続財産の管理その他遺言の執行に必要な一切の行為をする権利義務を有する」と規定し、一〇一三条が「遺言執行者がある場合には、相続人は、相続財産の処分その他遺言の執行を妨げるべき行為をすることができない」と規定しているのは、遺言者の意思の尊重と、遺言執行者による遺言の公正な実現という目的に基づく。かかる趣旨からすると、相続人が、一〇一三条に違反して、遺贈の目的不動産を第三者に譲渡しまたは第三者のために抵当権を設定してその登記をしたとしても、相続人の右処分行為は無効であり、受遺者は、遺贈による目的不動産の所有権取得を、登記なくして右処分行為の相手方たる第三者に対抗できるものと解するのが相当である。また、以上の法の趣旨に照らすと、一〇一三条にいう「遺言執行者がある場合」とは、遺言執行者が就職を承諾する前も含むものと解すべきであるから、以上の理は、相続人による処分行為が遺言執行者の就職の承諾前にされた場合であっても変わらない。

解説　遺贈によって不動産所有権を取得した者が、相続人から当該不動産の譲渡を受けた第三者に対して、登記なくして自己の所有権取得を主張できるかについては、遺贈も一七七条が適用される物権変動であり、受遺者は、登記なくしては所有権取得を対抗できないのが原則である（166判決）。これに対して、遺言執行者が指定され、一〇一三条が適用される場合について、本判決は、遺贈による所有権の取得を登記なしに対抗可能であるとした。この場合には一〇一二条一項により処分権が遺言執行者に専属し、相続人の処分行為が無効となるとして、無権利の法理がとられたのである。しかしこれによると、遺言および遺言執行者の存在を第三者が知る制度が存在しない現状では、取引の安全が害される可能性がある。このことから、現行法の解釈論上は右のように解しつつも、遺言執行者の公示制度等何らかの立法的措置を提案する論者もいる。

「相続させる」旨の遺言と遺言執行者の職務権限

163 最1判平成11・12・16民集五三巻九号一九八九頁

関連条文 一〇一二条一項

「相続させる」旨の遺言がなされた場合に、遺言執行者は遺言内容を実現すべき登記手続に関与できるか。

事　案　亡Aは、本件不動産を相続人Bに相続させる旨および遺言執行者としてXを指定する旨の遺言をした。しかし、Aの相続開始後、同じくAの相続人であるYが、本件不動産につきY名義での相続登記をしたため、遺言執行者Xが、Yに対して真正な登記名義の回復を原因とする所有権移転登記手続を求めた。

裁判所の見解　「相続させる」旨の遺言は、特段の事情がない限り、遺産分割方法の指定の性質を有し、これにより、当該不動産は、何らの行為を要することなく被相続人の死亡の時にただちに相続により受益相続人に承継される（149判決）。しかし、このことによって遺言の執行行為が当然に不要となるわけではなく、①不動産取引における登記の重要性に鑑みると、相続させる遺言による権利移転について対抗要件を必要と解するかどうかを問わず、受益相続人に所有権移転登記を取得させることは、遺言の執行に必要な行為に当たり、遺言執行者の職務権限に属する。②もっとも、相続させる遺言については受益相続人が単独で登記申請できるから、当該不動産の名義が被相続人である限りは、遺言執行者の職務は顕在化せず、遺言執行者は登記手続をすべき権利も義務も有しない（最3判平成7・1・24判時一五二三号八一頁）。③しかし、本件のように、遺言の実現が妨害される状態が出現したような場合には、遺言執行者は、遺言執行の一環として、妨害排除のため、所有権移転登記の抹消登記手続を求めることができ、さらには、受益相続人への真正な登記名義の回復を原因とする所有権移転登記手続を求めることもできる。

解　説　149判決が、「相続させる」旨の遺言を遺産分割方法の指定とし、遺産承継の効果は被相続人死亡時にただちに生じるとしたことを受けて、登記実務においても、登記申請は受益相続人が単独で行うことができ、遺言執行者がこれを代わって行うことはできないものとされた（右記平成7年判決は遺言執行者にはその義務もないとしたもの）。本判決は、かかるルール②を維持しつつ、本件のような事案で遺言執行者に原告適格を認めた（ルール③）ものである。しかし判例に対しては、③の場合にも受益相続人自ら妨害排除請求をすることができるのであるから、③の場合にのみ遺言執行者の職務権限が顕在化するとする根拠づけは十分になされていないとの批判もある。

撤回遺言の撤回と撤回された遺言の復活

164　最1判平成9・11・13民集五一巻一〇号四一四四頁

関連条文　一〇二五条

原遺言を撤回する遺言がさらに撤回された場合において、①原遺言は復活するか、②復活するとして、どのような要件が必要か。

事実　亡Aは、甲遺言をした後、乙遺言をもって甲遺言を撤回し、さらに「乙遺言を無効とし、甲遺言を有効とする」旨の丙遺言をした。

裁判所の見解　原遺言を遺言の方式に従って撤回した遺言者が、さらに右撤回遺言を遺言の方式に従って撤回した場合において、遺言書の記載に照らし、遺言者の意思が原遺言の復活を希望するものであることが明らかなときは、一〇二五条ただし書の法意に鑑み、遺言者の真意を尊重して原遺言の効力の復活を認めるのが相当である。本件において、亡Aは、乙遺言をもって甲遺言を撤回し、さらに丙遺言をもって乙遺言を撤回したものであり、丙遺言の記載によれば、亡Aが原遺言である甲遺言の復活を希望していたことは明らかであるから、甲遺言をもって有効な遺言と認めるのが相当である。

解説　いわゆる「撤回の撤回」に関して、一〇二五条によれば、撤回された原遺言は、撤回行為が詐欺または強迫による場合でない限り、復活しない。立法者は、このような場合には、撤回遺言の撤回が原遺言の復活の意思を含むかどうか不明であることが多く、むしろ同一の遺言を再度させるべきであると説明したが、その後の学説は、遺言者の原遺言復活の意思が明瞭な場合には遺言者の意思を尊重すべきであるとする復活説（法律構成はいくつかある）と、日時の経過により原遺言が相続開始時の状況にそぐわないこともあるとする非復活説とに分かれていた。本判決は、一〇二五条本文を、遺言者の復活意思が遺言書の記載に照らし明らかでない場合に関する規定として限定解釈し、復活説をとったものである。

遺言者の復活意思は遺言書の記載に照らして明らかでなければならないが、復活を希望する何らかの積極的な表現が遺言書中に必要かどうかは、判旨からは明らかでない。しかし、撤回遺言を単純に撤回した場合にも復活意思が明らかであると考える立場によるとしても、撤回が何度も繰り返された場合や、原遺言が古い時期になされた場合には、復活意思不明とされる可能性が高いだろう。

要件事実の観点からは、原遺言の復活を主張する者が、撤回遺言の撤回と、遺言書の記載に照らし遺言者の意思が原遺言の復活を希望するものであることの二点について主張・立証責任を負う。

不倫な関係にある女性に対する包括遺贈

165　最1判昭和61・11・20民集四〇巻七号一一六七頁

不倫な関係にある女性に対する包括遺贈は公序良俗に反して無効か。

事実　亡Aは、約七年間半同棲関係にあったY女に対して遺産の三分の一を遺贈する旨の遺言をした。Aの死後、Aの妻X_1、子X_2が、遺言は公序良俗に反するとして、遺言の無効確認を求めた。

裁判所の見解　①AはYと約七年間半同棲関係を継続した、②Yとの関係はAの家族に早期に公然となり、他方AとX_1の夫婦としての実体はある程度喪失していた、③遺言の作成前後においてAとYの親密度が特段増減していない、④遺言の内容は、YX_1X_2にそれぞれ全遺産の三分の一を遺贈するものであり、当時の民法上の妻の法定相続分が三分の一であって、X_2がすでに結婚して高校の講師をしているなどの原審判示の事実関係の下では、本件遺言は不倫な関係の維持継続を目的とするものではなく、もっぱら生計をAに頼っていたYの生活を保全するためにされたものというべきであり、また、遺言の内容が相続人らの生活の基盤を脅かすものとはいえないとして、本件遺言を公序良俗に反しないとした原審の判断は、正当である。

関連条文　九〇条・九六四条

解説　愛人ないし妾に対する遺贈と公序良俗との関係についてのリーディングケースである大判昭和18・3・19民集二二巻一八五頁は、「妾関係ノ継続維持ヲ条件トスルモノニシテ風俗ニ反スル事項ヲ目的トスル」と述べていた。以降の裁判例は、この命題を具体化するにあたって、諸事情諸要素の総合判断を行っているが、本判決以前の時点で、①遺贈の目的が不倫な関係の維持継続か相手方の生活保全か、②遺贈が相続人の生活基盤を脅かさないかという二つのファクターが形成されていた。本判決はこの延長上に位置づけられる。

本判決はあくまで当時における事例判決に留まり、その射程は広くない。例えば、妻の法定相続分が二分の一である現在でも本件と同様の遺言は有効とされるのか、YとX_1X_2との仲が険悪だったり、Yの存在が公然でなかったり、さらにはAX_1間に夫婦としての実体がなお存在した場合はどうか、①②のファクターを満たせば、遺留分の問題は別として、遺産全部を不倫関係にある女性に遺贈することも認められるのか、②のファクターが満たされない場合には遺言は全部無効となるのか一部無効となるのかなど、未解決の問題は多い。

遺贈と登記

166 最2判昭和39・3・6民集一八巻三号四三七頁

関連条文　一七七条・九六四条

遺贈に基づく物権変動を、登記なくして、当該不動産について利害関係を有するに至った第三者に対して対抗できるか。

事　実　亡Aは本件不動産をBに遺贈したが、遺贈に基づく所有権移転登記がなされないでいる間に、Aの相続人の一人Cの債権者Yが、Cに代位して、Cのために本件不動産につき相続による持分取得の登記をした上、Cの持分につき強制競売申立をした。その後に遺言執行者に選任されたXは、強制競売の不許を求め、第三者異議訴訟を提起した。

裁判所の見解　不動産の所有者が不動産を他人に贈与しても、その旨の登記手続をしない間は完全に排他性ある権利変動を生じず、所有者は全くの無権利者とはならない。そして、遺贈もまた、意思表示によって物権変動の効果を生ずる点において、贈与と異ならないから、遺贈が効力を生じた場合においても、遺贈を原因とする所有権移転登記のなされない間は、完全に排他的な権利変動を生じないものと解すべきである。一七七条が、広く物権の得喪変更について、登記を対抗要件としているところからみれば、遺贈をその例外とする理由はなく、遺贈の場合においても、不動産の二重譲渡等における場合と同様、登記をもって物権変動の対抗要件と解すべきである。

解　説　遺贈によって不動産所有権を取得した者が、相続人から当該不動産の譲渡を受けた第三者に対して、登記なくして自己の所有権取得を主張できるかについて、大審院判例は、肯定説と否定説とに分かれていた。相続開始前に被相続人が不動産の贈与をなした場合、その相続人から同一不動産の譲渡を受けた者が、一七七条の「第三者」に当たることはすでに承認されているところ（最3判昭和33・10・14民集一二巻一四号三一一一頁）、本判決は、遺贈を贈与と異なるものと考える理由はないとして、肯定説をとったものである。

これに対して、遺言執行者が指定されていた場合は、一〇一三条に違反する相続人によって行われた、遺言の執行を妨げる処分行為は、それが遺言執行者の就職の承諾前になされた場合であっても無効であり、受遺者は目的不動産の所有権取得を、登記なくして右処分行為の相手方たる第三者に主張できる（162判決）。遺言および遺言執行者の存在を第三者が知る制度がないにもかかわらず、遺言執行者の指定の有無でかかる差異が生じるのが妥当かどうか、立法的措置も含め、検討すべきとする見解も多い（162判決も参照）。

「相続させる」旨の遺言と登記

167 最2判平成14・6・10家月五五巻一号七七頁

関連条文 一七七条・九〇八条・九八五条

遺産中の特定の不動産を特定の相続人に「相続させる」旨の遺言がなされた場合、その者と当該不動産について利害関係を有するに至った第三者は対抗関係に立つか。

事実 亡Aが本件不動産を妻Xに「相続させる」旨の遺言をしたところ、法定相続人の一人である長男Bの債権者Yらが、Bに代位して、Bが法定相続分により本件不動産上の権利を相続した旨の登記をした上、Bの持分につき仮差押えおよび強制執行をした。これに対してXは、仮差押えの執行および強制執行の排除を求めて第三者異議訴訟を提起した。

裁判所の見解 特定の遺産を特定の相続人に「相続させる」旨の遺言があった場合、当該遺産は、特段の事情のない限り、何らの行為を要せずに、被相続人の死亡の時に直ちに当該相続人に相続により承継される。このように、「相続させる」旨の遺言による権利の移転は、法定相続分または指定相続分の相続の場合と本質的に異なるところはない。そして、法定相続分または指定相続分の相続による不動産の権利の取得については、登記なくしてその権利を第三者に対抗できることから、本件において、Xは、本件不動産を、登記なくしてYらに対抗することができる。

解説 特定の遺産を特定の相続人（受益相続人）に「相続させる」旨の遺言について、判例は、かかる遺言を、特段の事情のない限り、遺産分割方法の指定と解した上で、その法律効果について、他の共同相続人もこの遺言に拘束され、これと異なる遺産分割の協議、さらには審判もなしえないのだから、当該遺産は、何らの行為を要せずして、被相続人の死亡の時に直ちに当該相続人に相続により承継されるとする（149判決）。本件についてみると、本件不動産は遺産共有を経ずに、AからXに直接移転するため、Bは、本件不動産について一度も権利を取得したことのない無権利者となり、その結果、Bの差押債権者YとXとの間に対抗関係は生じないこととなる（無権利の法理）。本判決はこの問題を、共同相続人が法定相続分に基づく不動産持分について登記なしに（分割前の）第三者に対抗できるとした121判決の延長上に位置づけている。

以上に対しては、受遺者は相続を原因として単独で移転登記できるにもかかわらず、それを怠った帰責性があるとして対抗問題とすべきとの説も存在する。判例を支持するとしても、かかる帰責性を考慮に入れて、九四条二項または三二条一項後段の類推適用等を用いて、遺言の内容や存在を知らない第三者を保護する余地を残すべきとする論者もいる。

特別受益たる生前贈与が金銭である場合の評価方法

168 最1判昭和51・3・18民集三〇巻二号一一一頁

関連条文　九〇三条・九〇四条・一〇二九条・一〇四四条

遺留分算定の基礎となる財産に特別受益たる金銭贈与をどのように評価して算入するか。

事実　Aの相続人は、妻B、二男X、亡長男Cの長女YおよびD養子である。Aは、昭和二年頃から昭和三一年にかけて、不動産をCDYに贈与し、昭和三三年に死亡した。Xは、Yへの贈与が遺留分を侵害するとして遺留分減殺請求権を行使した。これに対してYは、Xが大正一二年から大正一五年までの間にAから現金四一二五円などの贈与を受けているから、Xの遺留分は侵害されていないと主張した。一審、原審ともにXの遺留分は侵害されていないとしてXの請求を棄却した。遺留分算定におけるXの受けた贈与金の評価について、一審は次のように判示した。遺留分算定の基礎となる財産の評価の基準時は、遺留分権が具体的に発生する相続開始時であるところ、現金については、貨幣価値の変動に鑑みて、贈与時の一万円はいつになっても一万円であるとするのでは、相続人間の公平を図る贈与の持戻しの制度の趣旨に反することになる。したがって、Xの受けた贈与金を、物価指数の比率を一対二五〇とみて相続開始時の貨幣価値に換算し、一〇三万一二五〇円と評価するべきであるとした。これに対してXが上告した。

裁判所の見解　被相続人が相続人に対して生計の資本として贈与した現金を特別受益として遺留分算定の基礎となる財産に算入する場合には、その贈与の時の金額を相続開始の時の貨幣価値に換算して評価するべきである。そのようにしなければ、共同相続人間の衡平を維持することを目的とする特別受益の持戻しの制度趣旨を没却することになるし、このように解しても、取引における一般的な支払手段としての金銭の性質、機能を損なうものではない。

解説　本判決は、特別受益となる贈与は一〇三〇条の要件を満たさないものでも遺留分算定の基礎となる財産に算入されることを前提としている。このことは、相続人間の公平を図る趣旨から判例および多数説により認められている(171判決参照)。そして、同じく相続人間の公平という観点から、特別受益たる贈与が金銭であった場合には、それを相続開始時の貨幣価値に換算して評価した上で遺留分算定の基礎となる財産に算入するべきとの判断を本判決は示している。本判決の示す基準は多数の学説の支持を得ている。もっとも、この基準によると、相続人が贈与された金銭によって不動産を購入した場合と、不動産そのものの贈与を受けた場合とで不公平が生じる可能性があること、受贈者である第三者も相続開始時の貨幣価値に換算して返還しなければならないとすれば、不当利得制度に影響を与えるなど、問題も指摘されている。

被相続人に債務がある場合と遺留分侵害額の算定(1)

169　最3判平成8・11・26民集五〇巻一〇号二七四七頁

関連条文　一〇二九条・一〇三一条

被相続人が相続開始時に債務を有していた場合には、遺留分侵害額をどのように算定するべきか。

事　実

被相続人Aは、先妻である亡Bとの間の子Yに全財産を包括遺贈する旨の遺言をして死亡した。Aには相続人としてYのほか、後妻であるX_1、AとX_1の間の子X_2X_3がいた。Aの財産は、本件で争われている不動産のほか、預金債権、債務等であった。包括遺贈の受遺者であるYは、本件不動産につき単独移転登記をした。そこで、Xらは、遺留分減殺請求により本件不動産について各自の持分を取得したと主張し、移転登記手続を求めた。

一審はXらの請求を認容し、Yによる控訴も原審により棄却された。そこで、Yは、原判決が遺留分の算定において相続債務を全く度外視しているなどと主張して上告した。

裁判所の見解

被相続人が相続開始の時に債務を有していた場合には、被相続人が相続開始の時に有していた財産全体の価額にその贈与した財産の価額を加え、その中から債務の全額を控除して遺留分算定の基礎となる財産額を確定する。それに遺留分の割合を乗じ、複数の遺留分権利者がいる場合はさらに遺留分権利者それぞれの法定相続分の割合を乗じ、遺留分権利者が受けた特別受益の価額を控除して遺留分の額を算定する。遺留分の侵害額は、遺留分の額から、遺留分権利者が相続によって得た財産の額を控除し、同人が負担すべき相続債務がある場合はその額を加算して算定する。

解　説

本判決は、被相続人が相続債務を有して死亡した後、相続人の一人になされた包括遺贈に対して他の相続人の一部が遺留分減殺請求権を行使した事例について、遺留分侵害額の算定方法を示した。本判決の示す算定方法によると、相続債務に関しては、債務の額を控除して遺留分算定の基礎となる財産額を確定し、個々の遺留分権利者の遺留分の額に自ら負担すべき相続債務の額を加算して遺留分侵害額、すなわち減殺額を算定する。

本判決の示す算定方法は、遺留分権利者が遺留分の減殺によって受けた額以上の債務を負担する不利益を回避するという点で妥当とされ、多数の学説が支持する。もっとも、加算すべき相続債務額とは、法定相続分に応じた相続債務額なのか、被相続人の遺言に従った相続債務額なのか（本件では、被相続人の遺言により包括遺贈を受けたYが債務も全て相続することになる）について、本判決は具体的には明らかにしていない。この点について近年最高裁が一定の判断を示した（170判決）。

170 被相続人に債務がある場合と遺留分侵害額の算定⑵：財産全部を相続させる遺言

170 最3判平成21・3・24民集六三巻三号四二七頁

関連条文　四二七条・八九九条・九〇二条・九〇八条・一〇二九条・一〇三一条

共同相続人の一人に対して全財産を相続させる旨の遺言がされた場合に、遺留分侵害額の算定において、遺留分権利者の法定相続分に応じた相続債務額が遺留分額に加算されるか。

事　実　被相続人Aは、財産全部をYに相続させる旨の公正証書遺言をなし、死亡した。Aの法定相続人は子であるXYである。Aの財産は、約四億三二三一万円の積極財産および約四億二四八三万円の消極財産である。Aが死亡した後、Yが全財産を承継した。そこでXは、遺留分減殺請求権を行使した。遺留分侵害額の算定の前提としてXは、可分債務は法定相続分に応じて当然に分割されるから、その二分の一を負担すると主張した。これによると遺留分侵害額は、約四億三二三一万円から約四億二四八三万円を引いた額の四分の一である約一八七万円に、債務の二分の一である約二億一二四一万円を加算した約二億一四二八万円であるとした。これに対してYは、遺言により債務をYが全て負担するので遺留分侵害額は約一八七万円であると主張した。原審は、Xの負担する債務の額をゼロとして算定したので、Xが上告した。

裁判所の見解　相続人のうちの一人に対して財産全部を相続させる旨の遺言によって相続分の全部が当該相続人に指定された場合には、特段の事情のない限り、相続人間においては、当該相続人が相続債務を全て承継することになる。もっとも、相続債務についての相続分の指定は、債権者に対しては効力が及ばないから、各相続人は、債権者からの法定相続分に基づいた請求に応じなければならない。そして、右記のような相続分指定があった場合における遺留分侵害額の算定においては、相続人間において最終的に取り戻すべき遺産の数額を算定するべきである。

解　説　被相続人に債務がある場合における遺留分侵害額の算定方法について、最高裁は、遺留分権利者が負担すべき相続債務の額を遺留分額に加算すべきとの判断を示している（169判決）。ここで加算すべき相続債務の額は、法定相続分に応じた債務の額か、被相続人の遺言に従った債務の額かについて、これまで明らかにされていなかった。本判決は、被相続人の遺言に従った債務の額（本件では遺言に従うとXの負担する債務の額はゼロである）を加算すべきであり、法定相続分に応じた債務の額（本件では債務の二分の一である約二億一二四一万円）を加算すべきではないとの判断を示した。これによると、法定相続分に基づく請求に応じたXが、本来の債務者であるYに求償する際に無資力のリスクを負担することになるが、学説の多数は、遺留分権利者に与えられた保護にも限界があることから本判決を支持する。

特別受益たる贈与に対する遺留分減殺請求

171 最3判平成10・3・24民集五二巻二号四三三頁

関連条文 九〇三条一項・一〇三〇条・一〇三一条・一〇四四条

特別受益となる生前贈与は一〇三〇条の要件を満たさなくても遺留分算定の基礎となる財産に算入され、減殺の対象になるか。

事実　被相続人Aは、昭和六二年に死亡した。相続人は、妻X_1、長女X_2および長男Y_1である。Y_1には妻Y_2、子$Y_3$$Y_4$がいた。Aは、昭和五三年に、目録一、三、六の各不動産をY_2、Y_3、Y_4に贈与し、目録四の不動産をY_1に贈与し、目録二、五の各不動産については昭和五四年にYら四名に贈与した。Xらは昭和六三年に遺留分減殺請求権を行使し、最後の贈与である目録二、五の各不動産を対象に、遺留分に相当する持分の所有権移転登記手続を求めた。

ここで問題になるのは、Aが贈与した相手はいずれも相続人であり、特別受益となる贈与がなされたといえるから、一〇三〇条の要件を満たさなくてもこれらの贈与が減殺の対象になるかという点である。原審は、一〇三〇条の要件を満たさない贈与は減殺の対象にならないとの前提で、本件贈与は同条の要件を満たさないから遺留分減殺の対象とならないとして請求を棄却した。これに対して、Xらが上告した。

裁判所の見解　一〇四四条・九〇三条により、一〇三〇条の要件を満たさない贈与であっても、九〇三条一項の定める相続人に対する特別受益となる贈与は、「右贈与が相続開始よりも相当以前にされたものであって、その後の時の経過に伴う社会経済事情や相続人など関係人の個人的事情の変化をも考慮するとき、減殺請求を認めることが右相続人に酷であるなどの特段の事情のない限り」、遺留分算定の基礎となる財産に含まれ、減殺の対象となる。

解説　この問題は、①一〇三〇条の要件を満たさない特別受益となる生前贈与が遺留分算定の基礎となる財産に算入されるかという問題と、②それが減殺の対象になるかという問題の二点に分けて議論されている。多数説は、一〇四四条による九〇三条の準用、相続人間の公平性確保という理由から①②どちらの問題についても肯定する。

これに対しては、一〇四四条による九〇三条の準用は、特別受益となる生前贈与を算入せずに遺留分の総額を算定した上で、この総額を各相続人に割り振る際に初めて意味を持つこと、共同相続人間の公平は一〇三〇条の枠内で配慮すれば足りること等から①②の問題をいずれも否定する見解も有力に主張されている。①については肯定しながら②を否定する立場もあり、理論的には様々な可能性が提唱されていたところ、本判決は、①②の問題をいずれも肯定する立場を最高裁として明らかにしたところに意義がある。

遺留分減殺請求権と債権者代位権

172 最1判平成13・11・22民集五五巻六号一〇三三頁

関連条文 四二三条一項・一〇三一条

遺留分減殺請求権を債権者代位の目的とすることができるか。

事実　金融業者Yは、Aに三〇万円を貸し付け、裁判により債務名義を得てその後もAに対して返済を求めた。Aの父Bが死亡したので、Yは、Aに代位してBの財産の一部であった本件不動産につき法定相続分（一〇分の一）での共同相続登記をした上で、強制競売の申立をし、Aの持分に対する差押えがなされた。本件不動産については、Bが、相続人の一人であるX（Aの弟であり農業の承継者）に単独で相続させる旨の遺言をしていた。そこで、Xが、Yのした強制執行について第三者異議の訴えを提起した。Yは、Aの遺留分減殺請求権を代位行使するとし、二〇分の一については、強制執行は有効であると主張した。原審は、遺留分減殺請求権の代位行使を認めず、Xの第三者異議を認容したので、Yが上告した。

裁判所の見解　「遺留分減殺請求権は、遺留分権利者が、これを第三者に譲渡するなど、権利行使の確定的意思を有することを外部に表明したと認められる特段の事情がある場合を除き、債権者代位の目的とすることができない」。

民法は、遺留分を害する財産処分も一応有効とし、遺留分を請求するかどうかを遺留分権利者の意思に委ねることとしている。したがって、遺留分権利者以外の者が減殺請求権行使の意思決定に介入することは許されず、遺留分減殺請求権は四二三条一項ただし書にいう一身専属権に当たる。一〇三一条が遺留分権利者の承継人にも減殺請求権を認めているのは、この権利が行使上の一身専属性を有すると解することの妨げとならない。また、遺留分減殺請求権は相続開始時の遺産の有無等によって左右される極めて不確実な権利であり、相続人の債権者は、これを共同担保として期待するべきではない。

解説　本判決は、遺留分減殺請求権は、行使上の一身専属性を有するので債権者代位権の対象とはならないという一般論を最高裁として初めて明示したところに意義がある。学説においては、身分行為から切り離された財産権としての性質を強調してこの権利を代位の対象とすることを肯定する説と、遺留分権利者の自由意思を強調して債権者による自由意思への介入はふさわしくないとしてこの権利を代位の対象とすることを否定する説が対立している。本判決は、遺留分権利者による減殺請求を行使しない意思決定を尊重し、それによって不利益を受けると思われる遺留分権利者の債権者については、そのような不確定な遺留分を共同担保として期待するべきではないということを論拠に否定説をとることを明らかにした。本判決が示す代位行使を認める特段の事情とはどのような場合をいうのか、どこまで拡げるのかについて注目される。

遺留分減殺請求権の法的性質

173 最1判昭和41・7・14民集二〇巻六号一一八三頁

関連条文　一〇四一条

遺留分減殺請求権は、形成権か、請求権か。

事実　被相続人Aは子Yに本件不動産を含む全財産を遺贈し、昭和三六年二月一九日に死亡した。Aの子Xは、遺贈の事実を同月二六日に知った。その後、X不知の間にY名義で本件不動産について所有権移転登記がなされたため、Xは昭和三七年一月一〇日に、訴外B（Aの子）を通して、自分には遺留分の権利があるから遺産を分配するよう求めたが、Yは応じなかった。そのためXは、本件不動産につき遺留分に当たる持分六分の一の移転登記手続を求めて訴えを提起した。Yは、Xが遺贈の事実を知った昭和三六年二月二六日から一年経過したことによってXの減殺請求権は時効消滅しており、仮にXが昭和三七年一月一〇日に減殺の意思表示をしたとみても、六ヶ月以内に裁判上の請求をしていないことから減殺の意思表示には時効中断の効力がないと主張した。一審はXの請求を棄却したが、原審はXの請求を認容したため、Yが上告した。

裁判所の見解　遺留分減殺請求権は形成権である。減殺請求権行使は受贈者または受遺者に対する意思表示によってなせば足り、必ずしも裁判上の請求による必要はなく、また一旦その意思表示がなされれば、法律上当然に減殺の効力を生ずる。したがって、Xが相続の開始および減殺すべき本件遺贈のあったことを知った昭和三六年二月二六日から一年以内である昭和三七年一月一〇日に減殺の意思表示をなした以上、確定的に減殺の効力が生じており、もはや減殺請求権そのものについて消滅時効（一〇四二条）を考える余地はない。

解説　遺留分減殺請求権の法的性質に関する学説は、減殺請求権は遺留分保全のために受遺者・受贈者に対してなされる財産引渡請求権または未履行の遺贈・贈与の履行拒絶権であるとする請求権説と、遺留分権利者の一方的意思表示によって遺留分保全に必要な限度で遺贈・贈与の全部または一部の効力を失わせる形成権であるとする形成権説（通説）とに大別できる。形成権説はさらに、遺留分減殺請求権の効果に関する見解の違いにより、遺留分減殺請求権の行使によって目的物の所有権が当然に遺留分権利者に復帰すると考える形成権＝物権説（通説）、遺留分減殺請求権の行使があっても相手方は所有権を移転する義務を負うにすぎないとする形成権＝債権説の二つに分けられる。本判決以前から形成権説をとる裁判例が多く、形成権＝物権説を前提とする最高裁判決も存在したが（178判決）、本判決は、請求権説をとった一審を明確に否定して、遺留分減殺請求権が形成権であることを正面から示した初の最上級審判決として大きな意義を有する。

遺留分減殺請求権行使の効力

174　最2判平成8・1・26民集五〇巻一号一三二頁

全部包括遺贈に対して遺留分減殺請求権を行使した場合に遺留分権利者（減殺者）に帰属する権利は、遺産分割の対象となる相続財産としての性質を有するか。

事実　被相続人Aは、子の一人であるYに本件不動産を含む財産全部を包括遺贈（全部包括遺贈）する旨の公正証書遺言を残して死亡した。Yが本件不動産につき遺贈を原因とする所有権移転登記をしたところ、Aの子Xが遺留分減殺の意思表示をし、本件不動産につき遺留分割合による所有権一部移転登記を求めて訴えを提起した。一審は、包括遺贈に対して減殺請求をした減殺者は被相続人の各遺産について抽象的な持分を有するにすぎず、遺産分割手続が完了しない限り遺産を構成する個々の財産につき遺留分割合による共有持分権を取得することはないとして、Xの請求を棄却した。原審は、一審と同様、減殺者は具体的な共有持分権を取得することはないとしながらも、遺産共有状態時と同様、その遺産を構成する個々の不動産につき受遺者である相続人が単独の所有権移転登記を受けているときはその是正を求めることができるとして、Xの請求を認容した。これに対して、Yが上告した。

裁判所の見解　特定遺贈の目的とされた財産は、何らの行為を要せずしてただちに受遺者に帰属して遺産分割の対象から外れること、また、民法は、減殺の結果生じる法律関係を、相続財産との関係としてではなく減殺者と受贈者・受遺者との個別的法律関係として規定していることから、特定遺贈に対する遺留分減殺請求によって取り戻される財産は遺産分割の対象となる相続財産としての性質を有しない。全部包括遺贈は、遺贈の対象となる個々の財産を個々的に掲記する代わりにこれを包括的に表示する実質を有するもので、その限りで特定遺贈と同様の性質を有するから、全部包括遺贈に対する遺留分減殺請求によって遺留分権利者に帰属する権利は遺産分割の対象となる相続財産としての性質を有しない。

解説　遺留分減殺請求によって遺贈・贈与等は遺留分を侵害する限度において失効するが、この取戻財産の性質について訴訟説と審判説との対立がある。訴訟説は、取戻財産は相続財産に復帰することなく減殺者の固有財産となり、減殺者と被減殺者との物権法上の共有関係が生じ、その解消は共有物分割訴訟になるとする。審判説は、取戻財産は相続財産に復帰して遺産共有状態となり、その解消は家裁における遺産分割手続によるとする。本判決は、減殺請求の対象となる処分のうち、従来訴訟説が有力であった特定遺贈に加えて、全部包括遺贈についても訴訟説の立場に立つことを明らかにしたが、相続分の指定や割合的包括遺贈については射程の範囲外である。

関連条文　八九八条・九〇七条・九六四条・一〇三一条

遺言による相続分の指定が遺留分を侵害する場合の遺留分減殺請求の効果

175 最1決平成24・1・26家月六四巻七号一〇〇頁

関連条文　一〇三一条・九〇二条・九〇三条

①相続分の指定に対する遺留分減殺の効果はどのようなものか。②特別受益に当たる贈与についてされた持戻し免除の意思表示が減殺された場合、具体的相続分はどのように算定されるか。

事　実　Aの相続人は、前妻との間の子であるXら三名、後妻Y_1、AY_1間の子Y_2およびY_3である。Aは生前、Y_2に対して特別受益に当たる贈与をし、後に持戻し免除の意思表示をした。また、Aは公正証書遺言により、Y_1の相続分を二分の一、Y_2およびY_3の相続分を各四分の一、Xらの相続分をゼロとする相続分の指定をした。Aの死後、Xらが、Y_1、Y_2およびY_3に対して遺留分減殺請求をした後、遺産分割を申し立てた。

原審は、①遺留分減殺請求により法定相続分を超える相続分を指定された相続人の指定相続分がその法定相続分の割合に応じて修正され、②持戻し免除の意思表示はXらの遺留分を侵害する限度（二〇分の三）で失効し、この部分の価額を相続財産額に加算したものをみなし相続財産として各人の具体的相続分を算定した上で、遺産分割方法を定めた。これに対して、Xらが許可抗告を申し立てた。

裁判所の見解　①遺留分減殺請求により相続分の指定が減殺された場合、遺留分割合を超える相続分を指定された相続人の指定相続分がその遺留分割合を超える部分の割合に応じて修正される。②特別受益に当たる贈与についてされた持戻し免除の意思表示が減殺された場合、当該贈与に係る財産の価額は遺留分を侵害する限度で遺留分権利者の相続分に加算され、当該贈与を受けた相続人の相続分から控除される。

解　説　①遺留分を侵害する相続分の指定（九〇二条一項ただし書）も当然に無効ではなく、減殺対象となり、その割合が修正されるにすぎないと解されてきたが、本決定は、この減殺の効果について、減殺による受遺者の遺留分侵害を防ごうとした177判決を参照し、法定相続分ではなく遺留分を超える相続分を指定された相続人の指定相続分が、遺留分を超える部分の割合に応じて修正されるとした。さらに、②持戻し免除付き特別受益（九〇三条三項）の価額も遺留分算定の基礎となる財産額に算入されることを前提に、原審の計算方法ではXらが遺留分相当額の財産を確保しえないこととなり遺留分制度の趣旨に反するとして、Y_2への特別受益に当たる贈与のうちXらの遺留分を侵害する限度で失効した価額をXらの相続分に加算し、Y_2の相続分から控除するものとした。いずれも初の最上級審の判断であるが、本件のように相続分の指定が遺留分を侵害することが明らかではない事案にも射程が及ぶかは残された問題である。

遺留分減殺請求権と目的物の取得時効

176 最1判平成11・6・24民集五三巻五号九一八頁

受贈者が遺留分減殺請求の対象となる贈与の目的物について取得時効の要件を満たす占有を継続した場合、これを減殺請求によって取戻すことは可能か。

事実　X_1～X_9およびY_1は被相続人Aの子であり、Y_2はY_1の子である。Aは、昭和五一年一一月から翌年一月にかけて一一件の不動産をY_1、Y_1の妻のB（昭和五五年に死亡）およびY_2に贈与した。贈与当時、Aにはほかにみるべき財産がなく、YらおよびBはこれを知っていた。Aが平成二年一月に死亡し、Xらは同年一二月、本件贈与について遺留分減殺の意思表示をした。これに対してYらは、贈与から一〇年経過したことにより本件不動産を時効取得したから、減殺請求によってこれらを取り戻すことはできないと主張した。

一審、原審とも、YらおよびBはXらの遺留分を侵害することを知って贈与を受けたものであるから占有の始めに善意無過失であったとはいえないし、仮にYらが時効により原始取得する余地があるとしても、これによって遺留分減殺請求権を基礎づける事情が払拭されるわけではなく、Yらが減殺請求を受ける立場にあることに変わりはないとして、Xらの請求を認容した。これに対してYらが上告した。

裁判所の見解　民法は、遺留分減殺によって法的安定が害されることに対して一定の配慮をしながら（一〇三〇条前段・一〇三五条・一〇四二条等）、贈与が何年前にされたものであるかを問わず減殺の対象となるものとしていること、また、遺留分権利者には取得時効を中断する法的手段がないことなどに鑑みると、遺留分減殺の対象としての要件を満たす贈与を受けた者が、一六二条所定の期間、平穏かつ公然にこの占有を継続したと主張して取得時効を援用したとしても、それによって遺留分権利者への権利の帰属が妨げられるものではない。

解説　かつて判例は、贈与の目的物は一六二条にいう「他人の物」に当たらないことを理由として、受贈物の時効取得自体を否定していた（大判昭和9・9・15民集一三巻一七九二頁）。しかし、その後、自己所有物の時効取得を肯定する判例が確立したため（最2判昭和42・7・21民集二一巻六号一六四三頁等）、本判決では、Yらによる時効取得自体は認めつつも、それによって贈与の目的物に対する遺留分減殺請求権が消滅するわけではなく、減殺者への権利帰属は妨げられないとした。取得時効の効果が原始取得であることは、必ずしも占有者が常に何らの制約がない所有権を取得することを意味しないため（大判大正9・7・16民録二六輯一一〇八頁）、受贈者は遺留分制度の制約下にある権利を取得したにすぎないと解することができよう。

関連条文　一六二条・一〇三〇条・一〇三一条

共同相続人に対する遺留分減殺請求と一〇三四条の「目的の価額」

177 最1判平成10・2・26民集五二巻一号二七四頁

関連条文 一〇三四条

相続人に対する遺贈等が遺留分減殺の対象となる場合でも、一〇三四条の「目的の価額」を文言どおり「目的の価額」と解すべきか、目的の価額のうち遺留分を超える部分と解すべきか。

事実　被相続人Aは、妻X、四女Yおよび亡長男Zの代襲相続人四名を含む計一〇名の相続人全員に対して、相続させる旨の遺言により全遺産を分割して相続させ、または遺贈したが、Xの取得額のみはその遺留分に満たなかった。そこでXは、YおよびZの代襲相続人らを相手方として、遺留分減殺請求権を行使し、その結果Xに帰属する共有持分権の確認および移転登記手続を求めて訴えを提起した（一審係属中に、XとZの代襲相続人らとの間では裁判上の和解が成立）。一審、原審とも、Xの遺留分不足額を、X以外の相続人がAから取得した遺産のうち遺留分を超過する額の割合で按分した額をYの減殺額としたのに対して、Yは、取得した全額の割合に従って減殺されなければならないなどと主張して上告した。

裁判所の見解　相続人に対する遺贈が遺留分減殺の対象となる場合において、遺贈の全額が減殺の対象となるものとすると、減殺を受けた受遺者の遺留分が侵害されるおそれがあり、これは遺留分制度の趣旨に反するため、遺贈の目的の価額のうち受遺者の遺留分額を超える部分のみが一〇三四条にいう目的の価額に当たるものというべきである。特定の遺産を特定の相続人に相続させる旨の遺言による相続が減殺の対象となる場合も同様に解すべきである。

解説　家督相続下における非相続人である受遺者に対する減殺請求を想定した規定である一〇三四条の「目的の価額」について、共同相続人間で減殺請求がなされる場合にも文言どおり解すべきであろうか。Yの主張のように文言どおり遺贈の全額とする説のほか、法定相続分超過額とする説、原則として遺贈の全額であるが例外的に被減殺者の取得額がその遺留分を下回る結果となる減殺は禁じるとする説などがあるが、本判決はこれらとは異なり、被減殺者の遺留分超過額のみが「目的の価額」に当たるとした。当然、自己の遺留分の額を下回る遺贈・贈与等しか受けていない相続人に対しては遺留分減殺請求をすることができない。遺留分の限度で相続人を保護しようとした法の趣旨に加え、減殺請求を受けて遺留分を下回る額しか取得できなくなった被減殺者が他の受遺者等に減殺請求をすることによる法律関係の複雑化回避の観点からも妥当であろう。なお、本判決は、減殺の対象が遺贈ではなく特定の遺産を特定の相続人に相続させる旨の遺言による相続の事例であり、相続させる旨の遺言についても遺贈と同様に解することを明らかにした点でも意義を有する。

遺留分減殺請求後に贈与不動産を譲り受けた第三者の地位

178 最3判昭和35・7・19民集一四巻九号一七七九頁

関連条文 一〇四〇条・一〇四二条

①受贈者に対する遺留分減殺請求の後、受贈者から贈与の目的物を譲り受けた者（転得者）に対してさらに減殺請求をすることができるか。②受贈者から贈与の目的物を譲り受けた者（転得者）に対する遺留分減殺請求権の消滅時効の起算点はいつか。

事実

被相続人Aが唯一の財産である本件土地建物を孫Bに生前贈与して死亡したため、Aの相続人X_1X_2は、この贈与が遺留分を侵害するとして減殺請求をした。ところが、X_1X_2が減殺請求による所有権移転登記を得ないうちにBが死亡し、Bを相続したY_1Y_2が本件土地建物をY_3に売却して所有権移転登記を了した。そこで、X_1X_2はY_3に対して、一〇四〇条一項ただし書に基づく遺留分減殺および所有権移転登記などを求めて訴えを提起した。原審は、①受贈者に対する減殺請求後の転得者に対しては一〇四〇条一項ただし書の適用がないのみならず、②減殺請求が相続の開始および贈与の事実を知った時から一年を経過した後になされており、一〇四二条前段の消滅時効完成後のものであるとして、請求を棄却した。これに対してXらは、①一〇四〇条一項ただし書は減殺請求後の転得者に対しても適用されると解すべきであり、また、②これは受贈者に対する減殺請求と別個独立のものではないから個別の消滅時効にかかることはないが、仮にかかるとしても、起算点は転得者への譲渡時であるなどと主張して上告した。

裁判所の見解

①受贈者に対して減殺請求をしたときは、その後の転得者に対してさらに減殺請求をすることはできない。②（仮に）転得者に対して減殺請求しうる場合には、その減殺請求権の消滅時効期間は、遺留分権利者が相続の開始と贈与のあったことを知った時から起算する。

解説

本判決は、遺留分権利者と遺留分減殺後の転得者との贈与目的物をめぐる争いは、一〇四〇条一項ただし書ではなく対抗問題として処理されることを明らかにした判例である。すなわち、遺留分減殺により贈与は遺留分を侵害する範囲で当然に失効し、その所有権が遺留分権利者に復帰するため（形成権＝物権説）、もはやさらに減殺の対象とすべき贈与は存在しなくなる（したがって②は本件では問題とならない）。ただし、X_1X_2は減殺請求により遺留分の範囲で本件土地建物の共有持分権を取得するものの、登記がない以上、第三者Y_3には対抗できない。Y_1Y_2が減殺部分について完全な無権利者となる本件は、厳密には二重譲渡の法律関係とは異なるが、取引の安全重視の観点からとられた法律構成であろう。もっとも、遺留分権利者の利益と取引の安全とを適切に調和させた条項である一〇四〇条一項ただし書を本件についても類推適用すべきであったという批判もなされている。

遺留分減殺請求前の目的物の処分と価額弁償

179 最3判平成10・3・10民集五二巻二号三一九頁

関連条文　一〇四〇条一項

相続開始後に遺留分減殺請求の対象である財産が譲渡され、その後に減殺請求の意思表示がされた場合、一〇四〇条一項に基づく価額弁償の価額はどのように算定すべきか。

事　実　Aは、唯一の財産である借地権の持分（持分割合二分の一。残りの二分の一の持分権者はY）を長男のYに遺贈する旨の遺言をし、昭和六〇年五月に死亡した。Aの法定相続人は、Yのほか、子のX_1からX_4である。Yは、平成二年三月、Bに対して、同借地権を自身の有する持分とともに代金二億九〇〇〇万円余で売却した。Xらは、同三年三月に前記遺贈の事実を知り、同年一一月に遺留分減殺請求権を行使し、価額弁償を求めて訴えを提起した。なお、Yの主張によれば、係争地付近の地価は相続開始時から急騰し、Yが借地権を売却した頃を頂点として、その後は急落している。原審は、口頭弁論終結時ではなく譲渡時を価額算定の基準時とし、各Xについて、売却代金の二〇分の一の割合（Aの持分割合二分の一×遺留分割合一〇分の一）に相当する価額の支払をYに命じた。Y上告。

裁判所の見解　①遺留分権利者が減殺請求権を行使するよりも前に減殺を受けるべき受遺者が遺贈の目的を他人に譲り渡した場合には、一〇四〇条一項の類推適用により、譲渡の当時譲受人が遺留分権利者に損害を加えることを知っていたときを除き、遺留分権利者は受遺者に対してその価額の弁償を請求しうるに留まるものと解すべきである。②そして、右の弁償すべき額の算定においては、遺留分権利者が減殺請求権の行使により当該遺贈の目的につき取得すべきであった権利の処分額が客観的に相当と認められるものであった場合には、その額を基準とすべきものと解するのが相当である。

解　説　遺留分減殺請求権が行使される前に受贈者が減殺請求の対象となる財産を第三者に譲渡した場合、遺留分権利者は、原則として、当該受贈者に対して価額弁償のみを請求することができ、現物返還を請求することはできない（一〇四〇条一項本文）。同条は贈与について規定しているところ、判例・通説は、これを遺贈に類推適用する（前記①）。なお、一〇四〇条は、減殺請求権行使後に目的財産が譲渡された場合には、適用されない（178判決参照）。

本件で問題となったのは、一〇四〇条一項に基づく価額弁償の価額算定のあり方である。本判決は、論拠を示さないまま、実際の処分価額を基準としつつ、その価額は処分時において客観的に相当と認められる額でなければならないとする。

これに対して、最高裁は、一〇四一条の価額弁償については、価額弁償時の客観的価値をもって価額を算定すべきだとする（182判決参照）。

価額弁償と弁済の提供

180 最3判昭和54・7・10民集三三巻五号五六二頁

関連条文 一〇四一条一項

遺留分減殺請求を受けた受贈者および受遺者が価額弁償により現物返還義務を免れるためには、価額弁償の意思表示をすれば足りるのか、それとも、現実に価額弁償することまで要するか。

事実 XはAの長女であり、YはAの甥である。Aは、Yから土地を無償で使用借し、同土地上に甲建物を建てて所有していたところ、昭和二九年三月にYに甲建物を遺贈した。Aは同四六年八月に死亡し、Xが唯一の相続人となった。Yは、同四七年三月に甲建物について遺贈を原因とする登記をした。甲建物には、現在Xが居住している。Xは、遺言の無効確認等を求めるとともに、予備的に、遺言が有効であるとしても甲建物につき遺留分として二分の一の持分を有すると主張して、二分の一の持分移転登記手続を請求した。一審においてXの予備的主張が認められたため、Yは、原審において価額弁償の意思表示を行った上で、これによりXの持分は消滅したと主張して争った。原審もXの請求を認容したため、Y上告。

裁判所の見解 特定物の遺贈につき履行がされた場合において一〇四一条により受遺者が返還の義務を免れる効果を生ずるためには、受遺者において遺留分権利者に対し価額の弁償を現実に履行しまたは価額の弁償のための弁済の提供をしなければならないもの、と解するのが相当である。なぜなら、右のような場合に単に弁償の意思表示をしたのみで受遺者をして返還の義務を免れさせるものとすることは、同条一項の規定の体裁に必ずしも合うものではないばかりでなく、遺留分権利者に対し右価額を確実に手中に収める道を保障しないまま減殺の請求の対象とされた目的の受遺者への帰属の効果を確定する結果となり、遺留分権利者と受遺者との間の権利の調整上公平を失し、ひいては遺留分の制度を設けた法意にそわないこととなるものというべきであるからである。

解説 形成権＝物権的効果説（173判決を参照）によれば、減殺請求により遺留分権利者に帰属した権利（所有権など）に基づいて、遺留分権利者は、受贈者および受遺者（以下では「受贈者等」と呼ぶ）に対して、物権的請求権（返還請求権および移転登記請求権）を行使することができる。この物権的請求権が現物返還請求権に当たる。

遺留分減殺請求を受けた受贈者等は、現物返還に代えて、価額弁償を選択することができる（一〇四一条一項）。本判決は、価額弁償を選択した受贈者等が現物返還の履行義務を免れるためには、価額弁償の意思表示をするだけでは足りず、現実に価額弁償すること（弁済の提供を含む）まで必要であることを明らかにした初めての最高裁判決である（183判決も参照）。

価額弁償の対象財産の範囲

181 最3判平成12・7・11民集五四巻六号一八八六頁

関連条文　一〇四一条一項

包括受遺者に対して遺留分減殺請求権が行使され、現物返還が請求された場合に、包括受遺者は、減殺目的物の一部を任意に選んで価額弁償をすることができるか。

事　実　多数の不動産と複数銘柄の株式を有していた資産家のAは、昭和五七年二月にその全財産を子のYに包括遺贈する旨の遺言をし、同五九年一〇月に死亡した。Aの法定相続人は、Yのほか、子であるX_1からX_3の四人である。Xらは、同六〇年二月にYに対して遺留分減殺請求権を行使した。Yは、株式のうちB社株式についてのみ価額弁償を申し出た。B社は、Aが創業し、Yが現在代表取締役を務める同族会社である。原審がB社株式の現物返還をYに命じたため、これを不服とするYが上告した。

裁判所の見解　受贈者または受遺者は、一〇四一条一項に基づき、減殺された贈与または遺贈の目的たる各個の財産について、価額を弁償して、その返還義務を免れることができるものと解すべきである。

なぜならば、①遺留分権利者のする返還請求は権利の対象たる各財産について観念されるのであるから、その返還義務を免れるための価額の弁償も返還請求に係る各個の財産についてなしうるものというべきであり、また、②遺留分は遺留分算定の基礎となる財産の一定割合を示すものであり、遺留分権利者が特定の財産を取得することが保障されているものではなく（一〇二八条ないし一〇三五条参照）、③受贈者または受遺者は、当該財産の価額の弁償を現実に履行するかまたはその履行の提供をしなければ、遺留分権利者からの返還請求を拒みえないのであるから、右のように解したとしても、遺留分権利者の権利を害することにはならないからである。④このことは、遺留分減殺の目的がそれぞれ異なる者に贈与または遺贈された複数の財産である場合には、各受贈者または各受遺者は各別に各財産について価額の弁償をすることができることからも肯認できるところである。⑤そして、相続財産全部の包括遺贈の場合であっても、個々の財産についてみれば特定遺贈とその性質を異にするものではないから、右に説示したことが妥当するのである。

解　説　包括受遺者は、減殺の対象となった財産の全部の価額弁償を申し出て現物返還を免れることができる（一〇四一条）。その上で、本判決は、減殺請求を受けた包括受遺者が任意に選択した財産についてのみ価額弁償することを肯定し、その根拠として、①から⑤を挙げる。①から④では、複数財産の特定遺贈と贈与について説示される。⑤では、174判決を挙げて、①から④の特定遺贈に関する説示を包括遺贈にも当てはめている。

価額弁償をする場合の価格算定の基準時

182 最2判昭和51・8・30民集三〇巻七号七六八頁

関連条文　一〇四一条一項

一〇四一条一項に基づく価額弁償請求権の価額の算定基準時はいつか。

事実　昭和三二年一二月にAが死亡し、その法定相続人は、長女X_1、二女X_2、二男Yのほか、長男Bの代襲相続人CDである。Aが生前に作成した遺言書には、甲土地を含む全遺産をYに遺贈する旨が記載されていた。X_1X_2CDは、同三三年七月にYに対して減殺請求の意思表示をし、同三九年には、甲土地を含む不動産に遺留分として共有持分を有することの確認と持分の移転登記手続とを求めて提訴した。原審において、Yが甲土地につき価額弁償する旨の意思表示をしたので、Xらは訴えを変更し一〇四一条に基づいて価額弁償を請求した。原審は、甲土地につきX_1X_2各自に八分の一の共有持分権を認め、口頭弁論終結時の価額の各自八分の一の支払をYに命じた。Yは、価額弁償の基準時は相続開始時であると主張して上告した。

裁判所の見解　価額弁償における価額算定の基準時は、現実に弁償がされる時であり、遺留分権利者において当該価額弁償を請求する訴訟にあっては現実に弁償がされる時に最も接着した時点としての事実審口頭弁論終結の時であると解するのが相当である。

解説　本判決は、一〇四一条一項に基づく価額弁償請求権の価額の算定基準時を相続開始時ではなく、価額弁償時（訴訟の場合には事実審口頭弁論終結時）と解すべきであることを最高裁として初めて明らかにした。

そもそも遺留分義務者に現物返還と価額弁償の選択権が与えられている理由は、一方で、価額弁償を認めても遺留分権利者の生活保障上支障を来すことがなく、他方で、被相続人の意思を尊重することができることにあって、それ以上に、遺留分義務者に経済的な利益を与えることにはない、と本判決はいう。そして、本判決によれば、その選択権が認められることの当然の前提として、遺留分権利者が価額弁償を受けた場合の利益状態は、現物返還を受けたとすればあったであろう利益状態と等価の関係に立つべきだということになる。

本判決のこのような理解の背後にあるのは、遺留分権利者が現物返還を受けることこそが原則であり、価額弁償はこれを価値的に実現する例外にすぎないという考え方である。だからこそ、遺留分権利者が価額弁償を受けて初めて現物返還請求権は消滅すると解すべきであり（180判決を参照）、また、価額弁償の算定基準時は現物返還請求権が消滅する時、つまり、価額弁償時と解すべきことになる。

価額弁償をする場合の遅延損害金の起算日

183 最1判平成20・1・24民集六二巻一号六三頁

関連条文　一〇四一条一項

①受遺者から価額弁償する旨の意思表示を受けた遺留分権利者が価額弁償請求権を取得するのはいつか。②価額弁償にかかる遅延損害金の起算日はいつか。

事　実　Aは、平成八年二月に死亡した。その法定相続人は、妻B、実子$X_1Y_1Y_2$、養子X_2Cである。Aは、同七年九月に、遺産をY_1Y_2Bに「相続させる」旨の遺言をしていた。そこで、Xらは、同八年一一月、Yらに対し減殺請求権を行使した。Xらは、同九年一一月に本訴を提起したところ、Y_2は同一五年八月、Y_1は同一六年二月に、それぞれ価額弁償をする旨の意思表示をした。これに対し、Xらは、同年七月に、訴えを変更して価額弁償を請求し、その附帯請求として、相続開始日から支払済みまで年五分の割合による遅延損害金の支払を求めた。原審は、遺留分権利者の請求に係る判決が確定した日の翌日以降の遅延損害金の支払を命じた。Xら上告。

裁判所の見解　受遺者から価額弁償する旨の意思表示を受けた遺留分権利者が受遺者に対して価額弁償を請求する権利を行使する旨の意思表示をした場合には、当該遺留分権利者は、遺留分減殺によって取得した目的物の所有権および所有権に基づく現物返還請求権を遡って失い、これに代わる価額弁償請求権を確定的に取得する。したがって、受遺者は、遺留分権利者が価額弁償を請求する権利を行使する旨の意思表示をした時点で、遺留分権利者に対し、適正な遺贈の目的の価額を弁償すべき義務を負う。そうすると、一〇四一条一項に基づく価額弁償請求に係る遅延損害金の起算日は、遺留分権利者が価額弁償請求権を確定的に取得し、かつ、受遺者に対し弁償金の支払を請求した日の翌日ということになる。

解　説　本件の直接の争点は、価額弁償請求権の遅延損害金の起算日である。しかし、より重要なのは、それを判断する前提として、受遺者から価額弁償する旨の意思表示を受けた遺留分権利者が価額弁償請求権を取得する時期を本判決が明らかにしたことである。すなわち、当該遺留分権利者は、価額弁償請求権を行使する旨の意思表示をした場合、その意思表示をした時に同請求権を確定的に取得する。なぜなら、この場合には、両当事者間の価額弁償へ向けた合意を尊重すべきだからである。

また、本判決によれば、遺留分権利者は、価額弁償請求権を確定的に取得することと引き換えに、目的物の所有権と現物返還請求権を遡及的に失う（遡及する時点が相続時なのか減殺請求時なのかは明らかでない）。これは、現物返還請求権と価額弁償請求権の併存を認めない立場である。これに対して、学説では、併存を認める立場も有力である。

184 死因贈与と遺留分減殺請求の順序

東京高判平成12・3・8判時一七五三号五七頁

関連条文　五五四条・一〇三一条・一〇三三条・一〇三五条

死因贈与は、遺贈と同時に遺留分減殺の対象となるか。

事実　A（平成七年七月三一日死亡）は、甲建物、乙建物および甲建物の敷地である甲土地の所有権、乙建物の敷地である乙土地の借地権、預貯金等を有していた。Aは、平成三年五月二八日付で、甲土地と甲建物を長男Bに、乙建物を長女Cに、預貯金を二女Dと三女Eに等分に、それぞれ相続させる旨の遺言をした。他方、Aは、同月一九日、乙建物および乙土地借地権につき、Cとの間で死因贈与契約を締結していた。そして、乙建物については、同月二八日付で、Cのために仮登記がされた。Aの相続人は、BCDEおよびすでに死亡していた養子F（Cの夫）の二人の子GHであり、DEの遺留分は各一〇分の一である。DおよびEから、BおよびCに対して遺留分減殺請求（甲土地、甲建物および乙建物につき所有権移転登記、乙土地につき借地権の準共有持分確認の各請求）がされた。

争点は多岐にわたるが、ここでとりあげるのは、死因贈与が遺贈と同時に遺留分減殺の対象となるか否かである。原審は、五五四条により死因贈与と遺贈は同順位で減殺されるべきであるとして、DおよびEの侵害された遺留分額をBおよびCの取得した対象財産の価格の割合に応じて按分して、請求を認容した。これに対して、Cが控訴した。

裁判所の見解　死因贈与も、生前贈与と同じく契約締結によって成立するものであるという点では、贈与としての性質を有していることは否定すべくもないから、死因贈与は、遺贈と同様に取り扱うよりはむしろ贈与として取り扱うのが相当であり、ただ一〇三三条および一〇三五条の趣旨に鑑み、通常の生前贈与よりも遺贈に近い贈与として、遺贈についで、生前贈与より先に減殺の対象とすべきものと解するのが相当である。

解説　本判決は、死因贈与が遺贈と同時に遺留分減殺の対象となることを否定したものである。学説では、かつては原審と同様の立場をとるものもあったが、今日では、本判決と同様の理解をするものが支配的である。また、本判決は、傍論ではあるが、「民法一〇三三条及び一〇三五条の趣旨」から、死因贈与は生前贈与より先に減殺の対象とすべきであるとした（その結果、減殺の順序は、遺贈、死因贈与、生前贈与の順になる）。これも学説の多数説に沿うものであり、死因贈与の効力が発生する時期に鑑み、死因贈与は贈与相互間では最後にされた贈与として評価するのが適切であるとの考え方に立脚したものと思われる。なお、本判決は、相続させる遺言を遺留分減殺との関係で遺贈と評価している点でも注目される。

最2判平19.3.30 家月59-7-120……………別居中の監護費用の請求 82
大阪高判平19.5.15 判タ1251-312…………有責配偶者からの離婚請求の段階的な解決 18
さいたま家審平19.7.19 家月60-2-149……子からの面会交流の申立 70
東京高決平19.8.10 家月60-1-102…………熟慮期間の起算点(2)：相続財産の一部が存在することを知っていた相続人 130
最1判平20.1.24 民集62-1-63………………価額弁償をする場合の遅延損害金の起算日 183
津家審平20.1.25 家月62-8-83……………医療ネグレクトと親権職務代行者の選任 73
名古屋高決平20.2.1 家月61-3-57…………財産分与と被用者年金の分割割合 22
大阪高決平20.10.24 家月61-6-99…………成年後見人の特別縁故者への該当性 146
最1判平21.1.22 民集63-1-228……………預金債権の共同相続と取引経過開示義務 117
最3判平21.3.24 民集63-3-427……………被相続人に債務がある場合と遺留分侵害額の算定(2)：財産全部を相続させる遺言 170
大阪高判平21.5.15 判時2067-42…………縁組の意思：財産取得のみを目的とする縁組の効力 51
名古屋高判平21.5.28 判時2069-50………扶養的財産分与としての賃借権の設定 23
東京高判平21.8.6 判タ1320-228…………高齢者による自筆証書遺言と遺言能力 147
大阪高決平21.9.7 家月62-7-61……………児童養護施設への入所の承認と父母への指導 74
大阪高決平21.11.10 家月62-8-75…………性同一性障がい者の名の変更 91
最2判平22.10.8 民集64-7-1719……………定額郵便貯金の共同相続 116
最3判平23.2.22 民集65-2-699……………「相続させる」旨の遺言と代襲相続 150
最2判平23.3.18 家月63-9-58………………自然血縁関係にない子の監護費用の分担請求と権利濫用 83
最1決平24.1.26 家月64-7-100……………遺言による相続分の指定が遺留分を侵害する場合の遺留分減殺請求の効果 175
東京高決平24.6.6 判時2152-44……………子の引渡請求と直接強制・間接強制 66
東京高決平24.10.18 判時2164-55…………子の引渡請求と審判前の保全処分 64
最1決平25.3.28 民集67-3-864……………面会交流の間接強制 72
最大決平25.9.4 判時2197-10………………婚外子の相続分規定の合憲性(2) 123

最1決平12.3.10 民集54-3-1040……………内縁の死亡解消と財産分与の類推適用 34
最3判平12.3.14 家月52-9-85………………親子関係不存在確認の訴えと外観説 39
大阪高決平12.4.19 家月53-1-82…………親権者変更における子の福祉・意思 61
最1決平12.5.1 民集54-5-1607……………別居中の親と子の面会交流 67
最3判平12.7.11 民集54-6-1886……………価額弁償の対象財産の範囲 181
東京高決平12.12.5 家月53-5-187…………成年子の高等教育費と親の扶養義務 84
東京高判平13.1.18 判タ1060-240…………高齢者の離婚と婚姻を継続し難い重大な事由の判断 14
東京高決平13.4.6 家月54-3-66……………婚姻が破綻した場合における同居請求 5
東京地判平13.6.28 判タ1086-279…………遺言に反する遺産分割協議の効力 138
最1判平13.11.22 民集55-6-1033…………遺留分減殺請求権と債権者代位権 172
東京家審平14.5.21 家月54-11-77…………DV がある場合の面会交流 71
大阪高決平14.6.5 家月54-11-54…………任意後見と法定後見の重複 80
最2判平14.6.10 家月55-1-77………………「相続させる」旨の遺言と登記 167
東京高決平15.1.20 家月56-4-127…………子の監護者指定と子の引渡請求 63
仙台高決平15.2.27 家月55-10-78…………親権と監護権の分属 62
最2決平16.10.29 民集58-7-1979…………生命保険金請求権と特別受益 125
最1判平16.11.18 判時1881-83……………婚外関係の解消と不法行為責任 31
最1判平17.4.21 判時1895-50………………重婚的内縁の法的保護の条件 33
最1判平17.9.8 民集59-7-1931……………遺産たる不動産から生じる賃料債権の帰属関係 109
最3決平17.10.11 民集59-8-2243…………遺産分割前の遺産に対する共同相続人の権利 120
大阪高決平18.2.3 家月58-11-47…………面会交流の原則的肯定 69
最2判平18.7.7 民集60-6-2307……………親子関係不存在確認の訴えと権利濫用 55
大阪高決平18.7.28 家月59-4-111…………本人が代理権付与に同意しない場合の保佐開始 81
最2判平18.9.4 民集60-7-2563……………死後懐胎子の父子関係 49
新潟家審平18.11.15 家月59-9-28…………老親の老人ホームでの生活費用と子の扶養能力 85
東京高判平19.2.27 判タ1253-235…………有責配偶者からの離婚請求と未成熟子の認定 17
最1判平19.3.8 民集61-2-518………………近親婚的内縁と遺族厚生年金受給権 32
最2決平19.3.23 民集61-2-619……………代理懐胎子の母子関係 50

東京高決平8.11.20 家月49-5-78…………特別養子縁組が認められる「特別の事情」 59
最3判平8.11.26 民集50-10-2747…………被相続人に債務がある場合と遺留分侵害額の算定(1) 169
最3判平8.12.17 民集50-10-2778…………遺産建物の相続開始後の使用関係(2)：不当利得返還請求 113
最3判平9.1.28 民集51-1-184……………遺言書を破棄・隠匿する行為と相続欠格 97
東京高判平9.2.20 判時1602-95……………有責配偶者からの離婚請求における婚姻破綻の認定 16
大阪高決平9.4.25 家月49-9-116…………婚外子の氏の変更 89
最1判平9.11.13 民集51-10-4144…………撤回遺言の撤回と撤回された遺言の復活 164
最2判平10.2.13 民集52-1-38……………限定承認と死因贈与 133
最1判平10.2.26 民集52-1-255……………内縁の死亡解消後の住居の使用 35
最1判平10.2.26 民集52-1-274……………共同相続人に対する遺留分減殺請求と一〇三四条の「目的の価額」 177
最3判平10.3.10 民集52-2-319……………遺留分減殺請求前の目的物の処分と価額弁償 179
東京高決平10.3.13 家月50-11-81…………財産分与と将来の退職金 21
最3判平10.3.24 民集52-2-433……………特別受益たる贈与に対する遺留分減殺請求 171
最2判平10.8.31 家月51-4-75……………推定の及ばない子に対する親子関係不存在確認の訴えと権利濫用 40
東京高決平10.9.16 家月51-3-165…………第三者の提供精子による懐胎（人工授精子）と嫡出推定 47
最1判平11.1.21 民集53-1-128……………相続財産法人に対する登記手続請求 144
最2判平11.6.11 民集53-5-898……………遺産分割協議と詐害行為取消権 142
最1判平11.6.24 民集53-5-918……………遺留分減殺請求権と目的物の取得時効 176
最1判平11.7.19 民集53-6-1138……………「善意かつ合理的事由の存在」の立証責任 94
東京高決平11.9.20 家月52-2-163…………監護者の指定と子の奪取の違法性 60
最1判平11.12.16 民集53-9-1989…………「相続させる」旨の遺言と遺言執行者の職務権限 163
最1判平12.2.24 民集54-2-523……………具体的相続分の確認の利益 126
東京高判平12.3.8 判時1753-57……………死因贈与と遺留分減殺請求の順序 184
大阪高判平12.3.8 判時1744-91……………離婚慰謝料と離婚原因慰謝料：DV の場合 27
最1判平12.3.9 民集54-3-1013……………財産分与と詐害行為取消権 26

最3判昭63.2.16 民集42-2-27……………………氏名の法的性質 88
最3判昭63.6.21 家月41-9-101……………………再転相続人の相続放棄 135
最1判平元.2.9 民集43-2-1 ……………………遺産分割協議で負担した債務の不履行と契約解除 139
最1判平元.2.16 民集43-2-45 ……………………自筆証書遺言(3)：押印 154
最3判平元.7.18 家月41-10-128 ……………………遺骨所有権の相続性 111
最2判平元.11.24 民集43-10-1220 ……………………特別縁故者に対する共有持分の分与と二五五条の関係 145
東京高決平2.1.30 家月42-6-47……………………特別養子縁組と父母の同意の撤回 58
最1判平2.9.27 民集44-6-995……………………遺産分割協議の合意解除 140
札幌高決平3.2.25 家月43-12-65……………………別居中の婚姻費用分担義務とその程度 8
最2判平3.4.19 民集45-4-477……………………「相続させる」旨の遺言の解釈 149
大阪高決平3.9.4 判時1409-75……………………婚氏続称と氏の変更 90
東京高決平3.12.24 判タ794-215……………………寄与分と遺留分の関係 127
最2判平4.4.10 家月44-8-16……………………現金の相続 114
最1判平4.12.10 民集46-9-2727……………………親権者の代理権濫用 78
東京高決平4.12.11 判時1448-130……………………「重大な侮辱」と廃除原因 98
最3判平5.1.19 民集47-1-1……………………受遺者の選定を遺言執行者に委託する旨の遺言 151
最1判平5.1.21 民集47-1-265……………………相続と無権代理(4)：無権代理人が本人を共同相続した場合 103
東京地判平5.3.31 判タ857-248……………………婚約解消の法的責任 28
最3判平5.10.19 家月46-4-27……………………自筆証書遺言(2)：カーボン複写によって作成された場合 153
最3判平5.10.19 民集47-8-5099……………………人身保護法に基づく子の引渡請求 65
大阪家審平5.12.22 家月47-4-45……………………面会交流の法的性質・権利性 68
東京家審平6.5.31 家月47-5-52……………………財産分与の清算割合 24
最2判平6.6.24 家月47-3-60……………………自筆証書遺言(4)：押印の場所 155
最3判平7.3.7 民集49-3-893……………………特定の財産が特別受益であることの確認の利益 124
最大決平7.7.5 民集49-7-1789……………………婚外子の相続分規定の合憲性(1) 122
最3判平7.12.5 判時1563-81……………………再婚禁止期間の合憲性 4
最3判平7.12.5 家月48-7-52……………………第三取得者による相続回復請求権の消滅時効の援用 95
最2判平8.1.26 民集50-1-132……………………遺留分減殺請求権行使の効力 174
最3判平8.3.26 民集50-4-993……………………不貞行為の相手方の不法行為責任 6
最3判平8.11.12 民集50-10-2591……………………他主占有者の相続人による取得時効の主張と所有の意思の立証責任 106

最2判昭51.8.30 民集30-7-768……………価額弁償をする場合の価格算定の基準時 182
最2判昭53.2.24 民集32-1-110……………虚偽の嫡出子出生届と認知の効力 43
最2判昭53.2.24 民集32-1-98……………相続放棄と後見人の利益相反 79
最2判昭53.4.14 家月30-10-26……………認知無効の訴えと権利濫用 45
最1判昭53.7.13 判時908-41……………遺産に属する特定不動産についての共有持分権の譲渡と九〇五条による取戻しの可否 128
最3判昭53.11.14 民集32-8-1529…………財産分与と過去の婚姻費用の分担 20
最大判昭53.12.20 民集32-9-1674…………相続回復請求の相手方 93
最2判昭54.3.23 民集33-2-294……………婚外子の存在が遺産分割後に明らかになった場合と九一〇条 141
最3判昭54.7.10 民集33-5-562……………価額弁償と弁済の提供 180
最2判昭55.7.11 民集34-4-628……………財産分与と債権者代位権 25
最1判昭55.12.4 民集34-7-835……………公正証書遺言(3)：目が見えない者の証人適格 159
最2判昭56.4.3 民集35-3-431……………遺言書の方式を具備させる行為 96
最2判昭56.9.11 民集35-6-1013……………共同遺言の禁止 160
最2判昭56.12.18 民集35-9-1337…………自筆証書遺言(5)：誤記の訂正 156
最2判昭57.3.19 民集36-3-432……………死後認知の訴えと出訴期間の起算点 46
最2判昭57.3.26 判時1041-66……………離婚の意思：生活保護を受けるための協議離婚届 12
最2判昭57.4.30 民集36-4-763……………負担付死因贈与と抵触する遺言 134
最2判昭58.3.18 家月36-3-143……………遺言の解釈：後継ぎ遺贈 148
最2判昭59.4.27 民集38-6-698……………熟慮期間の起算点(1)：相続財産の存在を知らなかった相続人 129
最1判昭61.3.20 民集40-2-450……………法定単純承認(2)：消極財産を財産目録に記載しなかった場合 132
東京高決昭61.9.10 判時1210-56…………兄弟姉妹間での過去の扶養料の求償 86
最1判昭61.11.20 民集40-7-1167…………不倫な関係にある女性に対する包括遺贈 165
最1判昭62.4.23 民集41-3-474……………遺言執行者がある場合の相続人の処分行為 162
最大判昭62.9.2 民集41-6-1423……………有責配偶者からの離婚請求と信義則 15
東京高判昭62.10.8 家月40-3-45…………生存配偶者の姻族関係終了と祭祀財産の承継 99
最1判昭62.10.8 民集41-7-1471…………自筆証書遺言(1)：添え手による助けを得て作成された場合 152

最2判昭42.2.17 民集21-1-133……………扶養義務者間での過去の扶養料の求償と管轄 87
最3判昭42.2.21 民集21-1-155……………内縁の死亡解消と借家権 36
最1判昭42.4.27 民集21-3-741……………法定単純承認(1)：相続財産を処分した場合 131
最大判昭42.11.1 民集21-9-2249…………生命侵害による慰謝料請求権の相続性 107
最3判昭43.10.8 民集22-10-2172…………親権者による子の連帯保証と利益相反 76
最2判昭43.12.20 民集22-13-3017…………公正証書遺言(1)：遺言者の口授の順序 157
最1判昭44.5.29 民集23-6-1064……………婚姻中懐胎と嫡出推定：推定の及ばない子 38
最2判昭44.10.31 民集23-10-1894…………婚姻の意思：子を嫡出子とするための婚姻の効力 1
最1判昭44.12.18 民集23-12-2476…………日常家事の範囲外の法律行為と夫婦の連帯責任 9
最3判昭45.4.21 判時596-43…………………臨終婚：意識不明の間に受理された婚姻届の効力 3
最3判昭45.11.24 民集24-12-1943…………精神病離婚と裁量棄却 13
最3判昭46.1.26 民集25-1-90………………遺産分割と登記 143
最2判昭46.7.23 民集25-5-805……………財産分与と離婚慰謝料の関係 19
最2判昭46.10.22 民集25-7-985……………仮装縁組：同居中の女性を養子とする縁組の効力 52
最3判昭46.11.30 民集25-8-1437…………他主占有者の相続人と新権原による自主占有 105
最2判昭47.3.17 民集26-2-249……………危急時遺言の方式 161
最3判昭47.7.25 民集26-6-1263……………届出意思を欠く婚姻の追認 2
最1判昭48.4.12 民集27-3-500……………夫婦の一方の意思に基づかない夫婦共同縁組の効力 56
最3判昭48.7.3 民集27-7-751………………相続と無権代理(3)：本人が無権代理人を相続した場合の無権代理人としての地位 102
最大判昭49.9.4 民集28-6-1169……………相続と他人物売買：権利者が他人物売主を相続した場合 104
最2判昭50.4.8 民集29-4-401………………虚偽の嫡出子出生届と養子縁組の効力 54
最2判昭51.1.16 家月28-7-25………………公正証書遺言(2)：遺言者の口授の程度 158
最1判昭51.3.18 民集30-2-111……………特別受益たる生前贈与が金銭である場合の評価方法 168

判例索引

裁判所　裁判年月日　登載判例集	項　目	番　号
大連判大4.1.26 民録21-49	婚姻予約有効判決と内縁の法的保護	30
大連判昭15.1.23 民集19-54	婚姻前懐胎・婚姻後出生子：推定を受けない嫡出子	37
最2判昭27.10.3 民集6-9-753	適法な代諾権を欠く者のした代諾縁組の効力	53
最1判昭29.4.8 民集8-4-819	可分債権の共同相続	115
最2判昭29.4.30 民集8-4-861	父の認知と父子関係の成立	42
最3判昭30.5.31 民集9-6-793	遺産共有の法的性質	119
最2判昭34.6.19 民集13-6-757	連帯債務の共同相続	118
最3判昭34.7.14 民集13-7-1023	婚姻中自己の名で得た財産の意味	11
最1判昭35.2.25 民集14-2-279	親権者の一方との利益相反	75
最3判昭35.7.19 民集14-9-1779	遺留分減殺請求後に贈与不動産を譲り受けた第三者の地位	178
最大判昭36.9.6 民集15-8-2047	夫婦別産制と夫婦の平等	10
最2判昭37.4.20 民集16-4-955	相続と無権代理(2)：本人が無権代理人を相続した場合の追認拒絶権	101
最2判昭37.4.27 民集16-7-1247	母の認知	41
最3判昭37.10.2 民集16-10-2059	親権者の行為の意図・動機と利益相反	77
最2判昭37.11.9 民集16-11-2270	包括的信用保証債務の相続性	110
最2判昭38.2.22 民集17-1-235	共同相続と登記	121
最2判昭39.3.6 民集18-3-437	遺贈と登記	166
最3判昭39.8.4 民集18-7-1309	有責当事者からの離縁請求	57
最2判昭39.9.4 民集18-7-1394	結納の返還義務	29
最3判昭40.2.2 民集19-1-1	生命保険金請求権の相続性	108
最2判昭40.6.18 民集19-4-986	相続と無権代理(1)：無権代理人が本人を単独相続した場合	100
最大決昭40.6.30 民集19-4-1089	同居審判の合憲性	92
最大決昭41.3.2 民集20-3-360	遺産分割と家事審判手続	137
最1判昭41.5.19 民集20-5-947	遺産建物の相続開始後の使用関係(1)：明渡請求	112
最1判昭41.7.14 民集20-6-1183	遺留分減殺請求権の法的性質	173
最2判昭42.1.20 民集21-1-16	相続放棄と登記	136
最1判昭42.2.2 民集21-1-88	夫婦間の契約取消権	7

■編者紹介

二宮　周平（にのみや・しゅうへい）　立命館大学教授　〔48・92〕
潮見　佳男（しおみ・よしお）　京都大学教授　〔184〕

■著者紹介（執筆順）

渡邉　泰彦（わたなべ・やすひこ）　京都産業大学教授　〔1～4・89～91〕
梅澤　彩（うめざわ・あや）　熊本大学准教授　〔5～11〕
水野　貴浩（みずの・たかひろ）　松山大学准教授　〔12～18〕
神野　礼斉（じんの・れいせい）　広島大学教授　〔19・20・56～59・80・81〕
松久　和彦（まつひさ・かずひこ）　香川大学准教授　〔21～27〕
大島　梨沙（おおしま・りさ）　新潟大学准教授　〔28～34〕
金　亮完（きむ・やんわん）　山梨学院大学准教授　〔35・36・51～55〕
羽生　香織（はぶ・かおり）　上智大学准教授　〔37～43〕
冷水登紀代（しみず・ときよ）　甲南大学准教授　〔44・82～87〕
中村　恵（なかむら・めぐみ）　東洋大学准教授　〔45～47・49・50・88〕
佐々木　健（ささき・たけし）　札幌学院大学准教授　〔60～66〕
栗林　佳代（くりばやし・かよ）　佐賀大学准教授　〔67～72〕
合田　篤子（ごうだ・あつこ）　金沢大学准教授　〔73～79〕
秋山　靖浩（あきやま・やすひろ）　早稲田大学教授　〔93～95〕
山口　亮子（やまぐち・りょうこ）　京都産業大学教授　〔96～99〕
大中　有信（おおなか・ありのぶ）　同志社大学教授　〔100～104〕
伊藤　栄寿（いとう・ひでとし）　上智大学准教授　〔105～111〕
村田　大樹（むらた・だいじゅ）　香川大学准教授　〔112・113・119～121〕
長野　史寛（ながの・ふみひろ）　京都大学准教授　〔114～118〕
中川　忠晃（なかがわ・ただあき）　岡山大学准教授　〔122～128〕
久保野恵美子（くぼの・えみこ）　東北大学教授　〔129～132〕
森山　浩江（もりやま・ひろえ）　大阪市立大学教授　〔133～136〕
金子　敬明（かねこ・よしあき）　千葉大学准教授　〔137～140〕
和田　勝行（わだ・かつゆき）　京都大学准教授　〔141～143〕
稲垣　朋子（いながき・ともこ）　三重大学専任講師　〔144～146〕
松尾　知子（まつお・ともこ）　関西大学教授　〔147～153〕
木村　敦子（きむら・あつこ）　京都大学准教授　〔154～160〕
原田　昌和（はらだ・まさかず）　立教大学教授　〔161～167〕
青竹　美佳（あおたけ・みか）　広島修道大学准教授　〔168～172〕
西　希代子（にし・きよこ）　慶應義塾大学准教授　〔173～178〕
坂口　甲（さかぐち・こう）　大阪市立大学准教授　〔179～183〕

※〔　〕内は、執筆担当の番号。

新《しん》・判例《はんれい》ハンドブック 親族《しんぞく》・相続《そうぞく》

編著者 二宮《にのみや》 周平《しゅうへい》・潮見《しおみ》佳男《よしお》

発行所 株式会社 日本評論社 発行者 串崎 浩

東京都豊島区南大塚3-12-4 電話 東京(03)3987-8621(販売)
3987-8631(編集)

振替 00100-3-16 〒170-8474

印刷 精文堂印刷株式会社 製本 株式会社精光堂

Printed in Japan

2014年3月25日 第1版第1刷発行 装幀 海保 透

ISBN 978-4-535-00823-6